U0556318

马克思主义研究译丛 典藏版

"十三五"国家重点出版物出版规划项目

非理性主义
卢卡奇与马克思主义理性观

Irrationalism
Lukács and the Marxist View of Reason

[美/法]汤姆·洛克莫尔(Tom Rockmore)/著

孟丹/译

中国人民大学出版社
·北京·

马克思主义研究译丛·典藏版

编委会

顾　　问	徐崇温	贾高建	顾海良	李景源	陈学明
	欧阳康	高宣扬			

名誉主编　俞可平

主　　编　杨金海

副 主 编　贺耀敏　冯　雷　鲁　路

编　　委（按姓氏拼音排序）

艾四林	曹荣湘	成　龙	段忠桥	韩立新
黄晓武	江　洋	靳书君	孔明安	李百玲
李惠斌	李　玲	李义天	李永杰	梁树发
林进平	刘仁胜	刘元琪	陆　俊	鲁克俭
聂锦芳	万资姿	王凤才	王虎学	王　杰
王治河	魏小萍	徐俊忠	杨学功	姚　颖
于向东	臧峰宇	曾枝盛	张　亮	张廷国
张　彤	郑吉伟	郑天喆	郑一明	周文华

总　序

"马克思主义研究译丛"问世已逾十五个春秋，出版著作数十种，应当说它已经成为新世纪我国学术界有较大影响的翻译介绍国外马克思主义最新成果的大型丛书。为适应我国哲学社会科学繁荣发展的新形势，特别是满足马克思主义理论研究和教学的迫切需要，我们将继续加大这套丛书的翻译出版力度。

"译丛"在不断成长壮大，但初衷未改，其直接目的是为国内学术界乃至整个思想文化界翻译介绍当代国外马克思主义研究的最新成果，提升我国马克思主义理论研究水平，并推动建构有中国特色的哲学社会科学体系，包括学科体系、教学体系和话语体系等；而根本目的是借鉴当今世界最新文明成果以提高我们民族的理论思维水平，为实现中华民族伟大复兴的中国梦乃至推动人类文明进步事业提供思想资源和理论支撑。

"译丛"的鲜明特征是与时俱进。它站在巨人的肩上不断前行。改革开放后，我国学者翻译介绍了大量国外马克思主义研究成果，特别是徐崇温先生主编的"国外马克思主义和社会主义研究丛书"等，将20世纪国外马克思主义的主要理论成果介绍到国内，对推动我国学术研究发挥了巨大作用。20世纪末，特别是进入21世纪后，世界格局出现重大转折，国外马克思主义研究也随之发生了很大变化，形成了一大批新的研究成果。我们这套丛书的使命，就是要在前人工作的基础上，继续进行跟踪研究，尽快把这些新的思想成果介绍到国内，为人们研究有关问题提供参考。

我们所说的"国外马克思主义"是"世界马克思主义"的一部分。"世界马克思主义"有广义和狭义之分。广义的"世界马克思主义"是指自1848年马克思恩格斯发表《共产党宣言》以来的所有马克思主义，既包括经典马克思主义，也包括中国的马克思主义以及其他国家的马克思主义。狭义的"世界马克思主义"则是中国学者通常指称的"国外马克思主义"，即马克思、恩格斯、列宁等经典作家之后的中国以外的马克思主义。

160多年来，世界马克思主义对人类社会的发展产生了巨大影响，不仅在实践上改变了世界格局，而且在思想文化上影响深远。仅从思想文化角度看，其影响至少表现在五个方面。第一，它是当今世界上最大的话语体系。如"经济—政治—文化""生产力""经济结构""资本主义""社会主义"等，已经成为世界通用的概念。不管人们是否赞同马克思主义，都离不开马克思主义的概念和分析方法。第二，它影响并带动了世界上一大批著名学者，包括卢卡奇、葛兰西、哈贝马斯、沃勒斯坦等。正是这些思想家在引领世界思想潮流中发挥着不可替代的积极作用。第三，它深刻影响了当今世界各国的哲学社会科学，包括哲学、经济学、社会学、政治学、法学、新闻学等。第四，它深刻影响了世界各国的社会思想文化和制度文化，包括文学、艺术、新闻、出版、广播、影视以及各种具有社会主义性质的制度文化。第五，它深刻影响了世界各国的大众文化，包括大众语言、生活节日，如三八国际劳动妇女节、五一国际劳动节、六一国际儿童节等。应当说，在当今世界上，马克思主义已经深入人类文明的方方面面。

160多年来，世界马克思主义本身也在发生着巨大变化，从资本主义一统天下局面下的经典马克思主义发展到社会主义和资本主义两种制度并存局面下多种形态的马克思主义。20世纪以来，在资本主义国家，先后出现过社会民主主义模式的马克思主义、与苏联模式相对应的"西方马克思主义"，以及近几十年来出现的"新马克思主义""后马克思主义"等；在社会主义国家，则先后形成了苏联模式的马克思主义、中国化的马克思主义，以及其他各具特色的马克思主义。

尽管世界马克思主义形态纷繁多样，但其基本的立场、观点、方法和价值指向是相同的，这就是在资本主义向社会主义转变的历史大潮中不断批判资本主义，寻找替代资本主义的更好方案，探索社会主义发展的正确道路。中国作为当今世界上最大的社会主义国家，同时也是最大的马克思主义理论翻译和研究大国，认真研究借鉴当代国外马克思主义的最新成果，对于推进中国特色社会主义事业和人类文明进步事业，都具有十分重要的意义。

世界潮流，浩浩荡荡。进入21世纪以来，中国的发展一日千里，世界的变化日新月异。全球发展中的机遇与挑战、中国发展中的成就与问题，都在不断呼唤马克思主义的理论创新。

从世界范围来看，全球化的深入推进、信息技术的广泛应用促使人类社会发展进入了一个全新的时代。同时，以中国为代表的新兴经济体的迅速崛起，以及世界各具特色的社会主义的新一轮发展，正在引发世界格局的重大变化。这些都为马克思主义、社会主义的发展提供了极好机遇。同时，也应当看到，尽管今天的世界是"一球两制"，但资本主义仍然占据主导地位，社会主义主导人类文明的时代尚未到来。时代的深刻变化向人们提出了一系列亟须回答的重大课题。比如，究竟应如何定义今天的时代？对此，国外学者给出了各种答案，诸如"全球化时代""后工业时代""信息时代""后现代社会""消费社会"等。又如，随着经济全球化、政治多极化和文化多元化的深入推进，人类世界交往的深度和广度都远远超越了以往任何历史时代，由此引发一系列全人类性的问题。如全球经济均衡发展、国际政治民主化、生态环境保护、人的全面发展、后现代状况、后殖民状况、多元文化、世界体系重构、全球治理等问题，越来越受到国际社会的普遍关注，也越来越多地进入思想家们的理论视野。近些年来，随着中国的发展以及资本主义世界金融危机的普遍爆发，马克思主义、社会主义又重新焕发生机，并受到世人的广泛关注。《共产党宣言》《资本论》等马克思主义经典著作又引发世界思想界乃至社会大众新一轮的研究热潮，特别是对"中国模式"的研究方兴未艾。关于社会主义、资本主义以及二者关系问题，马克思主义经典文本等的研究仍然是当代国外左翼学者普遍关注的问题。所有这些问题以及国外学者所做出的回答，都从不同方面反映了人类社会发展的时代潮流。了解这些思想潮流，有助于我们认识、研究当今中国和世界发展的问题。

从中国现实来讲，随着改革开放的深入进行，中国经济社会的发展突飞猛进，国际地位空前提高。中国正在逐步从世界舞台的边缘向中心迈进。中国化的马克思主义理论成果也不断推出。随着中央组织实施的马克思主义理论研究和建设工程不断向纵深发展，我国的理论研究与改革开放实践进程交相辉映，这使我国哲学社会科学在理论与实践、历史与现实、国内与国际、研究与教学的结合上愈加深入，愈加科学，愈加丰富，愈加具有实践性、时代性和民族性。中国思想界从来没有像今天这样朝气蓬勃而又富有创造精神。然而，也应当看到，我国的现代化建设还面临各种困难与问题、风险与挑战，如社会不公、贫富分化、权力腐败、物质主义泛滥、人文精神失落、生态环境破坏等。为解决这些发展中的突出问题，中央提出了"四个全面"战略布局、"五大发展理念"等。要把这些发展的新理念、新思想、新战略等变为现实，还需要做深入的研究。这是我们理论研究面临的首要任务。再者，我国这些年的经济社会发展成就斐然，但国际话语权还很小，这是制约我国走向世界的关键。中华民族要实现伟大复兴的梦想，就必须在未来世界文明的舞台上有所作为，不仅要解决好自己的发展问题，还要关注人类的命运。这就需要站在世界潮流的高度看问题，特别是要把握和处理好社会主义与资本主义的关系，既要做好社会主义与资本主义长期并存、相互影响的准备，又要培养担当精神，主动引领世界文明的发展，为构建人类命运共同体，最终实现社会主义新文明对资本主义旧文明的超越，做出我们中华民族的新贡献。而要赢得世界的话语权，乃至引领世界文明潮流，就需要认真总结人类现代文明发展的经验，特别是要总结中国特色社会主义建设的经验，把这些实践经验上升到思想理论和学术研究的高度，形成一套现代化的国内外人们普遍认同的价值理念、思维方式、话语体系、学术体系、学科体系等，使之能够进入世界各国的学术研究领域、教学教材体系乃至变成大众的生产生活方式。正是在这样的背景下，中央提出了构建有中国特色的哲学社会科学体系的历史任务。

作为 21 世纪的中国学者，要承担时代赋予我们的使命，就必须始终站在学术前沿，立足中国，放眼世界，不断汲取人类一切优秀的思想学术成果，以丰富自己的头脑，创新马克思主义理论，为推进中国和世界的发展提供理论智慧。

正是出于上述考虑，我们力求站在世界潮流发展的高度，结合我国现代化建设和理论研究的实际，从国外马克思主义研究的最新成果中选择有时代性、创造性、权威性、建设性的作品，译介给我国读者。这应当说是"译丛"选题的基本原则。

至于选题的内容，主要包括以下四个方面：一是有关基础理论研究成果，即关于马克思主义经典文本和思想发展史的研究成果，如关于马克思恩格斯的文本、基本观点及其发展历程的研究成果，关于国外马克思主义发展史的梳理分析，以及马克思主义中国化的研究成果，等等。这些成果的翻译引进可以帮助我们更加深入地研究马克思主义经典著作，推进马克思主义基本理论和马克思主义发展史、传播史的研究。二是有关重大理论问题研究成果，即关于人类社会发展历史、规律和未来趋势方面的新成果，如关于社会主义的发展、资本主义的走向、人类文明转型、现代性与后现代性等的研究成果。这有助于我们科学把握人类社会发展的规律、现状和趋势，推进马克思主义基本理论的创新与发展。三是有关重大现实问题研究成果，如关于经济全球化、政治民主化、生态问题、后殖民主义、文化多元主义、人的发展问题、共享发展问题等的研究成果。这有助于我们回答和研究一系列重大社会现实问题。四是海外有关中国道路、理论、制度的研究。这是近些年来国外学术界研究的新亮点，也应当成为我们这套丛书的新亮点。翻译介绍这些成果有助于我们了解国际思想界、学术界乃至国际社会对中国改革开放和现代化建设的认识，从而有助于加强与国际学术界的交流互鉴，提升我们在国际学术界的话语权和影响力。除了这四个方面之外，其他凡是有助于马克思主义研究的新成果，也都在选题之列。当然，由于所处的社会文化环境不同，国外学者的思想认识与我们的观点不尽相同，也不一定完全正确，相信读者会用科学的态度对这些思想成果进行甄别和借鉴。

为更好地完成丛书的使命，我们充实调整了顾问与编委队伍。邀请国内著名的世界马克思主义研究专家作为丛书顾问，同时，邀请国内一批著名的专家学者作为编委，还适当吸收了青年学者。这些学者，或精通英语、德语、法语、日语，或对某一领域、学派、人物等有专门研究，或对国内某一地区、某一方面的研究有一定的权威性。有这样一支语种齐全、研究面广、代表性强的老中青队伍，加之广大学者的积极支持，我们有信心把丛书做得更好。

"译丛"自2002年问世以来，得到我国学术界乃至社会各界同人的广泛关注和大力支持。其中有的译作在社会上产生了较大影响，对推进我国马克思主义理论学科建设发挥了积极作用。这套丛书还日益受到国际学术界的重视，不少国际著名学者表示愿意将自己的新作列入丛书。为此，要衷心感谢所有关心、帮助、支持和参与丛书工作的朋友！需要说明的是，由于这方面的研究成果很多，而我们的能力有限，只能有选择性地陆续翻译出版，有考虑不周或疏漏乃至失误之处，也请大家鉴谅。希望新老朋友们继续为丛书推荐书稿、译者，继续关心、支持我们的工作，共同为繁荣发展我国哲学社会科学和理论研究事业奉献智慧与力量。

杨金海
2016 年 6 月 16 日
于北京西单

中文版序言

哲学思想与其诞生时的历史条件是密不可分的。东方马克思主义（包括中国马克思主义）是在与西方文化相隔绝的情况下产生的。马克思是一位西方哲学家。当他还是学生的时候，就接受了德国的哲学训练。西方马克思主义与东方马克思主义有着显著的区别，前者更加注重马克思作为一位一流哲学家所提出的哲学思想。这一点对于我们诠释和发展马克思的思想来说是至关重要的。如果考虑到马克思的思想与其周围的文化环境之间的关系，那么我们就能够更加充分地认识到马克思思想的本质以及马克思思想对其他思想家所产生的重大影响。

由于我要研究乔治·卢卡奇（Georg Lukács）的著作以及马克思主义理性观，因此，我有必要指出卢卡奇的重要性。卢卡奇这位匈牙利马克思主义哲学家，是一位至关重要的人物。我认为他称得上是最重要的马克思主义哲学家之一。一战之前，卢卡奇曾经是一位海德堡的韦伯主义者，并受到了良好的德国哲学（包括德国唯心主义哲学）教育，他最早感兴趣的是美学。在1918年成为一名马克思主义者之前，他从康德主义的视角出发写过两本美学著作。卢卡奇自从转变为一名马克思主义者之后，直到1971年去世，都一直是一位马克思主义者。在这段漫长的时间里，他以惊人的速度出版了一系列著作。这些著作涉足各个领域：马克思主义哲学（在这个领域里他一直是位核心人物）、黑格尔研究（在这个领域里他写了很多前卫的著作），马克思主义美学（在这个领域里他也是核心人物，他从马克思主义的黑格尔主义视角出发，写了很多关于小说研究和一般美学原理研究的著作）。

在他转变为一名马克思主义者之后，他深厚的哲学史素养使得他能够对马克思主义的一些基本原理提出质疑，而不仅仅是附和。在他成为马克思主义者之前以及之后，卢卡奇都对黑格尔有着深刻的认识，这一点是其他马克思主义思想家难以望其项背的。他与科尔施（Karl Korsch）共同创立了黑格尔主义的马克思主义。在此之前东方学界对黑格尔主义的马克思主义知之甚少。随着1923年卢卡奇创作的《历史与阶级意识》和几乎同时科尔施创作的《马克思主义和哲学》的问世,黑格尔主义的马克思主义开始成为并一直是西方马克思主义的主流。

其他黑格尔主义的马克思主义者还包括科耶夫(Alexandre Kojève)和马尔库塞(Herbert Marcuse)。科耶夫是白俄罗斯人,后来移民到法国,因其于20世纪30年代在巴黎高等研究学院(Ecole Pratique des Hautes Etudes)举办的讲授黑格尔《精神现象学》的系列讲座而闻名于世。这些讲座开启了法国学界对黑格尔的兴趣之门,并且这种兴趣一直持续到了现在。科耶夫在讲座结束时曾说,随着欧洲进入战争,历史也走到了尽头。马尔库塞是法兰克福学派的创始人之一。批判的社会理论大约就是在卢卡奇、霍克海默(Max Horkheimer)、阿多诺(Theodor Adorno)和马尔库塞的影响下形成的。这一理论的核心观点就是将与社会无关的传统理论和与社会有关却达不到传统理论要求的批判理论区分开来。法兰克福学派后来的成员哈贝马斯(Jürgen Habermas)使批判的社会理论走到了尽头,因为他声称严谨的理论是与社会有关的。

马克思主义理性观是马克思主义的核心议题之一。恩格斯之后的马克思主义一直都依赖于对意识形态和真理的区分(也就是传统哲学中对于表象和本质的区分)。柏拉图主义指出了我们生活在其中的可见世界与超验的不可见世界之间的差别:前者是表象,而后者是只能通过思维才能达到的境界,也就是本质。与柏拉图主义的观点类似,马克思主义认为表象是由本质引发的结果。恩格斯以及之后的马克思主义者只是将这种基本的柏拉图主义观点带到了现代资本主义工业社会中去。柏拉图认为那些置身于表象世界之中的人只能模糊地意识到,但却无法真正认识到独立于思维之外的本质,只有那些天赋异禀的智者——哲学家才能认识到本质。哲学家们既有先天的智慧,又有后天的训练,或者换句话说,他们既有先天遗传又有后天教育,因此才能真正"看到"超越现象的本质。根据这种二元论观点,马克思主义者称资产阶级思想是与其周围的社会现实相对立的,并且最终会与生产方式相对立。马克思主义认为,资产阶级思想只不过是意识形态的幻象,是一种凭借其经济基础而产生的、与社会现实相脱离的、扭曲的上层建筑而已。

这是对马克思主义的意识形态观的应用。根据马克思主义的意识形态观,思维取决于存在,而不是取决于思维本身。然而,马克思主义却声称超越了意识形态的幻象,因为自己揭示出了现代资本主义工业社会的真正本质。与柏拉图主义声称某些人能够"看到"不可见世界，因而能够把握超越现象的本质相类似，马克思主义声称只有马克思主义者才能够通过经济分析把握周围的社会现实，而其他人则不能。对此我们可以这样理解：马克思主义认为，从马克思主义的视角来看，非马克思主义思想、资产阶级思想是非理性的，只有马克思主义才是理性的。

马克思主义理性观是从马克思主义的意识形态观中诞生的。本书研究的就是卢卡奇对于马克思主义理性观的态度和看法。在开篇章节中，我探讨了马克思与哲学、意识形态之间的关系，就是为了探讨卢卡奇在意识形态理论的背景之下对马克思与哲学之间的关系所进行的研究。第三章探讨的是认识论的非理性问题；在这一章中，我将马克思主义者把资产阶级思想看成意识形态与哲学上的非理性理论联系在了一起。第四章是关于马克思的经济学和新康德主义哲学之间的关系（对此我深受卢卡奇的启发）。卢卡奇在《历史与阶级意识》的"物化和无产阶级意识"这一章中，详细探讨了马克思主义的观点，即资产阶级哲学或德国唯心主义哲学（卢卡奇几乎是把这两个词当做同义词来使用的）在黑格尔关于历史主体的神秘思想中达到了顶峰，最后由马克思发现了无产阶级是历史的主体。在第五章中，我研究了卢卡奇深受黑格尔影响，对任何一种甚至所有的德国唯心主义哲学思想所进行的攻击。在第六章关于无产阶级立场的讨论中，我探讨了卢卡奇将马克思和马克思主义描绘成"解决"或"分解"自康德以来一直被德国唯心主义哲学视为核心问题却从未真正解决的真正的哲学问题的科学理论。这里值得一提的是，卢卡奇在进行批判的时候，只是简单地声称恩格斯在哲学上无所作为，就直接跳过了恩格斯。本书最后三章探讨的都是卢卡奇晚期的著作：第七章"黑格尔的客观唯心主义和辩证唯物主义"是卢卡奇晚期关于黑格尔的研究。这些研究是批判性的、富有洞察力的，但也是教条主义的。第八章"哲学非理性和政治非理性"探讨的是卢卡奇将主观唯心主义哲学，尤其是尼采的哲学与国家社会主义联系在一起的观点。在最后一章中，我详细探讨了卢卡奇的社会本体论。《关于社会存在的本体论》是卢卡奇最后一部、也是未完成的著作。

最后我要感谢我的一些中国朋友，是他们使这本书得以翻译出版。首先要感谢我的同仁鲁克俭教授和杨学功教授，他们对我的著作一向十分热心。我还要特别感谢本书的译者孟丹，她是一位富有才华的年轻学生，我相信她会成为研究马克思和马克思主义的年青一代的杰出代表。

汤姆·洛克莫尔

目　录

导言 …………………………………………………………… 1
第一章　马克思论哲学和意识形态 ………………………… 13
第二章　哲学、科学、意识形态和真理 …………………… 31
第三章　认识论的非理性 …………………………………… 50
第四章　马克思的经济学和新康德主义哲学 ……………… 74
第五章　资产阶级思想的二律背反 ………………………… 95
第六章　无产阶级的立场 …………………………………… 117
第七章　黑格尔的客观唯心主义和辩证唯物主义 ………… 136
第八章　哲学非理性和政治非理性 ………………………… 156
第九章　卢卡奇的社会本体论 ……………………………… 194
结论　一种马克思主义理性观？ …………………………… 222

译后记 ………………………………………………………… 230

导　言

　　从某种程度上来说，卡尔·马克思和马克思主义可以被看成是某种语境论，即一种理论或任何理论都应该放在产生这种理论的语境之中去理解，而不应将理论与语境分离。如果我们认可语境论，并且相信马克思和马克思主义的断言，即思维依赖于社会存在，那么我们就不能忽视东欧 1989 年以来的政治革命对哲学走向所产生的巨大作用。苏东剧变给我们提供了一个数十年来的最佳契机，让我们能够穿透将马克思主义包围起来的正统政治学这层迷雾来判断——模仿克罗齐（Benedetto Croce）的语气来说就是——马克思主义思想中什么是活的、什么是死的。

　　凡类似这种讨论一定会涉及乔治·卢卡奇。他不仅仅是一名杰出的马克思主义理论家（在我看来，他是继马克思之后最重要的马克思主义哲学家），还是 20 世纪最令人瞩目的思想家之一。在漫长的学术生涯中，他在很多领域都有所建树，例如文学理论、文学史、美学、哲学史，当然还有马克思主义。因此，他探讨马克思主义思想的早期杰作《历史与阶级意识》（*History and Class Consciousness*）能够与维特根斯坦（Ludwig Wittgenstein）的《逻辑哲学论》（*Tractatus*）和海德格尔（Martin Heidegger）的《存在与时间》（*Being and Time*）并称为 20 世纪最具影响力的三大哲学著作，也就不足为奇了。[1] 由于卢卡奇代表着马克思主义思想的巅峰，因此，可以将任何一种马克思主义思想拿来与卢卡奇相比较，从而判定其思想的优劣。从前，马克思主义与哲学传统之间的联系一度被政治事件引发的政治上的分歧所破坏。而卢卡奇深厚的德国古典哲学造诣，为我们理解德国唯心主义哲学在马克思和马克思主义之中的后期发展提供了重要的线索。

　　人们通常不理解卢卡奇的马克思主义思想的本质，这并非偶然。作为一种激进的思想，马克思主义者长期以来一直拒斥被他们称为"资产阶级哲学"的思想。马克思主义认为，思想有其阶级基础。这一观点在一定程度上左右着他们对竞争对手的思想的理解。一些马克思主义者（包括卢卡奇在内），都以思想所属的社会阶级为根据反对其他的思想。长期以来，非马克思主义思想也同样对马克思主义怀有敌意，对其采取忽视的态度，并且不愿与之进行有益的对话，这就不足为奇了。

马克思主义与其他思想之间相互怀疑的态度阻碍了其他思想家对马克思主义的哲学探讨。[2] 马克思主义思想在非马克思主义者那里遭罪不少，虽然也有例外，但大多数非马克思主义者只是简单地忽视了马克思主义这种哲学观。从某种层面来讲，这是由于在一个更深的层面上，马克思主义与非马克思主义在政治上的相互怀疑所导致的结果，因为绝大多数非马克思主义者对于马克思主义是不加关注的。

很显然，马克思主义由于强行将自己的思想从概念上孤立出来而深受其害。哲学思想的一个主要作用就是在与其他哲学思想的讨论中逐渐发展完善自身，也可以说是逐渐去粗取精。为了生存，哲学思想就需要不断演进。为了演进，就要与其他哲学思想进行对抗，有时甚至要同与其截然对立、互不相容的思想进行对抗。只有通过讨论和对抗不断去粗取精、去伪存真，哲学思想才能具有实用性，并且通过与其他思想的对抗得以发展和完善。哲学只在表面上是独立存在的实体，因为哲学思想要通过自由辩论从而被别人批判性地接受才能发展。这种批判性接受与政治上强迫接受或仅仅对其保持沉默是截然不同的。

实际上，马克思主义几乎完全被剥夺了与其他思想进行有益的交流的权利。因此，马克思主义一直没能从哲学史上的其他哲学思想通常会受到的那种批判中受益。尽管继恩格斯去世之后，马克思主义已经存在了大约100多年的时间，但马克思主义一直在孤立地发展、演进，只是偶尔参与到那种通常会对哲学发展趋势产生影响的自由讨论之中。此外，马克思主义还与政治内在相关，这进一步阻碍了其发展。

很显然，从长远来看，哲学是一种相互合作的实体。黑格尔认为，不同的思想家通过有意识或无意识的对话来追求真理。同样很明显的一点是，没有任何一个学派是自足的，不同的思想学派之间互相汲取养分对于任何一个思想学派来说都是非常必要的。任何思想学派如果不从外部汲取营养，就会面临损失其生命力的危险，甚至会面临灭顶之灾。如果非马克思主义者无法认清马克思、杰出的马克思主义思想家及其同盟，包括像卢卡奇、科尔施、科西克、葛兰西（Antonio Gramsci）、萨特（Jean-Paul Sartre）以及更近一些的哈贝马斯这样的思想家对于哲学思想所作出的真正的贡献，非马克思主义也同样会遭受损失。事实上，这种在概念上不进行交流的盲目性甚至影响到了非马克思主义对于马克思主义在哲学上的贡献的理解，非马克思主义者仅仅将马克思主义看成是政治造成的结果。[3]

在我写作本书的时候，也就是1990年左右，东欧发生了一系列政治上的变革。这种政治变革虽然是基于对所谓的马克思思想的理解而开展起来的，但却不是向着有利于马克思主义的政治实践的方向发展的，而是与其背道而驰。然而，尽管当下的政治变革在更深的层面上是受到反马克思主义思想鼓动的，这些政治变革却从客观上造成了一个有益的结果：促使马克思主义者和非马克思主义者加深了对对方思想的了解。当然，马克思主义宣称其代表着人民的声音，但任何一位思想与政治现实保持关联的马克思主义者都需要重新思考一下，他与那些对其所倡导的政治模式表示明确反对的人民之间的关系。对马克思主义来说，重新思考自身与社会现实的关系将会促使马克思主义者重新思考他们对于非马克思主义哲学的态度以及马克思主义与非马克思主义之间的关系。

反过来，非马克思主义者们将会迎来一个思考马克思和马克思主义在哲学上的重要性的绝佳机遇。马克思主义与其政治主张在实践上的分离，导致了人们对所谓的真正的社会主义的拒斥，这显然就促使人们对马克思和马克思主义进行哲学上的评价。在以下两种情况中，马克思主义哲学与马克思主义政治主张的分离都是至关重要的：第一种情况是，将马克思的思想从以政治为动机的、断言马克思与马克思主义之间具有连续性这种主张中解放出来；第二种情况是，像评价其他哲学思想一样评价马克思主义，也就是不带任何特殊的政治偏向，纯粹从哲学的意义上来评价马克思主义。

除了偶尔出现分析的马克思主义这样的特例之外，对于马克思主义的严格的哲学评价（也就是只考虑其与理性之间的关系而不考虑其政治主张的哲学评价）是不常见的，并且绝大多数都是不完善的。即使是分析的马克思主义这样的特例也只是将马克思主义看成是一种社会科学，其次才对其历史性的观点加以仔细研究。[4]当前，人们之所以对卢卡奇的理性观进行研究，是因为东欧剧变促使人们开始对马克思主义进行哲学上的评价。尽管卢卡奇的思想十分重要，但这种思想对人们来说却是比较陌生的。虽然有无数的思想家都从卢卡奇的思想中汲取了养分，尤其是从卢卡奇的马克思主义思想或早期的非马克思主义的文学研究中汲取了养分，但绝大多数人都局限于卢卡奇对马克思主义的早期研究。由于卢卡奇的晚期思想有斯大林主义的嫌疑，人们倾向于忽略他的晚期思想，并且忽视其晚期思想的特殊贡献以及过高地估计其早期马克思主义研究的异端性。出于各种各样的原因，尽管卢卡奇最后未完成的对于本体论的研究是他对马克思主义所作出的最为重要的贡献之一,人们却几乎没有研究过他的本体论思想,甚至连马克思主义学者都很少研究他的本体论思想。[5]对于卢卡奇的马克思主义思想的研究,尤其是英语世界中的研究,绝大多数都倾向于关注其早期思想,因而忽视了他晚期思想的发展。[6]因此,我写作这本书的另外一个目的是要呼吁人们关注卢卡奇的马克思主义思想的晚期发展及其重要性。

这本书聚焦的是卢卡奇对于理性的马克思主义认识。自巴门尼德(Parmenides)之后,理性就一直是哲学史中一个永恒的话题。几个世纪以来,无数重要的哲学家都参与到了这一话题的讨论之中并且使得这个话题变得愈加复杂。一种哲学思想具有重要性的标志就在于,它具有对重大哲学问题作出解答的能力。如果我们将马克思主义理解成一种严肃的哲学思想,那么我们就要问:马克思主义理性观的本质及其局限性是什么?由于卢卡奇是一个重要的马克思主义哲学家,我们就可以从他的著作中去寻找马克思主义理性观的来源。

这本书聚焦的是理性,这就决定了本书中的讨论所具有的界限。当前,尤其是在英语世界中,存在一种对卢卡奇的整个思想进行详细研究的迫切需要。然而,想要对卢卡奇的整个思想一探究竟的人只能从别的书中找寻答案了。[7]我这本书不会详细描述卢卡奇思想中非马克思主义的阶段,甚至连概述也不会有。[8]本书也不会过多地阐述贯穿在前马克思主义和马克思主义阶段当中的卢卡奇对于美学的兴趣及其研究。[9]尽管有人认为卢卡奇最重要的贡献就在美学领域中,但我对这个问题没有过多的研究。

理性是哲学史中的一个核心议题。有人说过,各种各样的哲学,无论它们有多大的差异,对于知识都有着共同的兴趣。在黑格尔看来,这种对于知识的兴趣就表现在主体和客体的统一之中。如果哲学的目的是知识,那么哲学获得知识的手段就是理性。只有通过理性才能获得知识,并且,哲学史就是由一系列理性观组成的,也就是说,是由一系列能够为人类认知能力进行辩护的关于理性的观念组成的。

从政治的角度来看,马克思主义从未实现统一,从哲学的角度来看就更不可能了。事实上,马克思主义内部的差异与其他哲学思想内部的差异一样巨大。举例来说,马克思主义与马克思之间的关系就如同维也纳学派与维特根斯坦或者说康德主义者与康德之间的关系一样具有争议性。在上面这两个例子中,维也纳学派成员以及康德主义者对于维特根斯坦和康德的思想都有着不一样的理解,并且他们都宣称自己的理解才是唯一正确的理解。然而,尽管维也纳学派成员以及康德主义者的思想都是在维特根斯坦和康德的思想大旗下展开的,他们各自对于维特根斯坦和康德的理解仍是截然不同的，因此将它们归纳在同一个思想体系之内是非常牵强的。

出于当下讨论的目的，尽管马克思主义形态各异，但我们可以大体将之归结为五种最主要的观点。每一种观点在恩格斯这个首屈一指的马克思主义者、马克思主义的创始人的思想中都有所体现。[10] 这五种观点包括：（1）马克思主义与哲学是有差别的；（2）哲学在黑格尔的思想中走向了终结；（3）哲学和科学是互不相容的；（4）哲学是资产阶级的思想，并且被其与社会的经济制度之间的关系所决定，哲学提供了一种关于世界的错误的认识，而马克思主义提供的对于世界的认识是真实的、不扭曲的；（5）哲学的真正的问题是它自己所无法解决的，只有马克思主义才能解决这些问题。

以上这五种观点综合在一起，就构成了马克思主义理性观，也就是说，构成了一种思想区别于其他思想的、掌握知识的独特能力。当卢卡奇处在马克思主义思想阶段的时候，他最早也是不加怀疑地接受了以上五种观点。但与大多数马克思主义者不同的是，卢卡奇后来对这五种观点提出了质疑。他的马克思主义思想是关于马克思主义理性观的讨论的杰出代表。卢卡奇的马克思主义思想所具有的特殊性在于他深厚的知识储备，他从马克思主义的角度出发，对哲学史尤其是当代哲学思想如德国唯心主义哲学有着深刻的认识。

卢卡奇的著作是对许多年来的马克思主义思想的一种有趣的辩护，同时也是一种发展。我们可以把他的马克思主义思想阶段看成是一种试图根据马克思主义传统的观点提供一种马克思主义理性观的长期努力。他的思想是极端的教条主义、宝贵的理解、盲目性以及真知灼见的混合体，实现了使上述五种马克思主义教条学说不断走向解构和相对化的杰出的革命。卢卡奇由于受到政治上的压力而被迫将马克思的思想与德国唯心主义哲学区分开来。这就使得他对马克思及其哲学前辈之间的联系的分析变得不那么丰富和饱满，但同时也使这种分析变得更加有趣。同样地，苏东剧变使得卢卡奇的马克思主义著作的价值更加凸显出来。

我对于卢卡奇的马克思主义理性观的研究聚焦于他是如何将新康德主义的非理性观念应用于非马克思主义哲学的。他对于哲学史的把握对其思想的两个有趣的层面都产生了影响。第一个层面我稍后将会详细论述，这就是，卢卡奇与其他的马克思主义者的不同之处在于，他的思想受到了德国新康德主义的影响。因此，本书的另一个目的是揭示出卢卡奇的马克思主义思想中具有的新康德主义的要素。我们将会看到，卢卡奇对所谓的资产阶级思想和马克思主义哲学之间关系的理解的独特之处在于，他认为这二者之间的关系就是非理性与理性之间的关系。这个理解是他借助德国新康德主义思想,尤其是拉斯克(Emil Lask)的思想对历史进行创造性地重新思考的结果。第二个层面是,我们应该注意到,尽管他对于历史的重新思考没有改变他思想的基本方向,但这种思考使得他的著作具有十分突出的丰富的历史性。

理性或者说理性主义与非理性主义是一对相互关联的概念。就像"理性"和"理性主义"一样,"非理性主义"是一个不精确的术语,这个术语可以有很多种不同的意思。人们无论是对理性还是其对立面非理性主义都没有一种统一的理解。[11] "非理性主义"似乎只能被理解为是一种"理性的缺乏,也就是说不能被理性地把握或知道"。就像这样,"非理性主义"隐蔽地涉及了本体论以及认识论,斯宾诺莎(Benedict de Spinoza)后来将其称为秩序以及事物与理念之间的联系。[12] 如果更宽泛地理解,"非理性主义"还可以进一步涉及伦理学的观念,或者个人的举动。这种个人的举动所具有的非理性反映出世界的非理性,甚至还可以反映出社会的内在非理性以及人类精神的非理性。

理性主义与一种信仰紧密相关,这种信仰向前至少可以追溯到古希腊。在古希腊,人们认为,人类的知性能够认识到真实。这个观点最早在毕达哥拉斯(Pythagoras)的思想中有所体现。他认为,事物就是数字。[13] 这种理性观从其本性来看是数学的理性。因此,在人们发现了正方形的边与对角线不可公约之后,这种理性观就受到了威胁。[14] 通常来说,哲学总是与理性以及不同种类的理性主义有关。可以说,哲学对于理性以及不同种类的理性主义的探讨贯穿在整个哲学史之中。从一些重要的思想家如柏拉图(Plato)、亚里士多德(Aristotle)、笛卡儿(René Descartes)、康德(Kant)、黑格尔(Hegel),以及更近一些的胡塞尔(Edmund Husserl)的著作中都可以看出理性主义在哲学史中所占据的主导地位。而非理性主义则表现在那些以各种各样的方式反抗理性的统治的思想家的著作之中。这些反叛的思想家包括克尔凯郭尔(Søren Kierkegaard),他否认理性能够认识存在;包括叔本华(Arthur Schopenhauer),他赞扬意志;包括谢林(F. W. J. Schelling),他重视直觉;包括尼采(Friedrich Nietzsche),他将认识论还原为生物学;包括海德格尔[15],他关心在空场(缺席)的状态下表现出来的存在的意义;包括萨特,他将存在看成是内在的无意义。各种各样的非理性主义还进一步表现在哲学之外的领域,例如,一种认为现代性本身就有着非理性的这种神学的观点就表现出一种非理性主义。[16]

就像其他马克思主义者一样,卢卡奇也可以被归结为一个哲学的理性主义者。他的理性主义，主要是认识论的理性主义，表现在他为"理性能够认识周围的世界"这种宣称所进行的辩护。卢卡奇的理性主义既有马克思主义的要素，也有非马克思主义的要素。就像其他的哲学思想一样，马克思主义也是一系列相互独立的，甚至是相互对立的不同观点的宽泛的结合。但是，从总体上来看，马克思主义都是支持理性、反对非理性的。马克思主义提出的从资本主义向社会主义转变这种观点建立在这样一种信念的基础之上，这就是，现代工业社会从其本性来看是非理性的。马克思主义者普遍认为，在资本主义社会中占据主导地位的思想反映出的是资本主义社会的非理性。这种认为非马克思主义哲学从其本性来看是非理性的观点，是马克思主义哲学的主要产物。[17]

在长久的马克思主义思想阶段内，卢卡奇以各种各样的方式为马克思主义认为非马克思主义是非理性的这种观点进行了辩护。但是，卢卡奇对非理性主义这个问题的独特理解是在他前马克思主义思想阶段产生的，更确切地说是在他的美学著作中产生的。在18世纪的思想，尤其是美学和逻辑学中，非理性主义变成一个问题凸显出来。[18]康德认为审美品位的鉴赏力（Geschmack）是美学的判断。他对这种审美品位的描述是"不是逻辑的，而是美学的"，意思是"仅仅是主观的"。[19]鉴赏原则是一种艺术，因为它是主观的，取决于具体的情境，并且只有当它从所有的人类能力中找出这种判断的可能性的时候才能成为科学。[20]由于人性具有主观目的性而造成的鉴赏原则的判断是相互矛盾的，这不可避免地会导致二律背反，而康德解决了这一二律背反。[21]但是，由于我们只能思考这种目的，却不能认识到这种目的，我们被迫承认，美学所能提供的只是一种直觉，而这种直觉永远无法变成认知[22]，而实际上只能是一种理念而已。[23]

当然，康德在他关于实在性的探讨中，还对表象和本质进行了区分。用他自己的术语来说，"自在之物"不会出现在经验之中，因此，"自在之物"是无法被认识到的。[24]在卢卡奇的美学中，非理性主义这个问题是作为对客观经验（Erlebnis）的把握这个问题的一部分出现的。非理性主义这个问题贯穿卢卡奇思想的始终，并且将卢卡奇的前马克思主义著作，也就是关于美学的著作与其马克思主义著作联系在了一起。[25]他对康德将鉴赏原则看成是个人的，因此既不是逻辑的也不能轻易地被系统化这种思想十分重视。[26]非理性主义的问题在于，经验以及从事实中产生的对于经验的描述二者之间不可避免地具有二元性，也就是从根本上说，任何一种描述对于经验的描绘都是不恰当、不充分的。[27]例如，在我们看来，艺术作品所传递的经验，也就是艺术作品对经验的描绘就是不恰当的、不充分的；由于艺术作品不能被系统化，因此它就不是一种认知的理性。[28]

在解决这一难题的时候，卢卡奇转向了新康德主义的美学理论，尤其是李凯尔特（Heinrich Rickert）和拉斯克的理论。卢卡奇对于这一问题的解决借用了新康德主义的价值观，以及对于"自在之物"的新康德主义的、本体论的解读。卢卡奇假设，内容（材料）——用康德主义的术语来解释就是经验的条件——与经验是相等的。[29]任何一种对于价值原则的系统化的研究，都必然要假设存在一种所谓的初级材料（Urmaterial）并且将其作为先验的基础。[30]但是，由于从定义上来看，知识严格地局限于经验，存在于经验之外的东西是人类无法认识的。由此得出结论，价值是最后的条件（schlechthin Letztes）并且无法被演绎。[31]因此，由于主观最终无法认识客观而产生的非理性主义是无法被克服的。用另外一种方式来表达这一观点就是，所有的知识都极力追求体系，但这种努力最终总会失败。因为知识要追求体系就需要假设一个前提，而这种前提从原则上来说是与体系化相互抵触的。

卢卡奇实际上是根据一种关于经验对象的知识理论，或者说对于先天知识的系统把握（也就是理性）提出了非理性的观点。在关于马克思主义的著作中，卢卡奇运用新康德主义分析非理性的方法来分析非马克思主义思想，或者说是资产阶级哲学思想。他的观点被后来的马克思主义者广泛效仿，就是在关于知识的争论中，将马克思主义视为理性，而将非马克思主义视为非理性。

本书将会详细讨论作为一种马克思主义理性观的卢卡奇的马克思主义思想。讨论分为三大部分，每部分有三章，分别探讨卢卡奇的马克思主义思想的背景、最初形式及其晚期发展。我将会通过分别探讨马克思、马克思主义和德国的新康德主义思想，来揭示出卢卡奇的马克思主义思想根源。我的讨论内容与其他人可能有以下两种不同：第一，我非常重视马克思与马克思主义之间的显著差别[32]；第二，我非常重视新康德主义思想（尤其是拉斯克的思想）在卢卡奇的马克思主义理性观中起到的作用。从某种层面上讲，卢卡奇突然转向马克思主义揭示出其思想中的前马克思主义阶段与马克思主义阶段是存在连续性的。德国新康德主义思想在他前马克思主义阶段写作的关于美学的著作中具有决定性的作用，并且决定了他后来用马克思主义的理性来对抗非马克思主义的非理性。

人们经常提到《历史与阶级意识》中最为核心也是最难理解的篇章即"物化和无产阶级意识"，但却很少有人用心对其加以研究。由于卢卡奇的马克思主义预设了他对于哲学史有着深入的把握，并且哲学史也是其思想的重要组成部分,那么我们就很有必要关注一下其他的马克思主义者的思想,或者说是卢卡奇的哲学思想的背景。为此,我们将会详尽分析拉斯克和德国新康德主义思想对卢卡奇用马克思主义来解决德国哲学的核心问题这一做法起到了什么样的作用。我将会证明,被很多人认为是开天辟地的卢卡奇的黑格尔主义的马克思主义思想,实际上在很大程度上都是他从康德和新康德主义那里借鉴来的,只不过他对其进行了创造性的应用而已。

"结论"探讨的是卢卡奇的马克思主义理性观的发展,这种发展表现为尖锐的对立(这种对立是他思想的基调),即他晚期思想中理性与非理性的对立。人们对卢卡奇思想的研究通常局限于他早期的马克思主义突破阶段。然而,卢卡奇的马克思主义思想在50多年的时间里产生了很多有趣的变化,并且这种种变化发展在他的著作中都有体现。研究卢卡奇的思想在《历史与阶级意识》之后发生的转变,将会揭示出他的马克思主义思想是一个随着时间的流逝而连续发展的过程,也就是说,从一开始通过理性与非理性的对立将马克思主义与非马克思主义完全区分开来,到后来将马克思主义与非马克思主义相对化,以及最后形成的极为重要的马克思主义社会本体论是一个连续的思想发展过程。其结果是揭示出一种不容置疑的马克思主义理性观。

注释

[1] See Herbert Schnädelbach, *Philosophy in Germany*, *1831—1933*, trans. Eric Matthews (Cambridge, Eng.: Cambridge University Press, 1984).

[2] 将马克思主义与其他思想进行比较的讨论,参见 Tom Rockmore, William J. Gavin, James G. Colbert, Jr., and Thomas J. Blakeley, *Marxism and Alternatives: Towards the Conceptual Interaction among Soviet Philosophy*, *Neo-Thomism*, *Pragmatism*, *and Phenomenology* (Dordrecht: D. Reidel, 1981)。

[3] 关于这个将马克思主义哲学还原为纯粹的马克思主义政治学的广泛趋势,科拉科夫斯基(Kolakowski)是一个突出的例子。他对马克思主义的哲学化作出了重要贡献。但是,他在最近对马克思主义进行的一个重要研究中,将马克思主义解释为一种纯粹的政治理想,并且令人感到遗憾的是,他还拒绝承认马克思主义具有哲学上的洞察力。参见 Leszek Kolakowski, *Main Currents of Marxism: Its Rise*, *Growth and Dissolution*, trans. P. S. Falla, 3 vols. (Oxford: Oxford University Press, 1978)。

[4] 杰拉德·A·柯亨(Gerald A. Cohen)的著作从很大程度上来说是从分析的马克思主义开始的。他的作品最为突出的特征是,几乎完全忽略了马克思与黑格尔之间的关系,而这恰恰是传统马克思主义者理解马克思及马克思主义自身的主要

方式。参见 Gerald A. Cohen, *Karl Marx's Theory of History*: *A Defense* (Princeton, N. J.: Princeton University Press, 1978)。

[5] See Georg Lukács, *Zur Ontologie des gesellschaftlichen Seins*, ed. Frank Benseler, 2 vols. (Darmstadt and Neuwied: Luchterhand, 1984)。

[6] See, e. g., Andrew Feenberg, *Lukács, Marx, and the Sources of Critical Theory* (Totowa, N. J.: Rowman amd Littlefield, 1981)。

[7] See Werner Jung, *Georg Lukács* (Stuttgart: Metzler, 1989)。

[8] 对于卢卡奇的思想在前马克思主义阶段和早期马克思主义阶段发展的详细探讨，参见 Lee Congdon, *The Young Lukács* (Ghapel Hill and London: University of North Carolina Press, 1983)。

[9] 尼古拉斯·特图里安（Nicolas Tertulian）对于卢卡奇的美学思想的探讨对我们很有帮助，参见 Nicolas Tertulian, *Georges Lukács*: *Étapes de sa pensée esthétique* (Paris: Sycomore, 1980). See also Béla Királyfalvi, *The Aesthetice of György Lukács* (Princeton, N. J.: Princeton University Press, 1975)。

[10] 所有这些观点都在著名的马克思主义教科书中有所体现。

[11] 对于这个观点更为宽泛的探讨，参见 Patrick Gardiner, "Irrationalism," in *the Encylopedia of Philosophy*, ed. Paul Edwards (New York and London: Macmillan and Free Press, 1967), vol. 3, pp. 213–219. See also Jean Wahl, "Irrationalism in the History of Philosophy," in *Dictionary of the History of Ideas*, ed. Philip Wiener (New York: C. Scribner's Sons, 1973), vol. 2, pp. 634–638。

[12] See Benedict de Spinoza, *The Ethics*, in *The Chief Works of Benedict de Spinoza*, trans. R. H. M. Elwes (New York: Dover, 1951), vol. 2, part 2, proposition 7, p. 86.

[13] See John Burnet, *Greek Philosophy*, part I: *Thales to Plato* (London: Macmillan, 1928), p. 52.

[14] 据说麦塔庞顿的希帕索斯（Hippasos of Metapontum）由于揭发了这个秘密而被淹死。参见 John Burnet, *Early Greek Philosophy* (Cleveland and New York: World, 1982), p. 105。

[15] 伊什特万·M·费赫尔（István M. Fehér）对卢卡奇思想与海德格尔思想中的非理性主义这个概念进行了有趣的比较研究，参见 István M. Fehér, "Heidegger und Lukács: Eine Hundertjahrebilanz," in *Wege und Irrwege des neueren Umgangs mit Heideggers Werk*: *Ein deutsch-ungarisches Symposium*, ed. I. M. Fehér (Berlin: Duncker and Humblot, forthcoming), and István M. Fehér, "Lukács e la filosofia contemporanea: la problema della ragione," *Giornale di Metafiscica* Io, no. 2 (May-August): 269–298。

[16] 很明显，尤尔根·莫特曼（Jürgen Moltmann）提出现代性的思想是受到了海德格尔的影响。参见 Jürgen Moltmann, *Théologie de l'espérance* (Paris: Cerf-

Mame, 1970), p. 256。

[17] 那种认为所谓的资产阶级思想从本质上来说是非理性的思想,是马克思主义的基本观点。在许多马克思列宁主义的典型代表人物的著作中,都可以看出所谓的资产阶级思想从本质上来说是非理性的思想这种马克思主义的基本观点。例如,在奥伊泽尔曼(T. I. Oiserman)的以下著作中,就可以清晰地看出这个观点,这些著作包括:"Veröffentlichungen T. I. Oisermans in deutscher Sprache," in T. I. Oiserman, *Philosophie auf dem Wege zur Wissenschaft: Beiträge zur Geschichte der Philosophie*,(Berlin: Akademie, 1989);"Das Rationale und das Irrationale," in *Akten des 16. Weltkongresses für Philosophie*, *Düsseldorf*, 1978, pp. 482−490;"Der philosophische Irrationalismus und die Krise des kapitalistischen Systems," in *Deutsche Zeitschrift für Philosophie* 6 (1983): 663−671;"Die Erziehung zur sozialistischen Bewusstheit und der Kampf gegen Irrationalismus," *Wissenschaftliche Zeitschrift der Humboldt-Universitat zu Berlin* 2 (1960): 31−35。

[18] Alfred Baeumler, *Das Irrationalitatsproblem in der Ästhetik und Logik des 18. Jahrhunderts bis zur Kritik der Urteilskraft*, (Darmstadt: Wissenschaftliche Buchgesellschaft, 1975).

[19] See Immanuel Kant, *Critique of Judgment*, trans. with an intro. by J. H. Bernard (New York: Hafner, 1951), para. I, p. 37.

[20] See Kant, *Critique of Judgment*, para. 34, p. 128.

[21] See *ibid.*, para. 57, p. 185.

[22] See *ibid.*, p. 187.

[23] See *ibid.*, p. 193.

[24] See Immanuel Kamt, *Immanuel Kant's Critique of Pure Reason*, trans. Norman Kemp Smith (London and New York: Macmillan and St. Martion's, 1961), B566, p. 467.

[25] See Georg Lukács, *Heidellberger Philosophie der Kunst* (1912−1914), vol. 16 of *Georg Lukács Werke*, ed. Gvörgy Márkus and Frank Benseler (Darmstadt and Neuwied: Luchterhand, 1974), and Georg Lukács, *Heidelberger Ästhetik* (*1916−1918*), vol. 17 of *Georg Lukács* Werke, ed. György Márkus and Frank Benseler (Darmstadt and Neuwied: Luchterhand, 1974).

[26] See Lukács, *Heidelberger Philosophie der Kunst*, pp. 197−198.

[27] See *ibid.*, pp. 22, 28.

[28] See *ibid.*, pp. 53, 202.

[29] See Lukács, *Heidelberger Ästhetik*, p. 16.

[30] See *ibid.*, p. 17.

[31] See *ibid.*, p. 211.

[32] 马克思和马克思主义在这种讨论中经常会相互对立。例如，德国社会理论家哈贝马斯在探讨历史唯物主义的时候就将马克思与马克思主义对立起来。相关内容参见 Tom Rockmore, *Habermas on Historical Materialism* (Bloomington: Indiana University Press, 1989)。

第一章
马克思论哲学和意识形态

"马克思与马克思主义之间具有连续性"这个命题不仅仅是一个相关领域的专家学者感兴趣的学术问题，它对于我们理解马克思的思想也是非常重要的。这一章的任务就是揭示出马克思和马克思主义之间的一些差别及其对于卢卡奇的马克思主义理性观的重要意义。卢卡奇的马克思主义的一个核心议题是，他试图使马克思主义成为一种富有生命力的理论。更确切地说，他试图为他认为的德国哲学的核心问题提供一种解决方式。作为他的讨论的一部分，卢卡奇提供了一种对马克思思想的详细的、原创性的解读。我们要想理解卢卡奇的马克思主义，首先要对马克思的思想进行一点讨论。

卢卡奇为非理性的理论和理性的理论之间的区分预设了一个前提，这就是，被马克思主义者称为资产阶级哲学的哲学与马克思主义之间的先在的区别。继恩格斯之后，马克思主义者一致认为，非马克思主义的理论都是意识形态的理论，用卢卡奇的术语来说就是"错误的意识"。他之所以称之为"错误的意识"，是由于非马克思主义理论被它们与产生它们的社会现实所腐蚀了。由于这种观点宣称它效忠于马克思的思想，我们就有必要先检验一下卢卡奇对于哲学和意识形态的理解，这也是我们分析卢卡奇的理性观的第一个步骤。

首先，我们要简单地评论一下马克思的思想。我们说马克思的思想具有重要性，这主要是与恩格斯这第一个马克思主义者相比较而言的。在后面的篇章中我们会对此进行详细论述。遗憾的是，大多数马克思主义思想家们受到的哲学教育是与他们的哲学观点所具有的政治重量，甚至哲学重量是成反比的。比如说，恩格斯是马克思主义的创始人，他却只是一个自学者，他受到的哲学教育仅限于他听过一些谢林的讲座；再比如说列宁，虽然他的观点迄今为止仍然被认为具有重要的哲学意义，但他受到的教育

非理性主义：卢卡奇与马克思主义理性观
Irrationalism: Lukács and the Marxist View of Reason

却是律师的教育，并且在哲学上同样是一个自学者，与恩格斯稍有不同的是，他是一个完完全全的自学者；再比如说斯大林，他可以说是辩证唯物主义的"温和"的创始人，虽然他被驱逐出学校，但他政治上的地位使得他能够做出一些哲学论断，并且这些哲学论断一直被严肃的马克思主义者严肃地对待，直到今天这种情况才有所改变。[1]

由于马克思主义者声称他们继承了马克思的思想，用列宁的名言来说就是，马克思主义是"马克思思想的科学"。事实到底是否如此，我们要考察一下马克思受到的哲学教育所具有的传统本质。尽管马克思要当教师的愿望很快就落空了，但他的确拥有哲学博士学位。由于他的博士论文是从黑格尔主义的角度出发考察一个古希腊哲学问题，我们就不难看出他对于古希腊哲学有着深厚的造诣，而他最早是通过黑格尔的著作了解古希腊哲学思想的。

事实上，要想找出马克思对哪方面的哲学造诣最深非常困难，因为他拥有非常广泛的哲学知识。他的著作中没有对于之前的哲学传统或是一般哲学的一般讨论。与此相反，在马克思的著作中，他具体地考察过很多不同的思想家的思想。他对于不同思想家的考察在以下内容中都有所体现：他在书信中对他们进行评论[2]；他在笔记中对他们进行评论，如《关于伊壁鸠鲁哲学的笔记》；他在博士论文《德谟克利特的自然哲学和伊壁鸠鲁的自然哲学的区别》中对他们进行评论；他在一些早期著作中对黑格尔思想的分析，尤其是在《黑格尔法哲学批判》以及《1844年经济学哲学手稿》中的分析；一系列直接针对青年黑格尔派的论战性著作，如《德意志意识形态》和《神圣家族》；晚期著作中的一些独立的评论，例如在《资本论》中，马克思对很多哲学家都有过评论，这些哲学家包括亚里士多德、黑格尔、洛克（John Locke），甚至是维科（Giambattista Vico）。

几乎可以说，马克思思想的任何一个层面都在汗牛充栋的著作中得到了充分的研究。这些研究马克思思想的著作数量之多，即使是最勤奋、最有求知欲的学生也不可能全部读完。但是，虽然了解马克思的哲学思想对于把握他的整个思想来说是至关重要的，却很少有人对其进行深层次的研究。马克思的哲学思想无疑是非常重要的。了解他的哲学思想，对于把握他的整个思想以及把握他对哲学的批判来说非常重要，因为马克思对哲学的批判是他对自我的理解的一个重要组成部分。也就是说，了解马克思的哲学思想对于把握他对自身思想状态的理解来说是非常重要的。我们必须要了解，马克思是否认为他自己的思想是另外一种形式的哲学，例如是对德国唯心主义哲学的一种发展，又或者是对黑格尔思想的一种批判性的延伸，还是与此相反，像马克思主义者以马克思的名义宣称的那样，马克思的思想不是哲学，而是其他的什么东西。

这一问题的复杂性可以表现在马克思主义者提出的三重区分当中。这三重区分就是：哲学与科学的区分、意识形态与真理的区分，以及唯心主义与唯物主义的区分。这三重区分一般也被认为是区分马克思、马克思主义（马克思主义被看成是一种独立的思想实体）以及非马克思主义（马克思主义通常认为非马克思主义是资产阶级哲学）的标准。一些当代哲学家提出了这样一种观点，例如胡塞尔，他认为哲学不仅仅是科学，并且从最根本的意义上来说，科学也是哲学。[3]要理解意识形态和真理之间的差别是异常困难的，因为那些自称是真理的论断通常与意识形态非常相似，在马克思主义那里尤其如此。而唯心主义与唯物主义之间的区分也同样不足以将马克思的思想与其他的哲学思想区分开来。

事实上，很多重要的马克思主义者都对马克思主义者阐释马克思的思想时提出的这三重区分产生过怀疑。例如，恩格斯自己在一篇著名的文章中就曾经指出，"德国社会主义者骄傲地宣称，他们不但继承了圣西门、傅里叶和欧文的思想，还同样继承了康德、费希特和黑格尔的思想"[4]。这一论断表明，事实上，马克思的思想与哲学不是对立的关系，马克思的思想是一种哲学。然而，这并不影响一代又一代的马克思主义者（包括恩格斯）都坚称，就像马克思本人曾经含糊地暗示的那样，我们必须要把马克思的思想理解为从黑格尔的唯心主义到唯物主义的转变。[5]虽然马克思主义者包括恩格斯做出了这样的论断，但有趣的是，他们从未详细地研究过马克思与黑格尔之间的关系。[6]

我们了解马克思的捷径在于，我们要独立地研究马克思的文本，而不要从马克思主义者对马克思文本的讨论出发来研究马克思的文本。鉴于马克思从未系统地构建过自己的哲学，我们就必须从他思想的蛛丝马迹中重新构建出他的哲学。这些蛛丝马迹散乱地分布在他的所有思想当中。但要理解马克思的哲学思想，最早可以追溯到《1844年经济学哲学手稿》《德意志意识形态》《政治经济学批判大纲》（以下简称《大纲》），以及《政治经济学批判》的序言中。在《黑格尔法哲学批判》中，马克思就对黑格尔进行过批判。在《1844年经济学哲学手稿》中，马克思对黑格尔进行了更加深入的批判。在《德意志意识形态》中，马克思与恩格斯共同勾画出了一个"意识形态"的概念，马克思主义者一直想要用它作为武器来反抗其他的哲学。[7]在著名的《大纲》导言中，马克思简短地定义过一种政治经济学的方法，而这种政治经济学方法与黑格尔用来处理哲学的方法之间

15

的关系既明显又深远。在更为著名的篇章《政治经济学批判》的序言中，马克思描述了自己的心路历程，并且对后来通常被认为是历史的唯物主义观念进行了简短的讨论。[8] 由于《大纲》和《政治经济学批判》中的内容大多是对于马克思的思想竞争对手的观点所进行的元理论式的阐述，我们最好是把关注的焦点集中限制到一些与我们的讨论直接相关的文本中去，这就是《1844年经济学哲学手稿》和《德意志意识形态》。

我们可以先从《1844年经济学哲学手稿》开始。这个文本最有趣的特征之一是，它强调"人"这个概念。正是由于这个文本强调"人"的概念，才造成了后人普遍认为马克思的早期思想是一种哲学的人本主义。[9] 而海德格尔在他的《关于人本主义的信》中明确反对的正是这种人本主义。尽管人们在探讨海德格尔向国家社会主义的转变时，普遍认为这是海德格尔自己的人本主义思想的延伸。[10] 马克思在《1844年经济学哲学手稿》这个文本当中表现出来的思想被后人称为哲学人类学。更确切地说，马克思在这个文本中提出的是一种反笛卡儿主义的人的概念的思想。因为他认为人从其本性上来说是积极的，并且他运用这种"人"的概念来理解社会现实、政治经济学以及其他的哲学。马克思还从这种"人"的概念出发批判黑格尔的思想，相关内容参见《1844年经济学哲学手稿》中被编辑命名为"对黑格尔辩证法和一般哲学的批判"这部分内容。[11]

由于体现在卢卡奇和科尔施的著作当中的所谓的黑格尔主义的马克思主义的兴起，在研究马克思的文献中，人们普遍开始重视黑格尔对于解释马克思思想的重要意义。马克思的文本中经常提到黑格尔。黑格尔出现在德文第二版《资本论》结尾处的索引中，这在马克思主义者对马克思的解读中一直占据着重要的地位。[12] 除了在《资本论》的结尾简短地提到了黑格尔之外，还有两部著作更为深入地探讨了黑格尔的思想在马克思的著作中所起的作用，这两部著作之一是之前提到的《1844年经济学哲学手稿》，另一部是马克思在1843年创作的比《1844年经济学哲学手稿》短一些的著作《黑格尔法哲学批判》。在所有著作中，唯独《1844年经济学哲学手稿》中的部分篇章对黑格尔的思想在马克思思想中所起的作用进行了较为深入的分析。这里比较广泛地探讨了黑格尔的一些重要著作，尤其关注了他的《精神现象学》。[13] 但这里的讨论令人感到有些困惑，并且很多是重复性的。而《黑格尔法哲学批判》中的讨论还是比较详细的，并在讨论中对黑格尔的《法哲学原理》进行了逐字逐句的分析和评价。至于马克思在《1844年经济学哲学手稿》中对黑格尔思想的分析是否公平公正，或者说是否恰当和充分，这又是另外一个问题了。这个问题是我们要思考的问题之一。

马克思在《1844年经济学哲学手稿》中对黑格尔思想的分析开始于他对黑格尔辩证法的重要性的评价。[14] 如果我们回忆一下，在黑格尔去世之后的那段时间内，人们普遍认为哲学在黑格尔的思想中走向了终结，我们就不会对马克思的这种评价感到奇怪了。很多当代思想家都认为，如果我们还能够做什么事情的话，我们也只能在哲学的领域之外做这些事情。例如，伟大的德国诗人，也是黑格尔的学生海涅（Heinrich Heine）曾经提出过一个著名的论断，这就是，自从黑格尔结束了"哲学的演进"这一伟大的循环之后，哲学的演进就结束了。[15]

马克思对费尔巴哈（Ludwig Feuerbach）的评论是很有见地的。[16] 马克思认为，费尔巴哈揭示出哲学是一种宗教，并且哲学还是另外一种人类异化的方式。马克思还认为费尔巴哈发明了朴素的唯物主义以及关于人与人之间的社会关系的积极的科学，这是对黑格尔的否定之否定原则的对抗。马克思认为，哲学是一种幻象，因为哲学提供的观点从根本上说是一种对社会和世界的神秘主义认识。与此相反，按照费尔巴哈的观点，我们能够从所谓的朴素的唯物主义和积极的科学出发来理解世界。现在，这个观点是模糊不清的，因为我们既可以将其理解为哲学不足以认识社会和世界（恩格斯后来就将这一观点加以深化发展，使之成为了马克思主义思想的根基），也可以将其理解为某种特殊的哲学（例如黑格尔的唯心主义哲学）不足以认识社会和世界（马克思后来在《德意志意识形态》中就强调了这第二种理解）。尽管这种观点有些含糊不清，但我们还是可以看出，马克思批判的对象不是以往那种意义上的全部哲学，而是黑格尔的哲学。我的这种解释与马克思主义者对马克思的解释是背道而驰的。我之所以提出以上论点是基于以下两点原因：第一，马克思在这篇文本中提出的批判仅仅局限于黑格尔的思想；第二，我们没有在马克思的任何一个文本当中看到对以往那种意义上的全部哲学的批判。

很显然，那个时候的马克思认为，唯物主义和科学都是与哲学相对立的，或者至少可以说是与黑格尔的哲学相对立的。他尤其不认为黑格尔主义的辩证法能够为我们提供任何关于这个世界的基本的认识。马克思用以下三种方式强调了他的这种观点：第一，他指出，费尔巴哈认为，黑格尔提出的否定之否定是一种在哲学内部出现的现象，这一现象与外在世界在哲学家头脑中的显现没有任何关系。[17] 这就清晰地表明，哲学，或者至少可以说是黑格尔的哲学，说得好听一点是与外在世界无关的哲学，说得不好听就是对社会有害的哲学，因为黑格尔的哲学试图分散我们的注意力，使我们不再关注真实的问题；第二，马克思指出，黑格尔对历史进程的表述只是抽象的、逻辑上的表述，而遗憾的是他没能把握住历史进程本身；[18]第三，马克思指出，黑格尔哲学的工具是逻辑，是一种异化了的，或者说是抽象的理解，这种理解与真实的内容无关，从而强调了他提出的"黑格尔的思想具有抽象特征"这一论断。[19]这清晰地表明，一种与黑格尔的哲学不同的、更好的哲学不应该是与现实无关的哲学，而应该能够更为贴切地把握黑格尔的思想所没能把握的社会现实。

马克思在另外两处评论中进一步批判了黑格尔的哲学。第一，他指出，黑格尔在《精神现象学》一书中支持从抽象的角度，因此也只是从思维的抽象层面出发将社会的本质理解为财产和国家。[20]黑格尔的这种观点是有问题的，因为他借用了亚里士多德的思想模式，也就是谓语被理解为主语的谓语，而思维可以将主语和谓语分开。出于这个原因，黑格尔既没能把握现实，也没能把握现实的运动，因为他只把现实的运动理解为思维的一个个瞬间。

另一方面，马克思提出的观点表明，尽管他对黑格尔思辨的唯心主义进行了批判，但黑格尔的思想还是对马克思的思想产生了影响。众所周知，黑格尔找出思想中积极的因素——用他自己的话来说就是在草丛中的玫瑰——的方式就是通过批判或否定。[21]尽管马克思批判黑格尔的思想，认为黑格尔的思想纯粹是抽象的，但马克思从内心来讲还是认识到了黑格尔思想的重要性。马克思认为，黑格尔的成就在于他通过否定的辩证法，将人类的自我创作理解为一个最终将人类归结为工作或劳动，也就是真正的人类活动的过程。[22]要理解马克思的思想，一个关键之处就在于，我们要知道马克思认为黑格尔提出了一种抽象的或者说异化的、深刻的内在洞察，这就是，必须要把人类理解成他们自身的生产活动。[23]

马克思通过简短的评论表明了自己的思想。黑格尔将劳动看成是人类的本质，但却没有认识到劳动的消极作用。黑格尔认为，劳动的过程在人类的思维中是一个物理过程，而异化是一种主体认识客体的认识论的关系。异化发生在正常的生产过程之中，发生在产品被生产方式的所有者，也就是资本家拿走的时刻。

《1844年经济学哲学手稿》中涉及黑格尔的篇章非常有趣也非常重要，但很多是重复的内容。这无疑是因为这个文本只是一个草稿，马克思本来没想要公开发表这个草稿，至少不是以草稿的方式发表。马克思对黑格尔哲学的核心批判是，黑格尔的哲学是抽象的，并且由于这个原因，黑格尔的哲学没能把握人类社会发展的真实过程，而是提供了一个抽象的模型来理解这一真实过程。在这篇文本的其余部分，我们可以看到，马克思继续以同样的方式对黑格尔进行批判，并且继续以试验的方式逐步地构建自己的思想，从而以一种具体的方式来理解人。我们在这里没有必要详细地研究其余部分的内容，因为那些内容对于我们理解马克思的哲学没有什么太大的帮助。

在《1844年经济学哲学手稿》中，马克思批判了某种形式的哲学，这就是黑格尔的哲学，但他没有批判以往那种意义上的全部哲学。在《德意志意识形态》的第一部分，马克思对思辨的哲学进行了批判。这第一部分的内容是一部篇幅更长的、论战性的作品的起点。由于马克思论战的对象已经湮没在了历史的长河之中，我们就没有必要详细地研究其论战的性质了。恩格斯也参与了《德意志意识形态》的创作，但我们不清楚哪个部分是他写的。在这部作品出版以后，很少有人致力于研究其中的哪个部分是马克思创作的，而哪个部分是恩格斯创作的。

《德意志意识形态》这本著作是马克思主义所依靠的意识形态这个概念的重要来源。在我们开始研究意识形态这个概念之前，我们需要强调以下几点：

第一，一些评论家曾经试图将马克思早期的，也就是所谓的不成熟的、哲学化的著作与晚期的、更加成熟的、更科学的著作区分开来。从这个角度来看，《德意志意识形态》属于所谓的成熟的马克思著作。如果是这样的话，那么可以说马克思在他创作出早期的著作之后，也就是在写完《1844年经济学哲学手稿》之后没有几年就变得成熟了。[24]

我认为，从根本上来说，将一位重要的思想家分成几个互不相容的思想阶段这种做法是非常值得怀疑的。任何一种思想都不是立即就达到了完美或立刻就具备了思维的严谨性，思想总是处在不断地变化和发展之中。每一位重要的思想家都有可能改变他/她的想法，而且在一个宏大的思想体系之内也很可能存在着思想的变化。例如，罗素（Bertrand Russell）的思想经历了几个不同的阶段，萨特的思想有着存在主义思想阶段和马克思主义思想阶段，维特根斯坦的思想在早期和晚期是有所变化的，康德的思想也分为前批判时期和批判时期，海德格尔的思想经历了后期转向之后开始倾向于一种从独立的个体出发的思想。尽管很多人都认为马克思在《1844年经济学哲学手稿》中的思想与他在《德意志意识形态》中的思想是相互对立的，但我在此想要强调的是，他在《1844年经济学哲学手稿》中的思想与他在《德意志意识形态》中的思想实际上是具有连续性的。认识到这一点是非常重要的。

第二，人们通常把《政治经济学批判》序言这个文本看作是马克思的历史唯物主义的思想源头。马克思在这本著作中用很少的篇幅对历史唯物主义进行了高度概括。我想要说的是，马克思从未用"历史唯物主义"这个术语来指称过自己的思想，只是其他人，尤其是马克思主义者经常将马克思的思想说成是历史唯物主义。[25]

第三，马克思在《政治经济学批判》序言这个文本中继续与黑格尔进行论战，甚至可以说他将战场扩展到了以往那种意义上的全部哲学的论战。考虑到马克思在《1844年经济学哲学手稿》中的思想，我们此时此刻有必要问一句：马克思此时的论战是针对黑格尔，还是针对哲学？

第四，就像我们看到的那样，马克思在《政治经济学批判》序言这个文本中进一步发展了他著名的意识形态理论。从这个角度来看，贝尔（Daniel Bell）关于意识形态的终结这一宣言只是意识形态理论持续发展中的另一个阶段罢了。

在《政治经济学批判》序言中，马克思一开始就重新阐述了他在《德意志意识形态》中提出的观点。在《德意志意识形态》中，他用这个观点参与到近代哲学的讨论中：通常，我们会受制于对社会现实的神话式理解，也就是说，我们经常被错误的思想所统治。与社会现实相分离的哲学就是这种思维无法把握外在世界的失败的例子。[26]德国哲学呈现出的看起来像是前所未有的革命，实际上也只是绝对精神的腐烂而已。[27]因此，由于一切都是在纯粹的思想领域中发生的，实际上并不存在什么真正的革命。更一般地讲，这些哲学家没有一个想到要提出关于德国哲学和德国现实之间的联系这一问题。[28]

马克思指出，有些哲学家没有意识到，或者根本不关心思维与社会现实之间的关系。马克思的这一判断无疑是正确的。马克思很显然想要提供一种理论，并用这种不一样的理论来取代他所批判的抽象的哲学。我们所提出的理论必须从现实的前提出发，并且这些前提可以用纯粹经验的方法来确认，这就与独断论和教条主义理论完全不同。[29]马克思认为，现实的前提就是现实的人生产出自身生存的方式，最终生产出他们自己。[30]与此相适应，马克思提出的关于社会的理论建立在私有财产制度以及劳动分工的基础之上。[31]他的理论极为有趣，而且也有可能是正确的，但我们在此暂时搁置不论。

回到我们当下的讨论。与我们现在的讨论相关的思想观点是，马克思认为，思想、观念、意识的生产最初是直接与人们的物质活动、与人们的物质交往、与现实生活的语言交织在一起的。他进一步对这一观点进行了两点解释。[32]

第一，用意识形态对其加以解释。他指出，在全部意识形态中，人们和他们的关系就像在照相机中一样是倒立成像的。[33]换句话说，意识形态使事物头足颠倒，会导致我们产生错误的理解或是误解。马克思没有将这种错误简单地归结为思维的错误，而是将其归因于思维与社会现实之间的关系问题。马克思似乎是想说，在某种意义上，社会现实，也就是客体，会扭曲人们对社会现实的理解。换一种表达方式就是，资本主义社会使得那些试图分析资本主义的人不能理解资本主义。

第二，马克思将这种思维的扭曲归因于社会现实，提出了一种关于思维与他称为生活之间的关系的一般理论。不是意识决定生活，而是生活决定意识。[34]马克思的这种观点在《德意志意识形态》中有所体现。他在《德意志意识形态》中指出，在思辨终止的地方，在现实生活面前，正是描述人们实践活动和实际发展过程的真正的实证科学开始的地方。[35]从根本上来说，马克思的观点就是，我们需要以一种试图理解世界的方式来进入世界。但我们不清楚的是，到底思维是如何被生活决定的？我们必须要看到马克思在这一观点上的含糊不清，这对于我们理解他的思想是非常重要的。他到底是想表达思维是被其思考的对象——用他的话来说就是社会现实——所决定，还是想表达其他的什么意思呢？例如思维要想把握其对象就必须以一种现实的方式来把握，而不能仅仅用咒语召唤出一种哲学幻象并用这种哲学幻象来把握其思考的对象。

马克思从未在他的任何一部著作中明确地论述过以上观点，因此我们只能自己推断出上述问题的答案。马克思只是一再强调他的观点，即意识一开始就是社会的产物。[36]我们可以用两种方式来解释马克思的这一论断，这两种解释方式都是当代最流行的解释方式。第一种解释方式是，思维是思维发生的时间和地点的产物。这种解释方式与传统哲学的观点非常相似，即真理不只表现在某一个时间段内，而是在所有的时间和地点都有所表现。第二种解释方式是，马克思含蓄地表示，思维不能与产生这种思维的社会现实分离开来。如果马克思的看法是正确的，那么我们可以由此得出结论：不受时间限制的真理是不存在的。换句话说，真理只在特定的时间段内存在。其结果会导致某种情境论，这就是，一种思想理论虽然不能被还原成产生这种思想理论的社会现实，但前者是被后者所决定的，或者至少可以说前者是部分地被后者所决定的。这种观点很显然与黑格尔在《法哲学原理》中提出的著名论断有关——黑格尔指出，哲学是时代的产物。[37]

马克思在"时代的幻象"这一标题下探讨市民社会以及历史的概念的

时候进一步分析了以上观点。他的核心观点是，不是从观念出发来解释实践，而是从物质实践出发来解释观念的形成。这又引出了一个新的观点，即应该从物质实践出发来解释观念的形成。[38] 马克思在这里含蓄地表达了一个意思，即我们要想改变观念，只能改变其根基，即产生理念的社会现实。在马克思看来，如果认识不到这一点，就会被唯心主义所欺骗。他接着指出，在整个历史进程中，直到今天，历史的真正根基一直被我们所忽视。如果政治家是我们的向导的话，马克思的判断就是正确的。

马克思认为，如果我们不能具体地把握社会现实，那么我们当下对社会现实的认识只是时代的幻象。他接着提出第二个观点，这就是，统治阶级的思想在每一时代都是占统治地位的思想[39]，这实际上是重新强调了刚才的第一个观点。马克思想要表达的意思是，我们所应用的理念实际上代表着社会中的各种力量之间的特定关系，但却不一定代表着真理。从这个意义上来讲，思想家的作用就在于，他们要将统治阶级的思想变得完美无缺。

马克思对于意识形态的看法非常有趣，但我们看不清楚这种意识形态理论的准确轮廓。在探讨康德和自由主义的一个简短篇章中，马克思应用了这种意识形态理论，这也算是对意识形态理论的一种说明了。在马克思看来，康德仅仅满足于善良的意志，即使这种善良的意志没有产生任何实际结果。马克思的这种判断只有部分是正确的。因为尽管康德强调善良意志的内在的善，他也同样关心善良意志的实现，这就是他讨论过的理论与实践的关系问题。[40] 从黑格尔开始，很多思想家都批判康德伦理学是一种形式主义。[41] 而马克思对康德的批判的创新之处在于，他进一步指出康德无视德国公民如此无力、消沉以及可怜，而只满足于无效的善良意志。当然，马克思的批判不只是针对康德的思想，他的批判对象还包括建立在阶级利益之上的、后来也出现在德国的法国自由主义思想。总之，马克思想要说的是，宣扬自由意志的哲学家实际上并不能自由地行动，因为他实际上是特定的社会阶级的代表，他所从属的社会阶级决定了他的思想。

哲学的社会功能危在旦夕。自柏拉图以来，很多哲学家都认为，哲学对于社会动物来说是必不可少的。康德特意强调过，哲学是一种关于世界（Weltbegriff）的观念即世界观，或者说是一种宇宙性概念（Conceptus cosmicus），而且哲学是与普遍的人类利益紧密相关的。[42] 在康德看来，纯粹的哲学本身（ipso facto）就是实践的哲学，因为纯粹的哲学从其本性上来说就是对社会有用的。马克思不认同康德的这种观点。他认为，只有批判理论才具有实践的效用。马克思指出，康德哲学的社会功能是，它无意识地维护了现有的社会制度,不管这是不是康德的本意。

其结果具有两面性。一方面,马克思批判了不具有社会效用的哲学,例如康德主义哲学。也就是说,他通过检验康德主义哲学的社会功能得出结论:康德主义哲学对于社会来说并不是必不可少的。他进一步含蓄地表明,他反对康德对哲学的吹捧,他不认为哲学从其本性上来说就是具有社会效用的;另一方面,作为论证的一部分,马克思在意识形态这个概念的基础上提出了一种模糊的因果关系。马克思通过批判康德的哲学是一种幻象想要表明的核心观点是:不是意识决定生活,而是生活决定意识。[43]我认为,马克思的这一断言非常含糊不清,因为他没有说清楚社会现实是如何对我们对社会现实的认识产生影响的。

为了澄清意识形态理论,我们有必要对两个问题加以区分。第一个问题是,马克思是如何理解意识形态这个概念的?第二个问题是,马克思主义者是如何理解并在他们自己的著作中运用马克思的意识形态概念的?关于第一个问题,也就是如何理解意识形态的概念这个问题,我们清楚地知道的一点就是马克思对此并不清楚。马克思在阐述意识形态理论的时候,以康德提出的有趣观点为例说明,一个作出了原创性贡献的思想家通常无法将其思想用一种公式表达出来,因为他自己还在摸索之中。他的思想通常是被其后继者进一步发展完善的,因为他的后继者超越了原创思想家对这种思想的描述,继续对这种思想进行探索。因此无论是原创思想家自身还是其后继者都不能说清楚这种思想。[44]而康德的建议是,一种思想,无论是对于提出这种思想的原创思想家来说,还是对于不一定能辨别清楚这一思想的原创思想家的后继者来说,都是不清晰的。

马克思自己对于意识形态这个概念或者意识形态是如何应用于哲学的都不十分清楚。很显然,他在他的著作中也没有充分研究过这个概念。我们已经认识到,马克思在他的思想体系内对意识形态观并没有详细的论述。我们刚才提到的他对意识形态的评价都是不清晰的、含糊的。例如,为什么有人会陷入意识形态的错误,而有人却不会,这就是不清楚的。马克思要说清楚自己的观点,就要证明我们应该如何,或者我们能否从意识形态的错误中逃脱出来,以及什么人能够逃脱出来。关于意识形态这个概念还有很多问题。马克思提出的意识形态概念从根本上说就是值得怀疑的,因为他试图将社会现实解释成一种因果关系。

我们可以对这一观点进行如下解释:尽管在我们的思维中,被扭曲了的社会现实会阻碍我们对社会现实的理解,但社会现实本身是持续存在的。然而,如果我们认为,社会现实什么也没有做,因为社会现实不是一个主体，而只是一种主体的行为，这样想似乎简单得多，也合理得多。[45]现在，我们很难坚持说我们对社会和世界的认识从来都没有发生扭曲。马克思之所以提出意识形态这个观念就是为了通过将这种思维中的扭曲与资本主义联系起来而对这种扭曲进行解释。但是，如果说我们对周围世界的认识是扭曲的，更为简单的理解就是这种扭曲是我们自己造成的，是我们没能更加深入地认识社会现实，是我们倾向于根据自己想要相信但实际上却并没有认识到的东西去解释周围世界，并把这种解释看成是真理。

很显然，马克思认为，某种哲学，比如黑格尔唯心主义哲学以及某些青年黑格尔派的哲学，都存在这种意识形态上的扭曲。马克思主义者经常指出，这种哲学本身就是意识形态。但马克思与马克思主义者的看法不同，他并不认为所有的哲学都必然是扭曲的意识形态。因此，我们能够推断出，马克思认为，正确的社会理论和错误的社会理论之间的区别，就是对社会现实给予正确解释的哲学与对社会现实给予错误解释的哲学之间的区别。在马克思看来，上述区别区分出了非意识形态的哲学和意识形态的哲学。

如果我们对马克思的思想理解正确的话，就会引出两个结果。第一，我们搞清楚了马克思既没有认为也没有必要认为哲学就是意识形态，因为被他批评为意识形态的只是某种特定的哲学。第二，我们要认识到马克思的意识形态概念在他的思想体系中具有一致性，并且我们还要认识到马克思的思想具有哲学的特性。一代又一代的马克思主义者都在一个含糊不清的基础上坚称，马克思主义与马克思本人的思想是一脉相承的，并且哲学就是一种意识形态。但是，马克思主义者得出的这些结论不但没有继承马克思的思想，而且与马克思的思想背道而驰。

马克思从未表示过他的思想具有某种超哲学的性质或具有科学的性质，但却有很多人以马克思的名义断言，马克思的哲学超越了哲学，是一种科学。[46]如果我们接受马克思的思想是一种哲学的话，那么接下来的问题就变得非常重要，即我们应该如何理解马克思的哲学的性质？一代又一代的马克思主义者都被这个问题所困扰，并且他们给出了很多不同的答案。我们都知道，黑格尔想要在他的思想体系中探讨哲学史中所有重要的问题。马克思也同样用一种黑格尔主义的方式含蓄地暗示，他自己的思想与黑格尔的思想不同，因为黑格尔的思想还宣称自己是一种真理。[47]要想找出马克思哲学的特性，就要跳出当下进行讨论的这个框架，而思考马克思本人的著作中表现出来的三种主要的思想：第一，马克思对于其他思想的批判，尤其是他早期对于黑格尔的详尽的批判；第二，马克思在一些零散的作品中提出的一些元理论，这些篇章主要是指《大纲》的导言和《政治经济学批判》序言；第三，马克思在他的一些作品中，尤其是在未完成的伟大篇章《资本论》中提出的思想。

另外一个问题是，马克思主义是如何理解马克思对于哲学和意识形态的看法的？关于意识形态这个问题，到底是从意识形态的哲学与非意识形态的哲学这种哲学内部的区分这个角度出发来理解马克思的思想，还是像马克思主义者所坚持的那样，从哲学与作为科学的马克思主义的区分这个角度出发来理解马克思的思想？认识到这两种理解方式之间的差别对我们理解马克思的思想来说是至关重要的。很显然，马克思对于哲学内部的区分（即意识形态的哲学和非意识形态的哲学）与从柏拉图开始将哲学看成一种科学的传统观念是互不相容的。但认为哲学是科学的传统观念在当代哲学中仍然存在，因此马克思也与这一当代哲学观念互不相容。在我们的时代中，胡塞尔重新强调了那种传统的哲学观念[48]，而他的学生海德格尔则明确反对胡塞尔的这种观点[49]。在马克思看来，我们可以认为，意识形态的哲学不能宣称自己是一种真理，因为它不是一种科学。如果哲学要宣称自己是真理的话，就必须按照传统哲学的观念将哲学看成是一种科学。

时至今日，我们仍然搞不清楚，哲学是否应该完成柏拉图主义哲学所赋予哲学的科学中的科学这一任务。[50]在现代科学出现之后，哲学就与科学分离开来，现在哲学再想继续宣称自己是一种科学似乎为时已晚。哲学顶多能宣称自己是严谨的，因此是"科学的"，就像胡塞尔等人宣称的那样。很显然，马克思主义坚决打断了传统观念所赋予的哲学与科学之间的联系。马克思主义一直在努力将哲学——在他们看来也就是意识形态——和科学也就是马克思主义自身区分开来。其结果是，马克思主义者将自己的思想以马克思的名义表达出来，并且宣称自己的思想就是马克思的思想。马克思认为哲学内部可以分为意识形态的哲学和非意识形态的哲学。与马克思不同的是，马克思主义将哲学本身，也就是任何形态的哲学与马克思主义，或者更确切地说是马克思的科学区分开来。

不管从什么角度来看，马克思主义都不是，或者不能简单地说是马克思思想的科学。我并不是想说，马克思主义与马克思本人的思想毫无关联，或者马克思主义只是一系列对马克思本人思想的误解。[51]我想说的是，马克思与马克思主义有很多相似之处，问题在于，我们忽略了二者之间的很多重要差别，这是非常危险的。[52]马克思和马克思主义之间的一个重要差别就是，他们对于哲学与意识形态之间关系的看法不同。因此，我们下一步的任务就是要阐明，虽然马克思主义的存在依赖于宣称自己与马克思之间一脉相承的关系，但实际上，马克思主义对哲学与意识形态之间关系的看法与马克思本人的观点是有所区别的。

注释

[1] 举个例子，虽然哈贝马斯认为需要对斯大林的思想进行重新表述，但他仍然非常重视斯大林的观点。参见 Jürgen Habermas, "Towards a Reconstruction of Historical Materialism," in Jürgen Habermas, *Communication and the Evolution of Society*, trans. with an intro. by Thomas McCarthy (Boston: Beacon, 1979), pp. 130–177, esp. pp. 130–131。

[2] 尤其是在马克思于1837年写给他父亲的著名的信中，可以清晰地看出以上观点。参见《马克思恩格斯全集》，2版，第47卷，北京，人民出版社，2004。

[3] See Edmund Husserl, "Philosophy as Rigorous Science," in Edmund Husserl, *Phenomenology and the Crisis of Philosophy*, trans. Quentin Lauer (New York: Harper and Row, 1965).

[4] Foreword to the original edition of *Die Entwicklung des Sozialismus von der Utopie zur Wissenschaft*, in Karl Marx and Frederick Eagels *Marx-Engels Werke*, (Berlin: Dietz, 1970), vol. 19, p. 188.

[5] 典型代表人物是卢卡奇和科尔施。参见 Georg Lukács, *History and Class Consciousness: Studies in Marxist Dialectics*, trans. by Rodney Livingstone (Cambridge, Mass.: MIT Press, 1971), and Karl Korsch, *Marxism and Philosophy* trans. by Fred Halliday (reprint ed., London: New Left, 1970). See also the article on "Materialism" in Tom Bottomore et al., eds., *A Dictionary of Marxist Thought* (Cambridge, Mass.: Harvard University Press, 1983), pp. 324–329。

[6] 虽然大家公认让·伊波利特 (Jean Hyppolite) 对此进行的探讨是不完美的，但我仍然认为他的探讨是最优秀的。参见 Jean Hyppolite, *Studies on Marx and Hegel*, ed. and trans. by John O'Neill (New York: Harper and Row, 1973)。

[7] 对于马克思主义意识形态的探讨，参见 Jorge Larrain, *Marxism and Ideology* (Atlantic Highlands, N. J.: Humanities, 1983). For some discussion of Marx's view of ideology, see my papers, "Pensiero e tempo: Il concetto di ideologia di Marx," *Il Tetto*, no. 120 (1983): pp. 650–657; "Idéologie et herméneutique," *Laval Théologique et Philosophique* 40, no. 2 (1984): 161–173; and "Marxian Ideology and Causality," in *Idea and Reality*, ed. by J. C. Nyiri (Budapest: Corvina, 1990), pp. 210–221。

[8] 举个最近的例子，参见 Gerald A. Cohen, *Karl Marx's Theory of History: A Defense* (Princeton, N. J.: Princeton University Press, 1978)。

[9] 用人本主义来解读马克思的代表人物是埃里希·弗洛姆 (Erich Fromm)，参见 Erich Fromm, *Marx's Concept of Man* (New York: F. Ungar, 1969)。

［10］See Martin Heidegger, "Letter on Humanism," in Martin Heidegger, *Basic Writings*, ed. with an intro. by David Farrell Krell (New York: Harper and Row, 1977), pp. 189-242. 而对于海德格尔自己的"人本主义"思想的实质所进行的探讨, 参见 Victor Farias, *Heidegger and Nazism*, ed. by Joseph Margolis and Tom Rockmore (Philadelphia: Temple University Press, 1989)。

［11］参见由汤姆·巴特摩尔（Tom Bottomore）编辑并翻译的《卡尔·马克思早期著作选》(*Karl Marx: Early Writings*), 埃里希·弗洛姆为其撰写了一个前言(New York: McGraw-Hill, 1964), pp. 194-219。

［12］See Karl Marx, *Capital: A Critique of Political Economy*, ed. by Frederick Engels, trans. by Samuel Moore and Edward Aveling, 3 vols. (New York: International, 1967), pp. 19-20.

［13］我们一定要认识到, 卢卡奇从一个马克思主义者的角度出发, 对黑格尔思想进行了详细的考察, 这具有非常重要的意义。到目前为止, 卢卡奇对黑格尔思想的研究仍然是马克思主义者在对黑格尔研究中最为杰出的代表, 而他是在马克思从文本中对黑格尔进行探讨的基础上对黑格尔思想进行研究的。参见 Georg Lukács, *The Young Hegel: Studies in the Relations between Dialectics and Economics*, trans. by Rodney Livingstone (Cambridge, Mass.: MIT Press, 1975)。

［14］参见《卡尔·马克思早期著作选》(*Karl Marx: Early Writings*), 195 页。

［15］Heinrich Heine, *Religion and Philosophy in Germany*, trans. by John Snodgrass, with a foreword by Dennis J. Schmidt (Albany: State University of New York Press, 1986), p. 156. 在这部重要的著作中, 海涅对黑格尔去世之后哲学在德国的状况进行了一个有趣的探讨。

［16］See Marx, *Early Writings*, pp. 197-199.

［17］See *ibid.*, p. 198.

［18］See *ibid.*

［19］See *ibid.*, p. 200.

［20］See *ibid.*

［21］在《法哲学》的序言中, 黑格尔说道: "哲学是探究理性东西的, 正因为如此, 它是了解现在的东西和现实的东西的。"参见 G. W. F. Hegel, *Hegel's Philosophy of Right*, trans. with notes by T. M. Knox (London: Oxford University Press, 1967), p. 12。

［22］See Marx, *Early Writings*, p. 203.

［23］卢卡奇后来的社会本体论思想就是在这个观点的基础上建立起来的。参见 Georg Lukács, *Zur Ontologie des gesellschaftlichen Seins*, ed. by Frank Benseler 2 vols. (Darmstadt and Neuwied: Luchterhand, 1984)。

［24］对于这个观点的经典阐述, 参见 Louis Althusser, *For Marx*, trans. by Ben

Brewster (New York: Vintage, 1970); see also Louis Althusser and Etienne Balibar, *Reading Capital*, trans. by Ben Brewster, 2 vols. (New York: Pantheon, 1970). For a sharp reply to Althusser, see Leszek Kolakowski, "Le marxisme d'Althusser," in Leszek Kolakoeski, *L'Esprit révolutionnaire* (Brussels: Editions Complexe, 1974), pp. 158−185。

[25] See Shlomo Avineri, *The Social and Political Thought of Karl Marx* (Cambridge, Eng.: Cambridge University Press, 1968), p. 65. 对于马克思主义者将马克思的思想与唯物主义混为一谈的详细探讨，参见 George Kline, "The Myth of Marx's Materialism," in *Philosophical Sovietology: The Pursuit of a Science*, ed. by Helmut Dahm, Thomas J. Blakeley, and George L. Kline (Dordrecht: D. Reidel, 1988), pp. 158−208。

[26] 参见《马克思恩格斯选集》，2版，第1卷，63页，北京，人民出版社，1995。

[27] 参见上书，64~66页。

[28] 参见上书，66页。

[29] 参见上书，67页。很明显，马克思提出的哲学可以检验其前提这个观点，与维也纳学派提出的意义的经验标准这个观点之间有家族相似性。对于马克思思想中实证主义层面的探讨，参见 Albrecht Wellmer, *Critical Theory of Society* (New York: Herder and Herder, 1971)。

[30] 参见《马克思恩格斯选集》，2版，第1卷，67页，北京，人民出版社，1995。

[31] 参见上书，68页。

[32] 参见上书，72页。

[33] 参见上书，72页。

[34] 参见上书，73页。我们一定要注意到，像卢卡奇这样的马克思主义者是极力反对那种所谓的生命哲学的。他们认为，生命哲学不是关于生活的哲学，也不是关于社会存在的哲学。相反，他们致力于反对非马克思主义提出的关于社会生活的思想。对于以上观点的探讨，参见卢卡奇：《理性的毁灭》(*Destruction of Reason*) 中的第九章。

[35] 参见《马克思恩格斯选集》，2版，第1卷，73页，北京，人民出版社，1995。

[36] 参见上书，81页。

[37] "就个人来说，每个人都是他那时代的产儿。哲学也是这样，它是被把握在思想中的它的时代。妄想一种哲学可以超出它那个时代，就与妄想个人可以跳出他的时代、跳出罗陀斯岛是同样愚蠢的。"参见 Hegel, *Philosophy of Right*, p. 11。

[38] 参见《马克思恩格斯选集》，2版，第1卷，92页，北京，人民出版

社，1995。

[39] 参见上书，98页。

[40] 关于这个观点，参见 Kant's 1793 essay, "On the Proverb: That May Be True in Theory, but Is of No Practical Use," in Immanuel Kant, *Perpetual Peace and Other Essays on Politics, History, and Morals*, by Ted Humphrey (Indianapolis, Ind.: Hackett, 1983)。

[41] 关于这个观点，参见 G. W. F. Hegel, "Spirit That Is Certain of Itself: Morality," in *Phenomenology of Spirit*, trans. by A. V. Miller (Oxford: Oxford University Press, 1977), pp. 364–409; see also Lukács, *History and Class Consciousness*, pp. 121–134。

[42] See Immanuel Kant, *Immanuel Kant's Critique of Pure Reason*, trans. by Norman Kemp Smith (London and New York: Macmillan and St. Martin's, 1961), B 866–867, pp. 657–658。

[43] 对于这一颇具争议的观点的阐述，参见《德意志意识形态》第一卷第一章中的内容。参见《马克思恩格斯选集》，2版，第1卷，73页，北京，人民出版社，1995。

[44] See Kant, *Critique of Pure Reason*, B 862, pp. 654–655.

[45] 从这个角度出发对马克思的意识形态所进行的批判，参见 Tom Rockmore, "Marxian Ideology and Causality," in *Idea and Reality*, ed. by J. C. Nyiri (Budapest: Corvina, 1990)。

[46] 人们用各种各样不同的方式对这一观点进行阐述，有人阐述这一观点是为了证明马克思的思想是一种科学（代表人物为阿尔都塞），有人阐述这一观点是为了证明马克思的思想是一种批判（代表人物为科尔施），还有人阐述这一观点是为了证明马克思思想的基础是商品分析（代表人物为卢卡奇），等等。而进一步的讨论，参见 Tom Rockmore, "Radicalism, Science, and Philosophy in Marx," *Cultural Hermeneutics* 3, no. 4 (1976): 429–449。

[47] 当然，这是解释《资本论》第二版跋中的著名篇章的一种方法。"辩证法在黑格尔手中神秘化了，但这决没有妨碍他第一全面地有意识地叙述了辩证法的一般运动形式。在他那里，辩证法是倒立着的。为了发现神秘外壳中的合理内核，必须把它倒过来。"参见《马克思恩格斯选集》，2版，第2卷，112页，北京，人民出版社，1995。这种解释方式的优点是，这种解释支持了这样一个贯穿在整个哲学传统中的观点，即后来的思想继承了前人思想中的精华，这就等于是反击了认为（马克思的）思想（与前人的思想）发生了断裂这个未加证明的断言。

[48] See Husserl, "Philosophy as Rigorous Science."

[49] 海德格尔对于哲学与科学之间关系的看法并不是非常明确的。我们唯一明确的是，在《存在与时间》中，他所持的是一种传统哲学的观点，即他认为，哲学比科学要更为深刻，因此，哲学是其他科学的基础。现在，他认为他的思想是

一种先验的哲学。从他在1929年这篇《什么是形而上学?》(What is Metaphysics?)就职演讲开始,他就抛弃了关于先验哲学的观点。

[50] 从这个角度出发,对于胡塞尔现象学的有趣探讨,参见 Leszek Kolakowski, *Husserl and the Search for Certainty* (New Haven, Conn.: Yale University Press, 1975)。而不局限于现象学的更为宽广的探讨,参见 John Dewey, *The Quest for Certainty* (New York: G. Putnam and Sons, 1929)。

[51] 关于这一极端的观点,参见 Michel Henry, *Marx: A Philosophy of Human Reality*, trans. by Kathleen McLaughlin with a foreword by Tom Rockmore (Bloomington: Indiana University Press, 1983), p.1:"马克思主义是一系列相互关联的、对于马克思思想的错误解释。"

[52] 对于马克思与马克思主义之间的一些差别进行的描述,参见 Leszek Kolakowski, *Main Currents of Marxism: Its Rise, Growth and Dissolution*, trans. by P. S. Falla, 3 vols. (Oxford: Clarendon, 1978), vol.1, chap.16.1: "Recapitulation and Philosophical Commentary," pp.399–420, esp. pp.399–408。

第二章
哲学、科学、意识形态和真理

为了探讨卢卡奇的马克思主义思想的理论背景,我们在第一章中首先考察了马克思对哲学和意识形态的看法。我们通过考察马克思的著作,尤其是他对黑格尔的批判,得出了以下两个结论:第一个结论是,无论是从马克思对绝对唯心主义哲学进行批判的角度,还是从马克思提出意识形态这个概念的角度,都可以看出马克思并不认为某种特定形态的哲学可以成为对社会现实的认识的来源;第二个结论是,无论是从马克思对绝对唯心主义哲学进行批判的角度,还是从马克思提出意识形态这个概念的角度,都可以看出马克思并不希望自己的思想被解释成一种哲学。在稍后讨论卢卡奇的思想的时候,我们就会看出以上两个结论的重要性。这对我们理解如下观点尤其重要,即马克思主义者将哲学看成是一种意识形态从而拒斥哲学,是为了将马克思主义说成是一种不加限定的科学。

马克思将哲学内部划分为意识形态的哲学和非意识形态的哲学,而一部分马克思主义者利用这种观点来对哲学和科学加以区分,这显然是偷换概念。马克思主义者典型的做法是将马克思对于思辨的唯心主义哲学与其他形态的哲学之间的区别重新阐释为哲学和马克思主义科学之间的区别。尽管马克思只是将一种特定的哲学看成是意识形态的哲学,而马克思主义者却将这种观点延伸出去,将所有的哲学都说成是意识形态。这种将马克思主义看成是与哲学不同的科学的观点,深深地植根于马克思主义传统之中。然而,马克思主义者对于如何描述马克思主义科学这个问题却远没有达成一致。在马克思主义者的著作中可以看出,他们对于马克思主义科学的性质的看法各不相同,例如,科尔施认为马克思主义科学就是批判,阿尔都塞(Althusser)认为马克思主义科学就是反人道主义,哈贝马斯认为马克思主义科学就是社会理论,科恩(Cohen)认为马克思主义科学就是历史理论,而卢卡奇认为马克思主义科学就是商品结构的分析,等等。[1]

非理性主义：卢卡奇与马克思主义理性观
Irrationalism: Lukács and the Marxist View of Reason

要理解马克思主义者将马克思对于意识形态的哲学与非意识形态的哲学的区别偷换为哲学与科学的区别，并宣称哲学与科学互不相容这一点的重要性，我们就要深入到马克思主义的内部来。当今的马克思主义是一个广泛的思想学派，而这个思想学派的内部又存在着种种差别，非马克思主义者很少渗入马克思主义内部对其进行详细的研究。在马克思主义内部存在着巨大的差别，马克思主义者往往对哪怕是极其微小的问题甚至是根本性的问题都有着不同的看法。在这一点上，马克思主义与其他的思想学派是一样的。就像其他的思想学派一样，马克思主义对于很多问题的看法都是相互矛盾、相互对立的。人们通常认为马克思主义者都持有相同的观点，而事实却并非如此。说马克思主义者的观点一致，就如同说分析哲学家的观点一致，或者说所有的现象学家的观点都能达成一致一样，是不正确也是不可能的。

尽管马克思主义这个思想学派内部存在分歧，但所有的马克思主义者都有一个共同点，那就是，他们都是，或者说他们都可以被看成是，或者说他们都宣称自己是马克思主义者。这显然是指他们都致力于研究马克思的思想。但是，我们清楚地知道，并不是只有马克思主义者才对马克思的思想感兴趣。同样地，也不是所有对马克思思想感兴趣的人都可以被称为马克思主义者。因为在那些对马克思的思想感兴趣的人中，很多都不会用研究亚里士多德、柏拉图、康德或黑格尔的方法来研究马克思。

另外，很显然，并不是只要对马克思的思想感兴趣的人就是马克思主义者。关于什么人是马克思主义者这个问题，人们有着各种各样的争论，但没有人为此流过血。一般来说，这个问题的答案只能从政治层面中去寻找。

马克思主义内部坚持统一性的政治原因是显而易见的。单从概念上来看，否认任何一个自称是马克思主义者的人是真正的马克思主义者似乎是毫无道理的。从这个意义上讲，马克思主义应该是自由的，应该接纳任何一个希望成为马克思主义大家庭中一员的人为马克思主义者。但马克思主义不是一个缴纳会员费就能进入的俱乐部，也不是一种需要接受一些基本原则的宗教，也不是一个要求其人民宣誓效忠或履行特定义务的国家。一个马克思主义者是一个在马克思主义的传统之内思考的人。他要具有一种特定的思维方式，要或多或少从马克思的思想中汲取营养。因此，他的思想与马克思的思想或多或少是具有连续性的。

然而，知道一个人可以通过将自己定义为一个马克思主义者而成为一个马克思主义者，并不能帮助我们从茫茫人海中找出一个具有某种特定思维方式的人,或一个具有马克思主义思维方式的人。现在我们可以说,与马克思主义有关的所有问题,或者大多数问题都是具有争议性的。这就说明,马克思主义自身的一些根本问题还没有得到解决,也就是马克思主义作为一种思想运动还没有死亡。我们现在只能说,一般来讲,马克思主义是一种思想运动,也是一种政治运动,马克思主义所关注的问题或多或少与马克思的思想有关。先不论马克思主义到底是对马克思思想的简单传承,还是马克思主义声称其传承了马克思的思想,马克思主义这个问题都不再仅仅是一个学术问题。实际上,我们到底应该如何理解马克思主义是非常重要的。

无论我们如何理解马克思主义,有一点是清楚的,那就是,这一思想运动开始于恩格斯,他是第一个马克思主义者。马克思与恩格斯的亲密关系开始于19世纪40年代,并一直持续到1883年马克思去世。尽管事实上他们二人只是偶尔合作著书,但在早期著作例如《1844年经济学哲学手稿》和《大纲》缓慢出版的过程中,由于恩格斯的写作风格更便于人们理解,人们长期以来一直倾向于将马克思和恩格斯的思想看成是同一种思想。

在东欧,人们在马克思和恩格斯的名字中间加上连字符,将"马恩"作为一个名词来使用,后来,又有了"马恩列"(即马克思、恩格斯和列宁)和"马恩列斯"(即马克思、恩格斯、列宁和斯大林)等等的说法。马克思和恩格斯合著的作品的作者被写成"马恩",另外,一些颇具影响力的早期马克思主义者,例如斯大林,对恩格斯思想的熟悉程度远远超过他对马克思思想的熟悉程度。[2]这种种原因都使得人们将马克思和恩格斯的思想看成是同一种思想的趋势得到了进一步增强。

自20世纪30年代以来,随着一些非常重要,但从前没有出版的文献的陆续出版,人们开始注意到,马克思和恩格斯的思想存在着非常明显的也是非常重大的差别。有人已经开始认识到,将马克思和恩格斯的思想看成是同一种思想顶多是一种幻象。

由于与马克思的亲密关系,恩格斯一直认为,自己是与马克思共同开创了一个新世界的人。这不但没有打破马恩一体的幻象,反而使这种幻象更加深入人心。恩格斯评价他的共事者马克思是"当代最伟大的思想家"[3],他的这一评价非常准确。因为他所提供的,没有他马克思也能够做到,而马克思所做到的,他却做不到。恩格斯在注释中说:"近来人们不止一次地提到我参加了制定这一理论的工作,因此,我在这里不得不说几句话,把这个问题澄清。我不能否认,我和马克思共同工作40年,在这以前和此期间,我在一定程度上独立地参加了这一理论的创立,特别是对这一理论的阐发。但是，绝大部分基本指导思想（特别是在经济和历史领域内），尤其是对这些指导思想的最后的明确的表述，都是属于马克思的。"[4]戴维·麦克莱伦（David McLellan）一向被认为是一个合格的观察者，他认为恩格斯对自己的评价过于谦虚了。[5]事实上，恩格斯对自己的这一评价极具误导性。因为恩格斯暗示着自己是哲学家，而马克思是经济学家，或是历史学家，抑或二者兼而有之。很不幸，研究马克思思想的人，尤其是马克思主义者广泛认可了恩格斯的这一判断，并且认为这一判断十分重要。

另外一个使得人们将马克思与马克思主义相混淆的重要原因是，恩格斯对他和马克思的共同合作的描述。恩格斯一直不厌其烦地宣传自己是与马克思平等的合作伙伴，是他与马克思共同创造出了一种思想。恩格斯试图将自己的思想与马克思的思想合为一体，或者更确切地说是混为一谈的另外一个例子是恩格斯在1878年创作的一部名为《欧根·杜林先生在科学中实行的变革》（*Herr Eugen Dühring's Revolution in Science*）的论战性著作，后来被重新命名为《反杜林论》（*Anti-Dühring*）。我认为《反杜林论》这个题目不如原来的题目《欧根·杜林先生在科学中实行的变革》准确。这部著作原本是在1877年1月到1878年7月以论文形式陆续发表在《前进报》上的。在马克思去世两年后，也就是1885年9月23日于伦敦写就的《反杜林论》第二版序言中，恩格斯暗示着辩证法和共产主义世界观是他和马克思共同的思想。他说："论战转变成对马克思和我所主张的辩证方法和共产主义世界观的比较连贯的阐述。"虽然恩格斯明确表示，"本书所阐述的世界观，绝大部分是由马克思确立和阐发的，而只有极小的部分是属于我的"[6]。但马上，他又试图通过宣称自己也提出了一般的世界观来使自己的地位合法化。他说，"所以，我的这部著作不可能在他不了解的情况下完成，这在我们相互之间是不言而喻的。在付印之前，我曾把全部原稿念给他听"[7]。就这样，恩格斯对于马克思与自己相比所具有的优势地位的最初的、谦虚的表达，迅速并彻底地转换成这样一种他们做出了同等贡献的断言。另外一个明显的例子是，恩格斯曾说过，"这些规律最初是由黑格尔全面地、不过是以神秘的形式阐发的，而剥去它们的神秘形式，并使人们清楚地意识到它们的全部的单纯性和普遍有效性，这是我们的期求之一。"[8]

除了刚才提到的原因，即马克思与恩格斯保持了许多年的亲密关系之外，恩格斯之所以能够将他的思想与马克思的思想混为一谈，还有另外两个原因。第一，恩格斯是马克思的文稿代理人。事实上，马克思去世后，恩格斯能够以权威的方式、以自己固有的通俗易懂的方式来表述那些所谓的他与马克思共同创立的思想。作为马克思的文稿代理人，恩格斯编辑整理了绝大部分的《资本论》手稿，包括马克思生前都没有出版的第二卷和第三卷的内容。很显然，这一事实说明，恩格斯拥有将马克思未出版的著作拿来出版的特权。

恩格斯对自己宣称的代表着他和马克思共同创立的全新的世界观的思想内涵进行了解释。马克思去世后，恩格斯写了很多著作来解释这种思想的诸多观点。[9]举例来说，恩格斯在《致约·布洛赫》的信（Letter to Joseph Block）中，探讨了一个重大问题，即马克思主义思想中的经济要素和非经济要素之间的关系。他在这封信中谈到自己和马克思的时候，说得好像他们两个有着相同的思想。[10]恩格斯说："青年们有时过分看重经济方面，这有一部分是马克思和我应当负责的。"[11]

也许马克思和恩格斯写作风格上的差别能够更好地说明为什么马克思主义者这样看重恩格斯的作用。恩格斯总是用一种简单的，但经常是过于简单的方式来探讨复杂的哲学问题，这就使得恩格斯的著作更加明白易懂，因此就更容易获得权威的地位。马克思则有着更为深刻的也更具有原创性的思维，但他的写作风格通常是艰深的，有时甚至是让人难以理解的。恩格斯能够将马克思的思想简单化并使之通俗易懂，因此，人们只有通过阅读恩格斯的著作才能明白马克思的思想，而人们也一直是这样做的。很显然，通过一个作者的著作来了解另外一个作者的思想，这件事怎么看都是非常奇怪的。这就好像通过咨询詹姆斯·博斯韦尔（James Boswell）来了解塞缪尔·约翰逊（Samuel Johnson）博士的字典一样。无可否认，直接阅读字典才是更好的选择。然而，一代又一代人都是通过阅读恩格斯的著作来了解马克思思想的。这个原因以及其他的一些原因导致恩格斯在马克思遗产的传承这个问题上占据了比马克思本人更为重要的地位。无论马克思与马克思主义之间的关系是什么样的，我们都不可否认，马克思主义这一思想运动最重要的思想来源是恩格斯，可以说，恩格斯对马克思主义产生了决定性的影响。[12]

恩格斯在大量的文章、小册子、评论以及一些著作中描述了马克思主义的典型范式。他的某些著作用一种简单化的、法典编纂的方式表述了一些他声称是他和马克思共同创立的思想，并且他还在另一些著作中试图将这种所谓的他们二人的共同思想扩展到新的领域中去。他未完成的著作《自然辩证法》（The Dialectics of Nature）就是这样一个例子。在《自然辩证法》中，恩格斯模仿黑格尔，从辩证法的角度重新解释了自然，马克思显然不会这样做。[13] 恩格斯最为著名，也最具影响力的马克思主义思想大概表现在《路德维希·费尔巴哈和德国古典哲学的终结》（*Ludwig Feuerbach and the Outcome of Classical German Philosophy*）一书中。这本书中的内容最早是在1886年以系列文章的形式发表的。这些文章表述了一种经典的马克思主义思想，即马克思主义对于马克思主义与哲学之间关系的看法。在《路德维希·费尔巴哈和德国古典哲学的终结》这本书简短的序言中，恩格斯提到了著名的《政治经济学批判》序言，他说："马克思在《政治经济学批判》（1859年柏林版）的序言中说，1845年我们两人在布鲁塞尔着手'共同阐明我们的见解'——主要由马克思制定的唯物主义历史观——'与德国哲学的意识形态的见解的对立，实际上是把我们从前的哲学信仰清算一下。……'"[14]

恩格斯在《路德维希·费尔巴哈和德国古典哲学的终结》这个文本中对于这种所谓的他和马克思共同创立的思想进行的解释是非常重要的。这是由于以下四个原因：第一，恩格斯暗示着，这个文本中所阐述的思想是他和马克思共同合作的结果。尽管事实并非如此，但恩格斯在这个文本中阐述这些思想时，的确使我们觉得这就是他和马克思共同创立的思想；第二，由于恩格斯暗示，他也参与了这种思想的创立，那么在他阐述这种思想的时候就具有了一种权威性。从恩格斯的表述中，我们根本看不出马克思和恩格斯的思想有什么不同，因为恩格斯宣称他和马克思共同提出了这种思想；第三，这个文本表明，马克思和恩格斯都一度偏爱过德国哲学，但是他们后来都以某种方式超越了德国哲学。这就意味着，马克思的思想是超越哲学之上的，而且马克思主义本身既不是哲学也不具有哲学的特性，而是处在一个超越哲学的位置上；第四，恩格斯在这个文本中清晰地表明，不是某一种德国哲学，而是所有的德国哲学都是意识形态的哲学。由此可以推断，与德国哲学相对立的思想，在恩格斯看来也就是他和马克思共同创立的思想，或者说就是马克思主义，就不可能是一种哲学，而一定是其他的什么东西。

在恩格斯看来，马克思主义是一种科学，或者说马克思主义是辩证唯物主义的科学。他在《路德维希·费尔巴哈和德国古典哲学的终结》的第四章阐述了这种思想。如果我们关注这本书标题中的"终结"这个词，德文是"Ausgang"，英文译作"outcome"，就会进一步认识到作为意识形态的唯心主义与作为科学的唯物主义之间从根本上是对立的。实际上，"Ausgang"这个德文词的一般意思是"出口"或"出路"，而不是"终结"。恩格斯表明，他之所以创作这本书中，是因为"在这种情况下，我感到越来越有必要把我们同黑格尔哲学的关系,我们怎样从这一哲学出发又怎样同它脱离,作一个简要而又系统的阐述"[15]。

恩格斯缺乏马克思那样深厚的哲学造诣,也不像马克思那样能够认识到哲学思想的艰深和复杂。尽管恩格斯总是想用最简单的方式来解决最复杂的哲学问题,但这并没有阻碍他一直宣称自己掌握了甚至超越了黑格尔的思想。在恩格斯的著作中到处可见对黑格尔思想的评论、对马克思与黑格尔之间的关系的评论、对辩证法及其与自然之间关系的评论,以及对唯心主义与唯物主义的关系的评论。绝大多数情况下,恩格斯的表述方式都是自信满满的、过于简单化的,并且倾向于认为哲学史在黑格尔的思想中达到了最高点,而后又被马克思的思想所取代。恩格斯认为,黑格尔的思想只停留在抽象的层面上,只有马克思才能带领我们走出抽象的世界,走入真实的世界,并且以一种现实的方式来把握历史的规律和社会的规律。恩格斯认为,辩证法是新世界观的核心,辩证法从根本上来说是与形而上学相对立的。

尽管恩格斯的马克思主义思想被认为是超越哲学之上的思想,但实际上,恩格斯所阐述的马克思主义思想是一种典型的反现代性、反形而上学的努力。这种努力的目的在于以一种全新的、前所未有的方式来超越哲学传统。[16]恩格斯认为,马克思主义从根本性来说是一种反形而上学的思维方式,这种思维方式超越了唯心主义,从而通过由黑格尔开始但又超越了黑格尔的辨证分析方法掌握了关于社会的真理。恩格斯提出的这种马克思主义思想与海德格尔关于存在的思想显然是十分相似的。这两种思想都是反形而上学的、反现代性的,并且都宣称他们最终创立了一种与哲学不同的新的思维方式。[17]

恩格斯在研究路德维希·费尔巴哈的思想时,对马克思主义新世界观的表述顶多是概要式的。《路德维希·费尔巴哈和德国古典哲学的终结》这本书共有四章,第一章探讨的是"从黑格尔到费尔巴哈"(From Hegel to Feuerbach)的历史转变,第二章探讨的是"唯心主义与唯物主义"(Idealism and Materialism)之间的对立,第三章探讨的是"费尔巴哈的宗教哲学和伦理学"(Feuerbach's Philosophy of Religion and Ethics),最后一章也就是第四章探讨的是"辩证唯物主义"(Dialectical Materialism)。

恩格斯将费尔巴哈看成一个关键性的人物。他认为费尔巴哈的重要性在于他是一个过渡性的人物,是他开启了根本性的思维转变,这种转变后来被库恩(Thomas S. Kuhn)称为范式上的转变。[18]恩格斯认为,这一转变在于从在黑格尔思想中达到顶峰的唯心主义思想向在马克思和他自己的思

非理性主义：卢卡奇与马克思主义理性观
Irrationalism: Lukács and the Marxist View of Reason

想中初露端倪的唯物主义思想的转变。恩格斯的这种解释等于是将自己的思想与黑格尔的思想进行了一个简单的类比，但这个类比是有问题的。众所周知，黑格尔对于在他自己的思想中达到顶峰、以一种新的综合的形式出现的对之前整个哲学传统的解释是具有革命性的。恩格斯简单地将黑格尔哲学的这种特点移植到了马克思主义的身上。他指出，马克思主义以一种新的思维方式重新揭示出之前的哲学思想一直在探讨的真理，并且马克思主义超越了哲学，而成为了一种科学。

恩格斯这样进行类比的问题在于，马克思主义与黑格尔哲学对于他们自身与之前哲学思想之间的关系的理解从根本上来说是不相同的。黑格尔认为，之前的哲学传统是对一种正确思想进行的部分的、未完成的预测。黑格尔公开宣称，他的意图是要将哲学史中所有有价值的思想在自己的思想中加以综合。而在恩格斯看来，哲学史中没有什么可以借鉴的思想，因为哲学本身就是与社会现实无关的东西。恩格斯认为，只是因为在阐述马克思主义世界观的时候要用到哲学思想，哲学才有点用处。从这一点来看，恩格斯与当代的很多思想家如笛卡儿、康德、维特根斯坦、奎因（W. V. O. Quine）和维也纳学派的思想有相似之处。他们都认为应该把体系哲学与历史哲学区分开来。[19] 与这些思想家相类似，恩格斯也强调，哲学最好从其传统中解脱出来。但他们对新的哲学与传统哲学之间的关系的看法还是有分歧的。黑格尔认为，一种恰当的哲学——他在这里主要是指他自己的哲学——需要建立在之前的哲学思想的基础之上，就像牛顿所说的他需要站在巨人的肩膀上一样。一些当代思想家则认为，虽然真正的哲学不再是体系哲学了，但我们还是要对哲学有信心。虽然恩格斯不是一个怀疑论者，但他却丧失了对哲学的全部信心。在恩格斯看来，真理不能在另外一种哲学，或者说在一种恰当的哲学中产生，而只能在超越哲学之上的思想例如马克思主义中产生。但马克思主义已经抛弃了哲学。因此，这种将恩格斯与黑格尔进行类比的做法是极具误导性的。在黑格尔看来，哲学在他自己的思想中达到了至高点，也就是说，他自己的思想是哲学史中的顶峰。而恩格斯则认为，哲学在黑格尔的思想中走向了终结，但在超越传统哲学之上的马克思主义新世界观中得以完成。总之，从恩格斯对于自身的青年黑格尔派式的自我理解的角度来看，哲学以及哲学史在黑格尔那里终结了，尽管事实上黑格尔从未这样说过，也不会同意这种说法。恩格斯指出哲学只有在超越了哲学史中的传统哲学之后，在马克思主义科学之中才能真正结出果实。[20]

恩格斯提出的哲学以超越自身的科学的形式完成自身的说法，是对哲学是一种科学这一传统哲学观点的延伸。科学对于哲学来说,其重要性在于科学是一种具有特权的知识。康德断言,哲学只能是一种体系,这就强化了胡塞尔所说的当代哲学家的秘密愿望是构建哲学体系的说法。[21] 将哲学视为一种科学(Wissenschaft)的观点是费希特和黑格尔著作中的核心主题。然而,17 世纪现代科学的兴起将人们从哲学中解放出来这一事实,使我们很难再相信哲学是一种科学,我们甚至不再相信哲学能够成为一种科学。一些人认为,哲学与科学的分离促使我们必须在二者之中进行选择,海德格尔就是如此。海德格尔选择了哲学,并且不再努力使哲学成为一种科学。而与海德格尔相反,恩格斯抛弃了哲学而选择了科学。从这个意义上来讲,恩格斯的思想与广为流行的分析学思想有相似之处,尤其是科学的分析哲学。持这种思想的人通过哲学论证表明,科学是知识的唯一来源,而物理学是最重要的科学,其他所有的科学都可以还原为物理学。

恩格斯认为,马克思主义新世界观不是哲学,却在科学的层面上延伸了哲学传统。在他看来,马克思主义是一种科学,而哲学是意识形态。这是对海涅思想的进一步发展。[22] 伟大的德国诗人海涅是黑格尔的学生,也是马克思的朋友。在《德国宗教和哲学》(*Religion and Philosophy in Germany*)一书中,在巴黎的流放中度过大部分生涯的海涅将当代德国思想展示给了法国人民。海涅在《德国宗教和哲学》这本书中,提出了两个观点,而这两个观点后来被恩格斯所继承。第一个观点是,海涅赞同黑格尔的说法,即现代德国哲学在马丁·路德的宗教解放影响下,已经从宗教转向了哲学;第二个观点是,海涅认为,不论是德国哲学还是以往那种意义上的全部哲学都在黑格尔思想中达到了顶峰并且走向了终结。黑格尔认为,笛卡儿是第一个近代哲学家[23],而且他还将笛卡儿的独立思想定义为一种所谓的新教原则。这实际上表明近代哲学是在反对教条主义的斗争中兴起的。之后,青年黑格尔派普遍继承了以往那种意义上的全部哲学在黑格尔思想中达到了顶峰并且走向了终结这种思想。我们应该注意到,青年黑格尔派中几乎没有一个人愿意被贴上哲学的标签。

恩格斯与青年黑格尔派都认为,我们不能再在哲学这条道路上走下去了,因为这条道路最终总会通往黑格尔的体系哲学。此外,与青年黑格尔派一样,恩格斯认为,哲学在黑格尔那里完成了,并且他认为这是出于以下两个原因,而其中一个原因黑格尔也认识到了。[24] 恩格斯认为,第一个原因是,当黑格尔第一次认识到知识发展到最后阶段时,他有意识地否认单个人类主体能够完成哲学上的探索,在他看来也就是理解终极真理。恩格斯对黑格尔的理解是,知识是一种集体的成就,单个人类主体无法穷尽对知识的探索。[25]在这一点上，恩格斯对黑格尔的理解是错误的。黑格尔认为，后来的哲学家都要以一种历时性的对话的方式来继承前辈们的哲学成就。虽然黑格尔将单个人的认知过程与整个人类主体的认知过程联系在了一起，但他并不认为哲学的发展是在一种共时性的讨论中展开的，也就是说，哲学的发展不是团队合作的结果。

第二个原因是，恩格斯认为，黑格尔已经"给我们指出了一条走出这些体系的迷宫而达到真正地切实地认识世界的道路。"[26]这句话清晰地表明，体系哲学不是知识，或者说不是最高级的知识。由此推断，我们不能因为黑格尔的哲学是体系哲学而将其摒弃。黑格尔的贡献不在于其哲学思想，而是在于他给我们指出了一种超越自身思想的、更有价值的东西，也就是超越哲学的一个认知空间，这就是马克思主义。从这个角度来看，黑格尔的贡献就在于他向我们指出了超越哲学之上，还有另外一种不同于哲学的、比哲学更为恰当的知识，而我们从哲学的角度出发是可以发现这种知识的存在的。

恩格斯的观点综合了对体系的批判以及对青年黑格尔派以下观点的无条件接受，即黑格尔的哲学思想是传统哲学的顶峰。康德主义强调科学化的哲学应该以体系为标准，这一观点被之后的德国唯心主义思想所广泛接受，但却受到了再往后的哲学家们的严厉批判，这些哲学家包括克尔凯郭尔和尼采。[27]恩格斯反对黑格尔哲学思想的理由是，黑格尔的哲学是一种体系哲学，这种体系哲学建立的前提是，它自动地、不加批判地继承了康德主义提出的科学化的哲学应该以体系以及对于体系哲学的批判为标准这一思想。如果我们认可康德对于哲学的看法，那么就算绝对唯心主义是最高级的体系哲学，我们也不能由此推断出绝对唯心主义就应该被摒弃。

恩格斯对黑格尔的理解显然与黑格尔对自身哲学的看法有关。黑格尔认为，批判的哲学不足以进行批判，因为它虽然可以检验经验对象的可能的条件，却无法思考自身的可能性。黑格尔认为，有效的批判哲学，因此也就是知识的最终目标，只能在他自己的哲学思想中实现。黑格尔对于康德的理解是，他自己提出的思辨的唯心主义哲学继承并完成了康德的批判哲学的目标，即揭示出一般的知识的条件。如果说传统哲学思考的是康德主义的问题，那么我们就可以由此得出结论，在完成了康德的批判哲学想要完成的任务之后，黑格尔也就终结了传统的哲学。黑格尔与恩格斯的不同之处在于，黑格尔认为批判哲学的任务可以在哲学的内部完成，而恩格斯则坚信黑格尔哲学必然会将我们引入到超越哲学之上的空间中去。

很显然，恩格斯的观点预设了一个前提，这就是，他能够将作为知识发展进程中的一个阶段的哲学与超越了哲学的思想这二者区分开来。恩格斯用各种各样不同的方式描述了哲学知识与所谓的真实的、积极的知识之间的区别，例如意识形态与科学之间的区别，以及最重要的一点，唯心主义和唯物主义之间的区别。恩格斯认为，唯心主义和唯物主义之间的区别对于哲学来讲是一个核心问题。恩格斯说："全部哲学，特别是近代哲学的重大的基本问题，是思维和存在的关系问题。"[28] 很显然，恩格斯将唯心主义与唯物主义理解成是相互对立的关系，他认为唯心主义与唯物主义就是划分所有哲学思想的最重要的标准。任何一种哲学思想都必然是唯心主义与唯物主义这两种相互对立的思想中的一种，没有任何一种哲学思想能够跳出唯心主义与唯物主义的二分法这一思想框架。

就这点而言，恩格斯与黑格尔对哲学的理解是非常相似的。黑格尔认为，在他之前的传统哲学就是一系列试图解决知识问题的努力，而与黑格尔的看法相类似，恩格斯也认为黑格尔的哲学思想是哲学史的分水岭。然而，黑格尔与恩格斯的观点还是有不同之处的。因为黑格尔认为，在他之前的哲学思想是不完全的，因此是对于知识的完整的认识的一种局部正确的预测。在黑格尔看来，局部正确的思想同时也是局部错误的思想，不能简单地断言它是完全正确或完全错误的，这就会导致相对的知识观。这种相对的知识观认为，真理是相对的，真理只局限于某个特定的范畴之内。[29] 与黑格尔的观点相反，恩格斯利用黑格尔对传统哲学与他自己哲学所进行的区分，认为不管是什么样的哲学，只要是唯心主义哲学，一概都要摒弃。恩格斯以及后来的马克思主义者都认为，唯物主义是真理的最小化标准，也就是最基本的标准。在恩格斯和马克思主义者看来，真理不是量的问题，而是质的问题。一种思想，或者它是唯物主义，那它就是真理；或者它是唯心主义，那它就是谬误，不会再有第三种可能性了。康德的伦理学就是关于真理的二分法的典型的例子。在康德伦理学中没有折中，真理不是相对的，而是绝对的。在康德看来，一种行动或者是自发的，那这种行动就是道德的，或者这种行动不是自发的，那这种行动就是不道德的。在恩格斯和康德那里，都不会有第三种可能性。

这种将所有的哲学甚至是所有的思想都划分为唯物主义和唯心主义的观点有一个理论前提，那就是它首先预设了唯物主义和唯心主义是两种最基本的思维方式，并且这两种思维方式是截然对立的。[30] 恩格斯在他的著作中给唯物主义下了两个定义：第一个定义是，唯物主义把自然界看作唯一现实的东西[31]；第二个定义是，我们应该下定决心"毫不怜惜地抛弃一切同事实（从事实本身的联系而不是从幻想的联系来把握的事实）不相符合的唯心主义怪想"[32]。对恩格斯来说，"唯物主义"就是"经验的现实"。在唯物主义者看来，存在优先于思维，而唯心主义则正好相反。恩格斯的这种观点与近代哲学中凸显出来的身心关系问题有着千丝万缕的联系，他的观点还与实证主义者所指定的意义的经验标准，或者说与各种各样的赋予经验以特权的物理主义或唯物主义思想有关。[33]近代哲学对于以上两种建立在经验的现实性基础上的、并且与唯心主义相对立的唯物主义都进行了讨论。

我认为有必要说说我对恩格斯对于唯心主义的理解的看法，因为恩格斯对于唯心主义的理解对后来的马克思主义以及超出马克思主义的、更为广泛的哲学思想都产生了巨大的影响。"唯心主义"这个术语在哲学讨论中被广泛地但却是不恰当地使用，哲学讨论中经常用"唯心主义"这个术语来统一地指代各种各样完全不同的思想，而对于这些思想之间的关系，或者说它们之间是否具有家族相似性，我们往往并不清楚。唯心主义哲学的代表人物众多，从柏拉图（Plato），到贝克莱（George Berkeley），再到德国唯心主义哲学传统中的康德、费希特、谢林和黑格尔，而英国还有像约阿西姆（H. H. Joachim）、格林（T. H. Green）、布拉德雷（F. H. Bradley）以及更近一些的雷舍尔（Nicholas Rescher）这样的唯心主义者。[34]在批判唯心主义哲学的时候，恩格斯针对的主要是自康德以来的、以黑格尔为代表的德国唯心主义哲学传统。而黑格尔对于唯心主义的理解其实是很难说清楚的。尽管人们总是将黑格尔的哲学称为"绝对唯心主义哲学"，但就我所知，黑格尔本人从未用"绝对唯心主义哲学"这一术语来指代自己的哲学思想。[35]

恩格斯对唯心主义哲学的批判基于对唯心主义哲学这种学说的漫画式理解，这在哲学史中是常事。除了贝克莱，是否还有任何一位唯心主义哲学家认为思维优先于经验中的现实，对此我们并不清楚。[36]我们通常不认为贝克莱是一个唯物主义者，因为他否认了物质客体的存在，只承认理念或者说是作为知觉对象的感觉的存在。贝克莱的观点与近来兴起的建立在感觉数据的基础之上的知识观有些类似。但是，虽然康德反驳了唯心主义哲学，但人们一提到康德的思想，仍然对其进行批判。这种批判的根据是，康德的哲学思想否认经验现实，这或者是因为他认为理念本身就是现实的，或者是因为他认为理念本身比客观经验更具有现实性，又或者是因为他认为我们只要从理念出发就可以演绎出客观现实。[37]然而事实上，康德倡导的是一种先验的唯心主义哲学，反驳的是那种与保持着特定的客观确定性的二元论不同的唯心主义哲学。他认为，这种与二元论不同的唯心哲学否定了存在于我们的感觉之外的客观对象的存在。[38]康德还认为，这种唯心主义哲学，或者更准确地说是物质性的唯心主义哲学，声称在我们感觉之外的客观对象的存在是令人怀疑并且无法证实的（这是笛卡儿的观点），或者说是错误的、不可能的（这是贝克莱的观点）。[39]

恩格斯强调，我们应该把意识形态与关于社会的科学区分开来。对抽象的人的崇拜，即费尔巴哈的新宗教的核心，必定会由关于现实的人及其历史发展的科学来代替。[40]就像关于自然的自然科学取代了自然哲学一样，我们也要用关于社会的科学来取代关于社会的哲学。"自然界也被承认为历史发展过程了。而适用于自然界的，同样适用于社会历史的一切部门和研究人类的（和神的）事物的一切科学。"[41]意识形态是在社会中产生的，但是，国家一旦成了对社会来说是独立的力量，马上就产生了另外的意识形态。[42]恩格斯认为，哲学只是一种意识形态而已，哲学中的思想是许多独立的实体，这些哲学思想按照其内在规律自行发展。更高的即更远离物质经济基础的意识形态，采取了哲学和宗教的形式。在这里，观念同自己的物质存在条件的联系，越来越错综复杂，越来越被一些中间环节弄模糊了。[43]

恩格斯的意识形态观隐含着他对哲学的批判，但他的意识形态观本身是有问题的。他认为，意识形态是这样一种观点，即一些理念是被另外一些理念所决定的。并且，他还进一步认为，"人们头脑中发生的这一思想过程，归根到底是由人们的物质生活条件决定的"[44]，因此人的思维不能从物质生活中独立出来。那种认为一些理念是被另外一些理念所决定的观点在近代哲学中广泛流行，例如，罗蒂（Richard Rorty）提出了认识论的行为主义[45]，而德里达（Jacques Derrida）提出了"文本性"这个概念。罗蒂提出的认识论的行为主义以及德里达提出的文本性都是这种认为哲学是在时间中产生的传统哲学观的新版本，但这并不是说一些理念仅仅是被另外一些理念所决定的，这些理念同样是被物质生活条件所决定的。那种认为哲学是一种与周围的社会现实无关的思想的传统观点，与任何一种当代的情境主义观点都是互不相容的。

恩格斯将唯物主义与唯心主义、科学与意识形态对立起来还进一步引发了一个更深层的问题。唯物主义与唯心主义的对立是一种哲学内部的对立，因为它们对于哲学的基本问题所做出的回答是互不相容的。而将科学与意识形态对立起来，实际上就是将意识形态（在恩格斯看来也就是哲学）与一种不同于哲学的、更高级的知识进行了区分。如果说，科学与哲学是相互排斥的，并且唯物主义与唯心主义是两种哲学，那么，作为一种非意识形态的唯物主义的马克思主义就不可能是一种科学。

恩格斯的思想中存在着一个深层的矛盾:他似乎是在倡导唯物主义,而唯物主义仍然是一种哲学,但他又把哲学说成是意识形态,那么唯物主义也应该是一种意识形态,同时他又提出科学掌握了真理并且超越了意识形态。恩格斯思想中这种显而易见的矛盾在后来的马克思主义中也有所体现。后来的马克思主义者也指出唯物主义只是另外一种形式的哲学,而同时又指出科学已经把哲学抛在了身后。

恩格斯又利用他对于唯物主义与唯心主义、科学与意识形态的区分来说明,哲学的历史在马克思的思想中达到了最高点。费尔巴哈是一个关键的过渡性人物,因为他从唯物主义的角度出发对黑格尔的思想进行批判。但从另外一个角度来看,费尔巴哈仍然是一个唯心主义者,因此虽然他已经有了唯物主义的倾向,但他最终没能实现从唯心主义向唯物主义的转变,也就没能将唯心主义撇在一旁。恩格斯认为,在费尔巴哈的宗教观和伦理学中,可以清晰地看出唯心主义的残余。"他虽然有'基础',但是在这里仍然受到传统的唯心主义的束缚,这一点他自己也是承认的"[46]。恩格斯认为,虽然费尔巴哈最终的思想立场是不是唯物主义还很难说清,但他的贡献在于,(费尔巴哈的《基督教的本质》的出版)"直截了当地使唯物主义重新登上王位"[47]。恩格斯还认为,费尔巴哈机械论的唯物主义还是不完备的。[48]恩格斯指出,我们可以接受的唯物主义只能是辩证唯物主义,只有辩证唯物主义才能把握"关于外部世界和人类思维的运动的一般规律"[49]。

恩格斯对费尔巴哈的分析与他对黑格尔的分析非常类似。恩格斯认为,费尔巴哈没有实现从唯心主义向唯物主义的转变,或者更确切地说是只实现了从唯心主义向一种我们不能接受的唯物主义的转变。他之所以提出这种观点,是为了强调马克思的思想才是关于社会的终极真理。如果我们回忆一下,就会想起黑格尔也认为自己的思想完成了康德在哲学史中的革命,即批判哲学的任务。与黑格尔的观点相类似,恩格斯也认为马克思从一个超越哲学的层面上实现了黑格尔的哲学以及自费尔巴哈开始的由唯心主义向唯物主义的转变。恩格斯的这种观点预设了一个前提,即自然与历史是并行的。就像自然科学取代了关于自然的哲学(恩格斯认为也就是自然哲学)一样,马克思为我们提供了一种能够把哲学从历史中驱逐出去的关于历史的科学,或者说是历史科学。恩格斯认为,马克思的这种历史观"结束了历史领域内的哲学,正如辩证的自然观使一切自然哲学都成为不必要的和不可能的一样"[50]。

恩格斯对马克思的这种评价继承了黑格尔的思想。这种评价包含着三重含义，这三重含义都暗示着青年黑格尔派认为哲学史在黑格尔那里达到了顶峰是正确的。第一重含义是，哲学是不恰当、不充分的，或者说哲学与马克思主义相比是不恰当、不充分的；第二重含义是，由于马克思对历史的看法与哲学相比无疑是更为优越的，因此哲学在历史领域中不再具有合法的地位；第三重含义是，对于已经从自然界和历史中被驱逐出去的哲学来说，要是还留下什么的话，那就只留下一个纯粹思想的领域。换句话说，哲学所能生存的领域只能是它一直被局限于其中的领域，即纯粹思想的领域。

恩格斯的本意是要将马克思与黑格尔清晰地对立起来。恩格斯想要表明，由于马克思为黑格尔研究的问题找到了解决方式，因此马克思超越了黑格尔。之前的哲学，包括之前的哲学的最高级的形式即黑格尔哲学，都有着先天的弱点。这种弱点或者可以说是传统的思维方式，包括哲学的思维方式，都是被物质生活条件所决定的，但它们却将思维置于客观存在之上，而不是将客观存在置于思维之上；它们的先天弱点还可以说是它们对历史进程的科学规律的把握是抽象的、非科学的。[51]

恩格斯的这两种对哲学似乎是互不相容的描述之间的联系在于，它们都想表达这样一个意思，即哲学，或者说是迄今为止人类所知的最高级的哲学，不能解释它自己提出的问题。这些问题只有通过一种新的、更高级的、与唯心主义相反的、与哲学不同的思维方式才能得到解决，但这种思维方式本身不是哲学，而是一种科学。恩格斯所说的向这种被描述成与哲学不同的、非意识形态的、科学的历史观的新的思维方式的转变，是建立在存在高于思维这一基础之上的。但我们只看到他宣称他试图将马克思主义与之前的哲学思想区分开来，或者如果认为马克思的思想是一种哲学的话，就要将马克思的哲学与哲学史区分开来，却没有看到他是如何证明这种观点并使之正当化的。

恩格斯没能证明他提出的马克思通过提出一种历史科学，在超越哲学的层面上解决了哲学的问题这种说法。宣称之前的哲学思想都是不恰当的、不充分的是一回事，对其加以证明就是另外一回事了。几乎每一个重要的思想家都会宣称，他之前的思想存在着诸多不足。但如果像恩格斯一直暗示的那样，哲学确实在思辨哲学中达到了一个不可逾越的顶峰的话，他就需要提出另外一个更有力的论证，来证明他提出的马克思的思想超越了黑格尔的思想这种观点。恩格斯的观点将马克思批判思辨的唯心主义哲学过于抽象化这种观点一般化了。恩格斯将马克思对某种特定的哲学（即思辨的唯心主义哲学）的批判扩展为对哲学本身的批判。恩格斯认为，从根本上来说，由于之前的哲学思想从其本性上来说不可能超越抽象的思维这一阶段，因而不可能把握社会现实，也就不可能是成功的。从这个角度来看，之前的哲学思想或哲学本身会失败也就不是偶然的了。但恩格斯的这种说法只是一种说法而已，他并没有对这种说法进行详细的论证。恩格斯与卢卡奇之前所有的马克思主义者都没能证明，非马克思主义，或者说所谓的资产阶级哲学不能把握社会现实。为了找出卢卡奇最近的思想来源从而理解他的论证，我们下面就要转而关注一下新康德主义，因为卢卡奇的思想正是发源于新康德主义。

注释

[1] 对于这个问题的讨论，参见 Tom Rockmore, "Radicalism, Science, and Philosophy in Marx," *Cultural Hermeneutics* 3, no. 4 (1976): 429-449。

[2] 事实证明，列宁在他的主要哲学著作《唯物主义和经验批判主义》(*Materialism and Empiriocriticism*) 中，引用恩格斯的话多达几百次，而只有一次引用的是马克思的话。这是马克思主义者忽视马克思的思想的典型表现。参见 Bertram Wolfe, *Marxism: One Hundred Years in the Life of a Doctrine* (n. p.: Delta, 1967)。

[3]《马克思恩格斯选集》，2 版，第 3 卷，776 页，北京，人民出版社，1995。

[4]《马克思恩格斯选集》，2 版，第 4 卷，242 页，北京，人民出版社，1995。

[5] See David McLellan, *Friedrich Engels* (New York: Penguin, 1977), p. 97.

[6]《马克思恩格斯选集》，2 版，第 3 卷，347 页，北京，人民出版社，1995。

[7] 同上书，347 页。

[8] 同上书，349~350 页。

[9] 参见"关于历史唯物主义的信"(Letters on Historical Materialism)，见由塔克 (Tucker) 编辑的《马克思恩格斯文集》(*Marx-Engels Reader*)，760~768 页。

[10] 参见《马克思恩格斯选集》，2 版，第 4 卷，695~698 页，北京，人民出版社，1995。

[11] 同上书，698 页。

[12] 关于这个观点，参见 Terrel Carver, *Engels* (Oxford: Oxford University Prsee, 1981), p. 31。

[13] 卢卡奇对恩格斯将辩证法延伸到自然之中的做法作出了批判。参见 Georg Lukács, *History and Class Consciousness: Studies in Marxist Dialectics*, trans. by Rodney Livingstone (Cambridge, Mass.: MIT Press, 1971)。对于马克思的自然观的探讨，参见 Alfred Schmidt, *The Concept of Nature in Marx* (London: New Left Books, 1971)。

[14]《马克思恩格斯选集》，2 版，第 4 卷，211 页，北京，人民出版

社，1995。

[15] 同上书，212 页。

[16] 这一主题与某种形式的现象学有联系，例如海德格尔的思想，还与不同形式的实证主义有联系，例如维也纳学派。对于维也纳学派思想中反形而上学这一主题的探讨，参见 Victor Kraft *Der Wiener Kreis*：*Der Ursrpung des Neopositivismus*（Vienna and New York：Springer-Verlag, 1968）。

[17] 海德格尔在其思想的晚期阶段，在《哲学评述（从事件出发）》[*Beiträge zur Philosophie*（*Vom Ereignis*）]中，详细探讨了他不断强调的、自己的思想与哲学之间的本质区别，参见 Martin Heidegger, *Beiträge zur Philosophie*（*Vom Ereignis*）, ed. by Friedrich-Wilhelm von Herrmann（Frankfurt：Klostermann, 1989）。

[18] 对于范畴变化这一概念的探讨，参见 Thomas S. Kuhn, *The Structure of Scientific Revolutions*（Chicago：University of Chicago Press, 1970）。

[19] 举个最近的例子，我们可以参考罗蒂对于奎因提出的人们要么对哲学史感兴趣，要么对哲学感兴趣这句名言的评论。参见 Richard Rorty, *Consequences of Pragmatism*（Minneapolis：University of Minnesota Press, 1982）, p. 211。

[20] 黑格尔小心翼翼地确保哲学史还有进一步发展的空间。我们可以参考他在关于哲学史的讨论快要结束的地方所做出的评论，参见 *Vorlesungen über die Geschichte der Philosophie*, part 3, in G. W. F. Hegel, *Werke in zwanzig Bänden*, ed. by Eva Moldenhauer and Karl Markus Michel（Frankfurt：Suhrkamp, 1971）, vol. 20, pp. 454-462。

[21] See Edmund Husserl, *Ideas*：*General Introduction to Pure Phenomenology*, trans. by W. R. Boyce Gibson（New York：Collier, 1962）, and Immanuel Kant, *Immanuel Kant's Critique of Pure Reason*, trans. Norman Kemp Smith（London and New York：Macmillan and St. Martin's）, B 860, p. 653.

[22] 参见《马克思恩格斯选集》，2 版，第 4 卷，215 页，北京，人民出版社，1995。

[23] See Hegel, *Werke in zwanzig Bänden*, vol. 20, p. 123.

[24] 参见《马克思恩格斯选集》，2 版，第 4 卷，220 页，北京，人民出版社，1995。

[25] 哈贝马斯一直宣称自己是一位马克思主义者。在他构建的交往行为理论中，可以在完全不受限制地讨论的基础上，通过达成共识而获得真理，这与恩格斯提出的个体追求真理的过程在黑格尔的思想中终结这个观点相吻合。参见 Jürgen Habermas, *Theorie des kommunikativen Handelns*, 2 vols.（Frankfurt：Suhrkamp, 1981）。

[26]《马克思恩格斯选集》，2 版，第 4 卷，220 页，北京，人民出版社，1995。

[27] 在尼采看来，对体系感兴趣，就表明缺乏好的直觉。参见 Friedrich Nietzsche, *Götzen-Dämmerung oder Wie man mit dem Hammer philosophiert*, in *Friedrich Nietzsche Werke*, ed. by Karl Schlechta, 5 vols. (Frankfurk: Ullstein, 1972), vol.3, p.946。

[28]《马克思恩格斯选集》，2版，第4卷，223页，北京，人民出版社，1995。

[29] 最近，约瑟夫·马戈利斯（Joseph Margolis）在对相对主义进行最新分析的时候，考虑到了关于排中律的问题。参见 Joseph Margolis, *The Truth About Relativism* (Oxford: Blackwell, 1991)。

[30] 我对于唯心主义与唯物主义之间的差别所进行的批判，以及对于不足以将马克思的思想与唯心主义区分开来的论证，参见 Tom Rockmore, *Fichte, Marx, and the German Philosophical Tradition* (Carbondale and London: Southern Illinois University Press, 1980), chap.6, pp.96−120, esp. pp. 97−107。

[31] 参见《马克思恩格斯选集》，2版，第4卷，221~222页，北京，人民出版社，1995。

[32] 同上书，242页。

[33] 对于用一种突现论主义的方法去研究身心问题的探讨，参见 the writings of C. Lloyd Morgan, J. E. Boodin, J. C. Smuts, and S. Alexander。对于物理主义的批判性探讨，参见 Lynn Rudder Baker, *Saving Belief: A Critique of Physicalism*, (Princeton, N. J.: Princeton University Press, 1987)。

[34] 关于雷舍尔的观点，参见 Nicholas Rescher, *Conceptual Idealism* (Washington, D. C.: University Press of America, 1982)。

[35] 据我所知，黑格尔两次提到绝对唯心主义，是在黑格尔：《哲学全书》(*Encyclopedia of the Philosophical Sciences*) 中的第一部分《小逻辑》(*Logic*) 中。参见 G. W. F. Hegel, *Hegel's Logic, Being Part One of the Encyclopedia of the Philosophical Sciences (1830)*, trans. by William Wallace, with a foreword by J. N. Findlay, F. B. A (Oxford: Clarendon, 1975), para.45, Addition and para.160, Addition, but not in Hegel's own text。

[36] 人们通常不认为贝克莱是一个唯物主义者。

[37] 对于将唯心主义理解为对外在现实的否定这种观点的批判，参见 G. E. Moore, "Refutation of Idealism," in G. E. Moore, *Philosophical Studies* (London: Routledge and Kegan Paul, 1960)。马克思反对将唯心主义理解为将对象还原为概念，参见《马克思恩格斯选集》，2版，第1卷，62~74页，北京，人民出版社，1995。

[38] See Immanuel Kant, *Critique of Pure Reason*, A 366−381, pp. 344−352.

[39] See *ibid.*, B 274−279, pp. 244−247.

[40] 参见《马克思恩格斯选集》，2版，第4卷，241页，北京，人民出版

社,1995。

[41] 同上书,246页。

[42] 参见上书,253页。

[43] 参见上书,253页。

[44] 同上书,254页。

[45] See Richard Rorty, *Philosophy and the Mirror of Nature* (Princeton, N.J.: Princeton University Press, 1979).

[46]《马克思恩格斯选集》,2版,第4卷,230页,北京,人民出版社,1995。

[47] 同上书,222页。

[48] 参见上书,228页。

[49] 同上书,243页。

[50] 同上书,257页。机械唯物主义与辩证唯物主义的争论在晚期马克思主义之中扮演了重要的角色。其中的关键文本,参见 Nikolai Bucharin and Abram Deborin *Kontroversen über dialektischen und mechanischen Materialismus*, ed. by Oskar Negt (Frankfurt: Suhrkamp, 1979)。

[51] 我们注意到一件非常有趣的事情,这就是,在卢卡奇思想的最后阶段,他批判黑格尔思想中有所谓的矛盾。然而,他与黑格尔思想中两个相互矛盾的层面似乎都有着千丝万缕的联系。参见 Georg Lukács, "Hegels falsche und echte Ontologie," in *Zur Ontologie des gesellschaftlichen Seins*, 2 vols (Darmstadt and Neuwied: Luchterhand, 1984), pp. 468—558。

第三章
认识论的非理性

恩格斯提出的马克思主义观即哲学是意识形态,暗示出两种认识论的观点。第一,由于马克思主义是非意识形态的、唯物主义的科学,因此,马克思主义能够超越意识形态而把握真理;第二,以往那种意义上的全部哲学从其本性上来说不能够把握其认识的对象。现在,如果要使以上这两个认识论的观点具有哲学重量的话,就不能光是简单地提出这两个观点,而必须在认识论的层面上对这两个观点加以论证。恩格斯以及后来的马克思主义者认为,之前的哲学之所以没能提供知识,归根到底是因为其资产阶级的本性,或者说是其意识形态的本性,也就是说,之前的哲学是意识形态而不是科学。马克思主义总是将"资产阶级哲学"这一术语当作"意识形态"的同义语来使用。在某种情境主义(Situationism)的基础之上,马克思主义总是宣称,资产阶级哲学,或者说唯心主义哲学之所以会变成意识形态是因为它与社会现实之间的联系。

马克思主义者用情境主义的思想来理解非马克思主义思想,但却不用情境主义的思想来理解自己的马克思主义思想。如果像马克思主义者所宣称的那样,唯心主义哲学与资产阶级社会现实之间的紧密联系妨碍了唯心主义哲学对知识的把握,那这一点为什么不同样适用于马克思主义呢?我们其实是很难理解这种马克思主义观点的特殊性的。我们之前提到过,在恩格斯看来,马克思主义与非马克思主义有着科学与意识形态之间的区分、唯物主义与唯心主义之间的区分。根据恩格斯提出的这种区分,我们只能模糊地理解马克思主义与非马克思主义之间的差别。实际上,包括恩格斯在内的很多马克思主义者,都把科学与意识形态之间的差别和唯物主义与唯心主义之间的差别,看成是马克思主义与非马克思主义之间的根本的但却是含糊不清的差别的同义语。实际上,我们很难从理论的层面对以上这种观点进行检验,因为这种观点将哲学内部的区分和哲学之外的区分混为一谈了。唯物主义和唯心主义是两种不同形态的哲学,而马克思主义使用的"科学"这一术语是"非哲学"和"意识形态"的同义语,科学就意味着拥有"认知的凭证"。

卢卡奇的马克思主义观再现了恩格斯的观点所具有的含糊性。马克思主义者的观点之间的差别更多是量的差别,而不是质的差别。恩格斯强调,马克思主义与马克思一样,都具有科学的性质。卢卡奇的哲学造诣无疑比恩格斯要深厚得多。卢卡奇能够敏锐地察觉到哲学上的细微差别,这一点在马克思主义者中可以说是前无古人后无来者。也许正是出于这个原因,尽管卢卡奇也指出马克思和马克思主义具有科学的性质,但他在大多数情况下都坚称马克思主义拥有哲学上的优先性。总之,卢卡奇支持马克思主义者的看法,即从认识论的层面上看,唯物主义比唯心主义要更加优越,同时他还能够敏锐地发现马克思的思想与大多数马克思主义者的思想在哲学上的差别。在卢卡奇的著作中,他首先对马克思主义最常见的观点,即从认识论层面上来看,马克思主义比德国古典唯心主义哲学更加优越的观点进行了论证。迄今为止,卢卡奇对这一观点的论证仍然是最权威的论证。

人们通常会强调卢卡奇拥有广泛的哲学思想来源。[1]人们通常不会注意到的是,卢卡奇最初的马克思主义思想在很大程度上受到了康德的思想以及德国新康德主义的影响。尽管人们通常把卢卡奇和科尔施看成是黑格尔主义的马克思主义的共同创始人,但实际上,卢卡奇的马克思主义思想深深地受到了康德主义思想的影响。人们通常并不知道,卢卡奇对在哲学层面上马克思主义比德国古典哲学更加优越这一说法的论证,是建立在他对德国新康德主义所探讨的一些问题进行了创造性的解释这一基础之上的。

卢卡奇的马克思主义思想受到了康德主义思想的深刻影响,这并非偶然。早在卢卡奇对马克思和马克思主义感兴趣之前,他就对康德的思想以及康德主义产生兴趣了。实际上,卢卡奇对康德的思想以及康德主义的兴趣是将他的早期马克思主义思想与晚期马克思主义思想联系起来的重要纽带。康德主义对于卢卡奇思想的影响比人们通常所认识到的要深刻得多,从卢卡奇最早的关于文学批判的著作中,就已经可以看出他对康德美学的兴趣了。[2]卢卡奇在前马克思主义时期所创作的关于美学的著作,以及他在转向了马克思主义之后所创作的哲学著作,都是从同一个康德主义的问题开始。这个问题就是:"艺术作品存在;艺术作品为什么会存在呢?"[3]这并非偶然。

从卢卡奇的马克思主义思想中,可以看出马克思主义与新康德主义之间的联系。乍看起来,这是非同寻常的,甚至是非常奇怪的,但事实上这

非理性主义：卢卡奇与马克思主义理性观
Irrationalism: Lukács and the Marxist View of Reason

是很正常的。在德国，新康德主义在两个方向上、以两种方式得到了发展：第一，新康德主义作为一种关于科学的哲学在马堡（Marburg）得到发展；第二，新康德主义作为一种关于文化和历史的哲学在海德堡（Heidelburg）得到发展。[4]在一战之前，卢卡奇曾在海德堡学习过。在海德堡学习期间，卢卡奇所做的主要工作就是为他的两部美学著作做准备，他这两部美学著作深深地受到了德国新康德主义思想的影响。[5]在这两部美学著作中，都可以清晰地看出康德主义思想的痕迹。某位学者曾经指出，卢卡奇这两部美学著作之间的差别在于，第一部著作是早期的生机论思想的综合，第二部著作是从极端的、二元论的康德主义出发阐述的康德主义思想。[6]那个时候，卢卡奇与一些重要的新康德主义思想家非常熟识，甚至可以说是他们的朋友。这些新康德主义思想家包括李凯尔特、拉斯克、西美尔（Georg Simmel）和韦伯。卢卡奇直到1918年12月才开始转向马克思主义。因此，他会运用自己之前的知识储备来为新的马克思主义信仰服务，这其实一点都不奇怪。

当然，卢卡奇之所以会运用新康德主义的思想来阐述马克思主义，还有一个并非偶然的原因，这就是**主体**这个问题。马克思主义者提出，非马克思主义等同于意识形态，并且非马克思主义不能认识到它想要认识的客体。这种马克思主义观点只能以两种方法加以论证：第一种论证方法是，论证每一种非马克思主义思想都是唯心主义；第二种论证方法是，以一种康德主义的方式，在普遍的意义上来论证所有的非马克思主义思想都是唯心主义。第二种更为普遍的论证方法与第一种论证方法相比，有一个明显的优点，那就是如果第二种论证成立的话，那么就能证明所有的非马克思主义思想都是唯心主义了，因此，就不必再将马克思主义与每一种唯心主义进行比较，并一次又一次地宣称前者比后者更为优越了。

认为马克思主义比唯心主义更为优越的观点与康德的思想之间有着明显的联系。众所周知，著名的哥白尼革命，或者说是近代哲学中最为著名的认识论观点的目标就是说明知识的可能性所具有的条件。如果要证明知识是可能的，那就要证明，认识的客观对象与思维中的范畴是不可分离的，认识的客观对象与思维中的范畴之间的相互对应使得知识不是不可能的。如果我们回忆一下，就会想起康德的观点，即之前的关于知识的理论，例如经验主义与理性主义都失败了，这是因为经验主义与理性主义都没能证明思维能够把握其想要认识的对象。

恩格斯与卢卡奇对哲学的把握有着天壤之别。恩格斯认为，马克思主义是关于历史的科学，从根本上来说，马克思主义对历史的认识是哲学所无法认识到的。但是,恩格斯没能对他的观点加以论证。因此,他的这种观点只是一种未加论证的断言而已,或者换句话说,只是一种马克思主义信仰而已。与恩格斯不同,卢卡奇从康德主义的角度出发,用一个复杂的哲学分析、一种先验的论证证明了恩格斯的观点。

卢卡奇能够运用新康德主义,提出一种对马克思主义观点的成熟论证,这与他对具有历史性知识的条件这一康德主义问题的思考有关。众所周知,康德一直关注经验和客体的知识的条件。康德的哥白尼革命的目标就是要解释知识具有使客体与主体联系在一起的功能的可能性。德国新康德主义者,尤其是拉斯克,进一步将康德的思想延伸到了历史性的知识这一问题。新康德主义者们与康德一样,都认为某些方法不能证明主体性与客体性之间的联系,因而也就无法使我们获得具有历史性的知识。卢卡奇认为,马克思主义是一种能够获得关于社会现实的知识的一种历史性的方法。在他看来,马克思主义与德国新康德主义之间的特殊联系在于,二者都认为在认识论的层面上,一般意义上的德国古典哲学无法获得具有历史性的知识。总之,尽管卢卡奇受到了新康德主义的思想训练,并且深受主要的新康德主义学者思想的影响,但他仍然能对马克思主义产生影响,一个主要原因就是,他运用了新康德主义的论证方法来把握并最终摒弃了德国古典哲学。

卢卡奇的马克思主义思想的一个重要组成部分就是新康德主义对历史性的知识这一问题的讨论,但我们对这一问题的讨论并不熟悉。因此,我们有必要对其进行详细的探讨。新康德主义对历史性的知识这一问题的讨论是一条复杂的、鲜为人知的思想道路,沿着这条道路往前走,就会引出拉斯克和卢卡奇的思想。研究这条道路的思想家们包括文德尔班(Wilhelm Windelband)、李凯尔特、西美尔和韦伯等等。为了帮助我们理解新康德主义对历史性客体的知识的分析方法,我们有必要先探讨一下认识论与历史观之间的关系。

将笛卡儿看成近代哲学之父这种广为流行的看法其实是有问题的。很显然,这种看法依赖于一种特定的哲学观。通常,人们之所以会把笛卡儿看成是近代哲学之父,是因为他提出了对知识的本体论论证。笛卡儿的这一贡献影响深远。当然,还有人看重其他的方面。例如,黑格尔就认为,笛卡儿的主要贡献在于他在一种所谓的新教原则的影响下,对理性与信仰进行了区分。[7]波普金(Richard H. Popkin)认为,贝尔(Pierre Bayle)才是真正的近代哲学之父。[8]吉尔森(Gilson)则强调笛卡儿主义与之前的哲学,尤其是奥古斯丁(St. Augustine)的经院哲学之间的连续性。[9]

很明显,现代认识论的兴起早于关于历史的哲学思想的出现。尽管人

非理性主义：卢卡奇与马克思主义理性观
Irrationalism: Lukács and the Marxist View of Reason

们总说笛卡儿是近代哲学之父，但很少有人注意到，笛卡儿主义认识论与历史观之间是有联系的。笛卡儿主义在知识这个问题上的突破与他对历史性的客体的贬低紧密相关。[10]我认为有必要强调一下，在笛卡儿看来，历史只是一种不具有认识论状态的虚构的现实（fabula mundi）而已。在笛卡儿之后的哲学家之中，有一位名叫维科（Giambattista Vico）的反笛卡儿主义者，他提出了一种历史性的知识的理论。但遗憾的是，很少有人继承维科的反笛卡儿主义思想中的历史观，他的历史观只是独立地出现在休谟（David Hume）和其他德国思想家的著作中。

康德的历史观是在他的著作中逐渐形成的。[11]在康德的早期思想中，也就是他在《纯粹理性批判》（Critique of Pure Reason）《实践理性批判》（Critique of Practical Reason）以及《道德形而上学基础》（Fundamental Principles of the Metaphysics of Morals）这些著作中建构先验哲学的时候，还没有形成历史观。在《判断力批判》（Critique of Judgment）这本著作的第二章，即"目的论判断力的辩证法"（Dialectic of Teleological Judgment）中，康德阐述了因果性分析和非因果性分析的二律背反。例如，在《纯粹理性批判》中分析过的自由的因果性。[12]康德认为，纯粹的机械论不足以解释社会个体的行动。[13]康德在对目的论这一概念进行了各种各样的解释之后，接着论证我们不能认为目的论存在于我们对于自身内在性的可能性的认识之中，目的论只是知性的产物。[14]他在下一段中又对上面这段话进行了解释。[15]他指出，自然界的目的论指的是用理性进行判断的主体性原则。虽然自然界的目的论对人类判断力来说是有效的，因为它是一个主体性原则，但这个主体性原则是调节原则，而不是构成原则。康德认为，他的分析将会加剧机械论的解释和理性主义解释之间原本就有的矛盾。理性主义解释要求我们最终要将机械论的解释置于次要的位置，而把与目的相符合的因果性置于首要的位置，这与我们理性的构成有关。[16]

康德在一系列普及率相对较低的文章中，对他对于这一认识论问题的技术性探讨进行了浅技术层面上的补充说明。他在1784年创作的文章《什么是启蒙？》（What Is Enlightenment?）中提出的成熟性（Mündigkeit）这一著名的概念表明，人类独立思考的能力最终是在批判哲学（这里指的主要是康德的批判哲学）中表现出来的，是人类发展的最终阶段。几乎是与此同时，他还创作了一篇名为《从世界主义者角度看世界通史观念》（Idea for a Universal History with a Cosmopolitan Purpose）的文章。在这篇文章中，康德指出，虽然每一个人类个体都按照自己的意愿行动，但最终都会在不知不觉中指向一个共同目标。[17]人类历史就是一个秘密计划，这个计划的最终目的就是建立一个欧洲联邦[18]，而哲学家的作用就是帮助人们认识并实现这一计划[19]。两年之后，也就是1786年，他写了《人类历史起源推测》（Conjectural Beginning of Human History）。在这篇文章中，他指出，我们应该与天命作斗争，并且不应该把人类历史简单地看成一个整体。[20]在1794年创作的文章《所有事物的终结》（The End of All Things）中，康德继续对这一问题进行探讨。他认为，拥有终极目的的智慧不是人类的特性，我们应该将天命看成实现自身目的的方法。[21]在1795年创作的文章《永恒的和平》（Perpetual Peace）中，康德指出，自然界是永恒的和平的保证，因为自然的目的就是对抗人类的欲望和不和谐，从而在人类中创造和谐。[22]在此基础上，康德又断言，我们人类有义务共同创造出国家的联合体，从而实现人类的永久和平。[23]

康德在《判断力批判》中表明，他并没有完全忽视历史的认识论层面。尽管如此，他在关于历史的著作中最为关注的仍然是道德的实现。[24]从这个意义上来讲，他在《判断力批判》这本书中所探讨的问题是他伦理学著作中思想的延伸，在此著作中，他试图在道德与幸福之间达到一种平衡。[25]康德和马克思在这个问题上的看法显然有相似之处。比起对历史的认知，康德和马克思都更关注历史在人类的自我实现中所起的作用，即历史可能对人类的全面发展作出什么样的贡献。但是，康德之后的德国哲学对历史这个问题的看法与康德不再一致。康德的后继者在先验的层面上将他所关心的道德问题转变成了一个认识论问题。在康德主义者那里，道德问题变成了任何历史科学的可能性条件的问题。从西美尔和文德尔班开始，很多新康德主义者都利用康德对知识的可能性的分析，尤其是康德在《未来形而上学导论》（Prolegomena to Any Future Metaphysics）这本著作中对知识的可能性的分析，来区分历史科学和自然科学。

文德尔班比西美尔年龄稍长，从年代学的角度来看自然应该比西美尔有优势。虽然文德尔班的观点对后来的康德主义思想的发展起了决定性的作用，但是，为了便于描述，我们仍然可以笼统地说新康德主义对历史这一问题的讨论是从西美尔开始的，而不是从文德尔班开始的。西美尔在1892年创作了《历史哲学问题》（Die Probleme der Geschichtsphilosophie），1905年，这本著作又有了新的版本。[26]因此，《历史哲学问题》的两个版本跨越了新康德主义对历史这个问题的讨论的全过程。新康德主义一直试图将历史与自然科学区分开来，从而给予作为科学的历史一种特殊的地位。新康德主义对历史这一问题的讨论开始于康德创作的一系列关于历史的但并未广泛流行的文章，继西美尔1892创作的《历史哲学问题》第一版问世之后不久，文德尔班的思想在 1894 年著名的就职演说中达到了顶峰。文德尔班在就职演说中的核心思想后来在李凯尔特那里得到了进一步发展。李凯尔特将其作为核心思想，在自己的著作《自然科学概念形成的界限》(*Die Grenzen der naturwissenschaftlichen Begriffsbildung：Eine logische Einleitung in die historischen Wissenschaften*) 中进行了阐述。

另外，西美尔还特别对历史唯物主义进行了讨论。韦伯也认为，西美尔在《历史哲学问题》中对新康德主义与历史唯物主义之间的联系进行了清晰、有力的证明，这显然对卢卡奇晚期著作中的思想产生了影响。[27] 在西美尔看来，他的思想与历史唯物主义有着共同的目标，因为历史唯物主义实际上是一种认识论的唯心主义。西美尔在《历史哲学问题》中指出，与认识论的唯心主义一样，历史唯物主义的目标是驳斥认识论的唯心主义，并且认识论的唯心主义实际上是一种认识论的实在论。[28] 西美尔认为，历史唯物主义只是想说明历史科学不是由主观范畴或者说是知性范畴所决定的，而历史唯物主义的目标实际上就是再现出真实的历史。

西美尔著作的主要目标是揭示出一种分析历史的方法，即所谓的历史实在论的缺陷。通常，人们认为历史是由主观性构成的，更确切地说，历史是由一系列为内容赋予形式的范畴构成的。在对历史唯物主义进行考察的时候，西美尔批判历史实在论只是一种幻象。西美尔很难认同用经济来解释历史的方法。他认为，很显然，在大多数情况下，历史本身就是一个先验的、主观性的范畴，并且不能被简单地还原为经济现象。因此，这种用经济来解释历史的方法是不可行的。

我们很难对西美尔的思想进行评论，原因有两点：第一，西美尔对于历史的看法虽然非常有趣，却是异乎寻常地复杂，因此很难用三言两语概括出来；第二，他的《历史哲学问题》这部著作的两个版本相隔的时间太长。在《历史哲学问题》第二版出版的时候，新康德主义对历史问题的讨论已经接近尾声了，而西美尔在《历史哲学问题》第二版中对第一版中的研究进行了批判，但他的这种批判没有产生太大的影响。我们在此不可能详细地研究西美尔《历史哲学问题》两个版本之间的差异，但我们至少可以说，西美尔在《历史哲学问题》第二版中对历史问题的分析是非常有趣的。因为他试图反驳以韦伯为代表的历史实在论，并试图用一种先验哲学的方式表明，历史只有作为不断探索的人类思维的产物才是可能的。我们只要清楚这一点就可以了。

西美尔将历史看成是可能性的条件，这显然与康德对知识的看法有关。西美尔认为，历史实在论，在他看来也就是经验实在论，运用了一种与之相对应的真理观，但要获得对历史中的真实事件的知识，其实是不可能的。这是因为，我们总是在一定的范畴中理解关于历史的知识，而不是直接通过数据来了解关于历史的知识。[29]因此，我们对于历史的理解不可能是一面映照出事实的镜子。[30]正是出于这个原因，西美尔认为，历史唯物主义是不可接受的，并且历史唯物主义根本就不是唯物主义。[31]尽管历史唯物主义没能理解，物质的利益只能刺激历史，而归根结底，历史还是精神价值，这就体现了西美尔认识论的唯心主义思想。[32]

据我所知，西美尔的观点没有或者说几乎没有对文德尔班的历史观产生影响。文德尔班的历史观给我们留下的最深刻的印象，是他于1894年在斯特拉斯堡（Strasbourg）作的题为《历史与自然科学》（History and Natural Science）的就职演说。[33]在这篇就职演说中，文德尔班指出，对科学的划分这一古老的问题最早可以追溯到柏拉图。而在当今的批判哲学中，对科学的划分仍然是一个重要的主题。[34]在文德尔班创作这篇演讲稿的时候，对科学的划分这个问题仍然十分流行，比如在德洛伊森（J. G. Droysen）和其他一些人的影响下，狄尔泰（Wilhelm Dilthey）还对历史科学（Geisteswissenschaften）和自然科学（Naturwissenschaften）之间的区分进行过探讨。

狄尔泰用理解（Verstehen）和解释（Erklären）之间的区别来解释自然科学和历史科学之间的区别。众所周知，狄尔泰的这一思想后来被伽达默尔（Hans-Georg Gadamer）加以发展，成为伽达默尔的解释学的现象学的基础。文德尔班在其就职演说中不是对理解的不同类型进行了区分，而是将理解同一对象的不同方式进行了区分。在这个意义上，他继承了康德的思想，也就是将三大批判与不同类型的知识和不同类型的认识对象联系起来。

文德尔班的创新之处在于，他从认识论的角度来理解历史，更确切地说，是从康德提出关于历史的知识的可能性的条件出发来理解历史。很多新康德主义者如文德尔班、李凯尔特、拉斯克和西美尔都在其著作中表现出从康德主义的角度来理解关于历史的认识论问题。但是，从认识论的角度来理解历史这一主题不是新康德主义者们所独有的，其他思想家也对这个主题感兴趣，例如胡塞尔，他偶尔表现出基本的康德主义倾向，并对新康德主义者试图为历史知识划定出独特的领域的做法进行了批判。举例来说，胡塞尔在他的著作《作为严格科学的哲学》（*Philosophy as Rigorous Science*）中对狄尔泰进行了尖锐的批判。[35]

文德尔班对历史知识的条件所进行的大胆讨论，对后来的新康德主义产生了决定性的影响。在他的就职演说中,他部分地继承了狄尔泰的思想,对自然科学和关于真相的科学即历史科学进行了区分。[36]这一纯粹方法论上的区分是建立在自然科学知识和历史科学知识的目标之间的差别这一基础之上的。自然科学寻求普遍规律,而历史科学则更为关心特定的历史事件。文德尔班指出,自然科学与历史科学之间的差别在于,自然科学是普遍的应然判断,而历史科学是特定的实然判断[37],用他的术语来说就是研究普遍规律的科学和研究特殊规律的科学之间的差别。[38]

文德尔班对逻辑形式的关注使其对自然科学和历史科学进行了更加深入的区分。他认为,自然科学追求的是**规律**,而历史科学追求的是**形式**;自然科学倾向于抽象,而历史科学倾向于具体。总之,自然科学和历史科学对时间,尤其是对人类个体的解释是不相同的,也是相互对立的。我们不能仅从历史科学的形式出发来理解历史事件的内容,因为历史规律和历史事件之间是最不具有可比性的。[39]

文德尔班对自然科学和历史科学的区分导致了一种历史怀疑论。如果说历史规律和历史事件是不能加以比较的,那么我们就无法认识历史规律和历史事件,因为它们不具备被人类认知的可能性。在这里,我们注意到,在新康德主义对历史科学的可能性进行检验的时候,已经出现了一种怀疑论的不好倾向。从康德的批判哲学中,已经可以看出他对人类认知理性主义和经验主义的可能性持有怀疑论的态度,而这种怀疑论在新康德主义探讨历史这一问题的时候再次出现。卢卡奇在晚期对德国古典哲学加以运用的时候,也同样继承了这种不好的、怀疑论的倾向。

在文德尔班的就职演说开启的这一讨论中,有三个人作出了杰出的贡献,他们分别是拉斯克、李凯尔特和韦伯。拉斯克是李凯尔特的博士生。在拉斯克的博士论文中,他进一步发展了历史的非理性这一概念(文德尔班几乎没有提到过这一概念),并将历史的非理性这一思想发展为非常完善的学说。虽然老师受到学生思想的影响这样的例子很少,但李凯尔特和拉斯克就是这样的例子。李凯尔特在一部几乎与拉斯克的博士论文同时发表的著作中,运用了拉斯克对历史的非理性这一问题的看法。韦伯的社会学研究和经济学研究受到了李凯尔特对历史知识这一问题的看法的影响。尽管韦伯首先是一个社会学家,但从他的思想对新康德主义关于历史的探讨中产生的影响来看,他的思想也同样具有哲学上的重要性。[40]

文德尔班著名的就职演说在阐述独立事件之间不可相比的时候,休现了非理性这一问题。他说:"我们不能只从形式出发来理解历史事件的内容。所有试图用概念的方式将普遍还原为特殊,将'多'还原成'一',

将'无限'还原成'有限',将'本质'还原成'具体存在'(此在)的尝试都失败了。"[41]如果说历史规律和历史事件都是不可比较的,那么就会引出历史知识的可能性这个问题。[42]

许多年以后,文德尔班在1990年创作的《哲学史教程》(*A History of Philosophy*)中,又重新回到了上面这个问题。[43]他在《哲学史教程》中指出,当唯心主义者试图从一个基本原则出发来推演出所有现象的做法被一种认为世界的基础不是理性的看法取代之后,非理性就出现了。[44]他认为,非理性学说的出现与两个思想家有关,这就是谢林(F. Schelling)和叔本华(Schopenhauer),尤其与谢林将宗教事件引入绝对唯心主义领域的做法有关。谢林提出了"无法认知的飞跃"这一概念,并用这个概念来解释从绝对同一到具体现实的转变。谢林提出从绝对同一到具体现实的不可说明的转变这一想法,直接受到了博曼(Böhme)和巴德尔(Franz von Baader)的影响。[45]在探讨自由问题的文章中,谢林用Urgrund、Ungrund或者Abgrund这些不同的术语来指代天启哲学中无法认知的终极基础。他将天启哲学中无法认知的终极基础描述成一股黑暗的力量以及不受限制的冲动。文德尔班认为,在谢林看来,自然就如同一个剧场,在这个剧场中上演的是目的与非理性冲动之间的冲突。他的这种看法造就了他后来的积极哲学,在他后来的积极哲学中,上帝的天启不是推演出来的,而是人们亲身经历到的。[46]叔本华将宗教的因素驱逐出去,并且宣称那种与康德所说的"自在之物"相类似的、直接表现为生存意愿的黑暗的冲动或本能是所有生物体的本质,这就进一步发展了非理性的思想。[47]在叔本华看来,历史只是无数单个的事实,不存在什么关于历史的理性的科学。[48]

文德尔班继承了以上思想,声称单个的事件从其本性上来说就是非理性的。因此,从康德主义出发断言历史科学的可能性就变得有问题了。在所有的新康德主义者之中,对这个问题作出最大贡献的人是李凯尔特的高徒拉斯克。拉斯克被李凯尔特认为是他那个时代最杰出的思想家[49],但在今天,几乎没有人知道拉斯克的名字。[50]即便如此,他在短短的职业生涯中对很多思想家产生了影响。这些思想家包括卢卡奇、现象学哲学家海德格尔、社会学家韦伯,以及历史哲学家克罗纳(Richard Kroner)。[51]

人们对卢卡奇与拉斯克之间关系的看法不一,但他们二人的私人交情是众所周知的。与卢卡奇一样,拉斯克也是围绕在韦伯身边的一个松散的小圈子中的成员。在卢卡奇写了第二篇博士论文试图获得在海德堡大学的终身教师资格失败之后,拉斯克曾为他求情。在1915年拉斯克去世之后,卢卡奇写过一篇关于拉斯克的文章。在这篇文章中,卢卡奇清晰地表明了他这位朋友的思想所具有的重要性，这就等于是暗示拉斯克的思想对自己的思想产生了影响。在卢卡奇看来，当时最重要的任务就是把握拉斯克的思想。[52]在卢卡奇探讨美学的马克思主义作品中，他心怀感激地对布洛克（Bloch）、拉斯克，尤其是韦伯进行了善意的批判。他还指出，他在对唯心主义进行批判的同时，也对自己早期的思想进行了批判。[53]以上种种都可以看出拉斯克的思想对卢卡奇产生的影响。然而，在卢卡奇接受的一次采访中（这次采访构成了卢卡奇口头传记的基础），他只承认自己与拉斯克之间有着深厚的友谊，却不承认拉斯克的思想对自己的思想产生的影响。[54]

也许是因为卢卡奇拒斥所有所谓的资产阶级思想，所以他后来否认拉斯克对自己思想产生了影响。[55]但是，拉斯克的新康德主义非理性观的确构成了卢卡奇否定非马克思主义哲学的思想基础。[56]在拉斯克的新康德主义非理性观中，非理性有两种功能。第一种功能是，它提出不可认知的残余这个概念，也就是一种本体论意义上的、无法认知的无理数，这就表明了认识论的局限性；第二种功能是，它可以被当成是对主体性的辩护，是对最终不可知的个体不可还原的价值的辩护。[57]非理性的以上两种功能都继承了康德对知识的局限性的看法，以及他强调的人类自身作为目的的内在价值的看法。卢卡奇对拉斯克的思想做了马克思主义的解释，他强调认识论，但通过新的哥白尼革命将新康德主义者对人类个体的理解颠倒过来了。作为一个超级理性主义者，卢卡奇比康德更接近费希特和黑格尔的思想。他利用通过非理性的概念而表现出来的新康德主义对知识的局限性的认识表明，德国古典哲学从其本性上来说无法把握真实的社会问题。

大家都清楚，非理性这个概念（如果不是一个术语而是一个概念的话）早在拉斯克之前就存在。非理性的概念最早可以追溯到古希腊。在古希腊，哲学关注的总是理性，或者说理性可以认识到的东西。而理性这个概念本身却指向超越理性的非理性的存在，而这种非理性的存在是无法被理性所认识的，因此是不可知的。古希腊人对这种根本的非理性的恐惧是世人皆知的，而对非理性的思考也在后世蔓延开来，并成为近代哲学中的热门话题。例如，雷舍尔在评价数学与自然关系的时候，就注意到了非理性这个问题。[58]埃尔斯特（Jon Elster）在探讨理性的选择的时候，将不确定性看成是不稳定性的源头。[59]海德格尔在《形而上学导论》（*An Introduction of Metaphysics*）一书中也对非理性进行了思考。[60]克里斯多夫·雅墨（Christoph Jamme）从一个准海德格尔主义者的角度对胡塞尔进行了研究，他认为，胡塞尔没能认识到理性的局限性。[61]保罗·胡艾尔菲尔德（Paul

Hühnerfeld）否认海德格尔所说的政治非理性与哲学非理性之间的联系。[62] 阿尔弗雷德·鲍姆勒（Alfred Baeumler）则对 18 世纪的逻辑学和美学中的非理性进行了分析。[63]

卢卡奇对拉斯克提出的非理性这个概念非常熟悉。在卢卡奇的前马克思主义时期（海德堡时期）所创作的一部关于美学的未完成的著作中，他引用了拉斯克的天生的"功能的非理性"这一思想。[64] 而在他的斯大林主义的马克思主义阶段，他注意到"非理性主义"这一术语对拉斯克来说是更为重要的。非理性主义这个术语最早是在费舍尔（Kuno Fischer）创作的关于费希特的著作中出现的。[65]

拉斯克的非理性观在他那篇精彩的博士论文中已经非常成熟了。[66] 拉斯克对于非理性的认识是在他反思哲学史的时候产生的。[67] 在他的博士论文中，拉斯克对哲学史的看法支配着他后来著作中的所有思想。与历史学家文德尔班不同，拉斯克知道，非理性是整个哲学史中的一个基本问题。拉斯克试图将认识论的问题扩展到康德从一种批判哲学的精神出发所制定的严格界限之外，而他对于非理性这一主题的研究就是其中一部分。拉斯克相信，康德对于知识的条件的检验预设了一个前提，这个前提就是缺乏形式的，也就是没有被归入某个范畴的感觉内容的不可知性，因此也就是非理性的。拉斯克认为，"非理性"不意味着"反理性"或"没有理性"，相反，他继承了文德尔班的思想，认为"非理性"这个术语的意思是"无法被合理化"（Nicht-Rationalisierbarkeit）。[68] 由此得出结论，非理性这种说法不是一种认为个别是非理性的，而普遍是理性的黑格尔主义的说法。与此相反，非理性这种说法指的是单纯的感觉表象（Sinnlich-Anschauliches）的内在的非理性。[69] 总之，单纯的感觉表象只是局部可知的，因为从根本上来说，我们无法完全认识感觉表象。

拉斯克的非理性概念运用了康德对于两种现象的经验的区分，即知觉判断和经验判断之间的区分。最初级的经验（也就是感觉）还不是知识，而对于经验的判断（也就是结合了感觉和知识所需要的形式），是更高水平的经验。[70] 黑格尔在分析感觉确定性和知觉确定性之间的区别的时候，进一步发展了康德的这一思想。[71] 拉斯克则认为，感觉经验从其本性上来说就是非理性的，这种非理性是无法认知的残余，而这种残余在知觉的判断被归结到特定的范畴之内并转化成对经验的判断之后仍然存在。拉斯克提出这一本体论的观点是想要说明，缺乏形式因而无法被认知的感觉因素永远都存在。

如果我们对拉斯克的非理性概念理解正确的话，那么我们就可以明确提出两点反对意见。第一，很显然，拉斯克认为存在无法被认知的知识，这是他阅读康德的著作得出的结论，即这些知识无法被认知是因为它们没有并且无法被赋予范畴形式。由于康德还明确否定了另外一种认识论的方法即直接的直觉，从这个意义上来讲，拉斯克对于非理性的理解与批判哲学是相互矛盾的；第二，由于拉斯克的非理性概念的思想基础是康德对于知觉判断和经验判断的区分，由此产生了另外一个难题：非理性只有在指称一种在感觉的内容被赋予范畴形式之后仍然存在的感觉残余时才是有意义的。但是，康德对于知觉判断和经验判断的区分与批判哲学的精神是相互矛盾的。批判哲学的精神就是不根据不同类型的知识对不同水平的现象进行区分。纯粹的感受力（理解力）是经验赋予我们用来认识对象的逻辑条件，而不是优先于知识的某种有意识的经验。

在拉斯克的博士论文中，他用二元论的方法来处理哲学史的问题，这就预先假定了他对本体论层面上的非理性的理解。黑格尔最早用这种方法来分析其之前的哲学。他先是分析费希特和谢林哲学的差别，进而对整个哲学史进行了分析。[72]与黑格尔相类似，拉斯克也是按照年代学的顺序，在分两个阶段对批判哲学之前和批判哲学之后的哲学进行分析的时候发展了这种思想方法。在这两个阶段中的第一个阶段，拉斯克对从康德到黑格尔的德国唯心主义哲学进行了详细分析，尤其侧重对费希特哲学的分析；第二个阶段则是对从柏拉图到康德的更为广泛的哲学史进行了大概的分析。

拉斯克在分析德国唯心主义哲学时，运用了认识论层面上和方法论层面上的各种各样的二元论。他的认识论层面上的二元论来源于黑格尔和洛兹的思想。拉斯克认同黑格尔提出的一个认识论层面上的观点，即在康德之后的德国唯心主义哲学一直在试图完善康德对知识的分析方法，但是，拉斯克反对黑格尔主义对这一问题的分析。他继承了洛兹的观点，在探讨具体价值（konkreten wertes）这一问题的时候，将价值概念当作感觉层面和非感觉层面之外的第三个术语来使用。在拉斯克分析德国唯心主义哲学时，同时还运用了方法论层面上的二元论来分析两种基本的逻辑形式。第一种是分析的逻辑，经验的领域是唯一的、全部的现实，在经验的领域内，概念可以作为思维的产物被抽象出来。[73]第二种是演绎的逻辑，这种逻辑预先假定了概念具有逻辑上的有限性，而经验则排在第二位。

拉斯克在探讨处在康德和黑格尔思想中间的费希特的思想时，就运用了这种对于两种逻辑的方法论层面上的二元论来对德国唯心主义哲学进行分析。[74]康德的思想是建立在分析逻辑的基础之上的，黑格尔的思想预先假定了演绎的逻辑，而费希特则是康德和黑格尔思想的中介。拉斯克进一步区分出了费希特思想中的不同发展阶段。这些阶段包括：最初的阶段是费希特在写作《全部知识学的基础》(Foundations of the Science of Knowledge) 时所运用的演绎逻辑，这种逻辑后来在黑格尔那里得到了进一步完善；第二个思想阶段开始于 1797 年费希特创作《知识学第二导论》(Second Introduction to the Science of Knowledge) 的时候，在这个阶段，费希特的思想对主体性的形式和内容进行了区分，这就需要康德的分析逻辑，从而与黑格尔早期的批判背道而驰了；在第三个阶段，费希特形成了建立在康德主义认识论基础上的历史观。

拉斯克运用分析逻辑和演绎逻辑之间的区分来分析德国唯心主义哲学的历史，这一点十分重要，因为他通过这种做法展现出了康德对费希特思想产生的负面影响。众所周知，有一个著名的评论家曾经指出，费希特认为，他对康德的批判哲学的理解比康德本人还要深刻[75]，而这名评论家认为，费希特构建知识学（Wissenschaftslehre）的目的就是要从概念中演绎出对象。[76] 实际上，在拉斯克分析康德之后的德国唯心主义哲学时，他把康德对费希特的评价也同时运用到了黑格尔的身上。

新康德主义对于非理性思想从拉斯克到李凯尔特的发展这一解释学进程受到了新康德主义者对费希特和黑格尔思想的解读的影响。拉斯克对于德国唯心主义哲学以及非理性这个问题的理解，与他对费希特思想的解读有关。他继承了费希特晚期的思想，即概念与现实之间的非理性的分离，也就是主体性和客体性分离的思想。[77] 黑格尔之所以运用演绎逻辑这一无益的方法，是因为他想要通过一种新的逻辑方法来克服二元论的问题以及由此产生的非理性。[78] 同样地，人们认为李凯尔特在 1902 年创作《自然科学概念形成的界限》(Die Grenzen der naturwissenschaftlichen Begriffsbildung) 的主要目的也是为了克服继费希特之后由拉斯克提出来的非理性这一问题。[79]

在《科学与历史：实证主义认识论批判》(Science and History: A Critique of Positivist Epistemology) 这本著作中，李凯尔特深入探讨了文德尔班在他的就职演说中已经概述过的对于科学的分类这个问题。李凯尔特认同文德尔班和拉斯克对历史性的知识这一问题的看法。他想要从康德主义的角度来说明，如何才能满足历史性的人类个体获得知识所需要的条件。

在《科学与历史：实证主义认识论批判》的导言中，李凯尔特宣称，他想要从纯粹的逻辑的角度来澄清概念形式这一问题，从而找出自然科学的局限性，以及找出哪一种科学才能弥补自然科学的这种局限性。[80] 他的目的是要澄清历史性这一概念的性质。[81] 自然科学无法帮助我们认识某个具体的事件，这是历史科学的工作。[82]他继承了他的新康德主义同僚们的思想，宣称现实本身就是非理性的，因为它排斥任何一个概念。[83]

李凯尔特试图运用价值这个概念来证明历史知识的可能性。他的观点是，只有在历史对象与价值之间建立关系也就是目的论的关系的时候，概念的形式才会拥有具体的内容，或者说概念形式才能被具体化。[84]历史中的概念形式的基本逻辑原则，在历史性的发展这一概念中被统一起来。历史性的发展由一系列单独的进程所组成，这些单独的进程按照价值的方法被赋予历史性的概念。[85]历史性的个体在目的论上的统一性可以被理解成是一种价值关系。[86]历史作为一种科学是可能的，但是历史科学与自然科学是两种不同的科学。[87]另外，那种不考虑价值的、关于历史的自然哲学必须被抛弃[88]，因为它没能理解价值是历史科学的前提，而致力于追求关于客体性的错误的观念，因而会把学者们引向歧途。[89]

李凯尔特的实证主义视角与这场争论所具有的消极风格形成了有益的对照。在新康德主义对历史性知识的条件进行检验的过程中，尤其是在文德尔班和拉斯克表明对历史性知识的条件持怀疑论的态度之后，李凯尔特的价值论分析对我们将历史理解成一种科学起到了很大的帮助作用。李凯尔特的分析对于卢卡奇来说尤为重要。卢卡奇在证明马克思主义如何能提供关于社会现实的知识的时候，就运用了李凯尔特的思想。在卢卡奇的早期马克思主义思想中，拉斯克和李凯尔特起到了至关重要的作用。拉斯克的思想就是马克思主义批判德国古典哲学的原型，而李凯尔特为马克思主义解决社会现实问题提供了方法模型。

李凯尔特的方法影响甚广，对哲学这个小圈子之外的具有哲学头脑的人的影响尤为突出，例如社会学家韦伯。运用价值来分析非理性的历史知识，是韦伯分析政治经济学的逻辑问题的思想基础。[90]韦伯尤其关注政治经济学的历史学派创始人的思想，也就是罗塞尔（Wilhelm Roscher）、克尼斯（Karl Knies）和希尔德布兰德（Bruno Hildebrand）的思想。韦伯将罗塞尔用哲学来分析现实与用历史来分析现实之间的区分，与狄尔泰、文德尔班、李凯尔特以及其他人提出的所谓定律式的科学（Gesetzes）与关注现实的科学（Wirklichkeitswissenschaften）之间的区分联系在了一起。[91]韦伯还接着提出了第三种可能性，并试图用这第三种可能性来调节普遍与特殊。韦伯认为，从特殊的概念就可以看出，特殊不只是一个特例而已，而是整体中的部分。[92]

对于非理性这个问题，韦伯与新康德主义者一样，都借用批判哲学作为其主要的思想来源。韦伯认为，非理性指的就是不能被计算（Unberechenbarkeit）的东西，例如人类行为中的非理性就应该属于康德所说的实体的领域。[93]韦伯认为，可以在方法和目的这两个范畴内来理解人类行为中的非理性。[94]即使不愿意在所有的领域内都运用同一种因果性的形式，他还是建议将这种因果性的形式应用于历史的解释当中。[95]但是，韦伯非常小心地拒斥了一种严格的康德主义，因为这种康德主义使得对于人类行为的理解变得不再可能。[96]最后，我们还可以注意到，在韦伯批评克尼斯的思想所具有的演绎形式的同时，也进一步拒斥了克尼斯的思想所借鉴的黑格尔主义观。韦伯的思想对卢卡奇的早期马克思主义观的影响是显而易见的，这种影响包括将现代国家看成是一个体系从而将现代国家的需要、内容及其形式理性化。[97]

很显然，我们只有理解了一种思想，才能对其加以评论。而我们只有了解一种思想所借鉴的理论来源以及它所预先假定的理论框架，才能真正地理解一种思想。卢卡奇的马克思主义理论的来源是马克思和马克思主义思想，他同时还对德国新康德主义思想进行了详细的分析并对其加以运用。我写作这一章的目的不是要对新康德主义对历史科学的复杂探讨进行详细的分析，我甚至没想要对其进行概述，我的本意是要展示卢卡奇在试图论证非马克思主义思想从其本性上无法把握关于社会现实的知识的时候所具有的德国新康德主义的思想背景。

卢卡奇的二元论分析是建立在其对解决知识问题的两种方法进行区分的基础上的。第一种方法是非马克思主义的方法，也就是所谓的以德国古典哲学为代表的唯心主义哲学方法，或者说是资产阶级哲学方法，这种方法从其本性上来说无法认识其思想对象；第二种方法是马克思主义的方法，马克思主义的方法从其本性上来说能够获得非马克思主义思想所无法获得的知识。拉斯克和李凯尔特对历史性的对象所具有的可知性的性质的不同看法，对卢卡奇对非马克思主义和马克思主义的分析起到了决定性作用。文德尔班将历史性的知识与非理性这一主题联系在一起，而拉斯克和李凯尔特都继承了文德尔班的这种观点。但是，拉斯克和李凯尔特对历史性的对象持有不同的看法。拉斯克认为，存在一种阻碍形式把握其思想对象的历史性的非理性，而李凯尔特则认为，单独的事件是整体中的部分，是随着时间不断发展的。关于思想的历史性的对象是理性的还是非理性的这一问题，拉斯克和李凯尔特的看法是一致的。

总之，卢卡奇对于马克思主义超越了德国古典哲学的论证（之前的马克思主义者只是提出断言，却没有对此加以论证），建立在他创造性地运用了新康德主义者如拉斯克和李凯尔特对历史性的对象的可知性的不同看法

非理性主义：卢卡奇与马克思主义理性观
Irrationalism: Lukács and the Marxist View of Reason

这一基础之上。确切地说，就是卢卡奇借鉴了拉斯克提出的一般意义上的德国古典哲学无法认识历史对象这一思想，此外，他还借鉴了李凯尔特提出的历史性的知识这一思想，并且将其一并运用于自己的马克思主义论证当中。卢卡奇在前马克思主义阶段对德国新康德主义的研究，是其在马克思主义阶段提出的核心思想——非马克思主义哲学从其本性上来说无法认识现实，而只有马克思主义才能认识现实——的理论基础。

注释

[1] 举例来说，蒂茨（Udo Tietz）在一篇论文中正确地指出，卢卡奇能够进行那种"伟大的综合"的前提是，他试图把握狄尔泰、西美尔、李凯尔特、拉斯克、韦伯、马克思、克尔凯郭尔、康德、黑格尔的思想，早期浪漫主义者提出的美学概念，赫贝尔（Hebbel）提出的悲剧概念以及恩斯特（Ernst）的新古典主义思想。参见 Udo Tietz, "Ästhetik und Geschichte: Eine philosophisch-ästhetische Analyse des Frühwerks von Georg Lukács," *Weimarer Beiträge* 35 no. 4 (1989): 501。

[2] 卢卡奇在他伟大的马克思主义美学著作的导言中表明其思想源于康德的美学思想以及后来的黑格尔美学思想。以上观点的德文原文为："Ich begann als Literaturkritiker und Essayist, der in den Ästhetiken Kants, später Hegels theoretische Stütze suchte." Georg Lukács, *Die Eigenart des Ästhetischen*, vol. ii of *Georg Lukács Werke*, ed. by György Márkus and Frank Benselet (Darmstadt and Neuwied: Luchterhand, 1963), p. 31.

[3] 卢卡奇在前马克思主义时期的两部美学著作中，几乎是以同一种方式阐述了同一个问题。Georg Lukács, *Heidelberger Philosophie der Kunst* (1912 – 1914), vol. 16 of *Georg Lukács Werke*, ed. by György Márkus and Frank Benseler (Darmstadt and Neuwied: Luchterhand, 1974), p. 9. See also Lukács, *Heidelberger Ästhetik* (1916 – 1918), vol. 17 of *Georg Lukács Werke*, ed by Gyürgy Márkus and Frank Benseler (Darmtadt and Neuwied: Luchterhand, 1974), p. 9.

[4] 对于这个运动的详细研究，参见 Thomas E. Willey, *Back to Kant: The Revival of Kantianism in German Social and Historical Thought, 1860–1914* (Detroit, Mich.: Wayne State University Press, 1978)。

[5] Lukács, *Heidelberger Philosophie der Kunst*; Georg Lukács, *Frühe Schriften zur Ästhetik I*, ed. by György Márkus and Frank Benseler (Darmstadt and Neuwied: Luchterhand, 1974); *Heidelberger Ästhetik*; and, Georg Lukács *Frühe Schriften zur Ästhetik II*, ed. by Gyürgy Márkus and Frank Benseler (Darmstadt and Neuwied: Luchterhand, 1975). 在《海德堡美学》的"尾声"（Nachwort）中，马库斯指出，一个术语学的证据表明，德国新康德主义，尤其是拉斯克的思想对于卢卡奇早期思想所产生的影响，在《海德堡哲学的艺术》这部著作之中已经表现得非常明显。

但是，这种影响在《海德堡美学》这部著作中进一步增强。马库斯还呼吁我们关注对卢卡奇早期美学思想产生影响的其他思想，尤其是胡塞尔的思想。在荣格的研究中，他注意到了西美尔的思想以及新康德主义的价值观，尤其是拉斯克的思想对卢卡奇《海德堡美学》这部著作产生的影响，这对我们非常有启发。See Werner Jung, *Georg Lukács* (Stuttgart：Metzler, 1989).

[6] See György Márkus, "Nachwort," in Lukács, *Heidelberger Äesthetik*, pp. 262–263.

[7] See G. W. F. Hegel, *Vorlesungen über die Geschichte der Philosophie*, part 3, in G. W. F. Hegel, *Werke in zwanzig Bänden*, ed. by Eva Moldenhauer and Karl Markus Michel (Frankfurt：Suhrkamp, 1971), vol. 20, p. 123.

[8] See Richard H. Popkin, *The History of Scepticism from Erasmus to Spinoza* (Berkeley：University of California Press, 1979).

[9] See Étienne Gilson, *Études sur le rôle de la pensée médiévale dans la formation du systeme cartésien* (Paris：Vrin, 1930).

[10] 举例来说，布鲁门伯格（Blumenberg）就正确地指出："人们将笛卡儿英雄主义化，把他当成是发现了近代思想的第一人，其基础就在于，笛卡儿试图建立一种独特的自我风格，他将历史性的东西变成了有假设前提的东西。" Hans Blumenberg, *The Legitimacy of the Modern Age*, trans. by Robert W. Wallace (Cambridge, Mass. and London：MIT Prsee, 1985), p. 183. 关于笛卡儿的思想是通过进一步发展了中世纪的思想，才得以过渡到近代哲学的杰出探讨，参见 *ibid.*, part 2, chap. 4。

[11] 对于这个问题的简短讨论，参见 L. W. Beck, "Editor's Introduction," in Immanuel Kant, *On History*：*Immanuel Kant*, ed. by L. W. Beck (Library of Liberal Arts, 1963), pp. vii–xxvi。

[12] See Immanuel Kant, *Critique of Judgment*, trans. with an intro. by J. H. Bernard (New York：Hafner, 1951), sec. 69ff.

[13] See *ibid.*, sec. 71.

[14] See *ibid.*, sec. 75.

[15] See *ibid.*, sec. 76.

[16] See *ibid.*, sec. 78.

[17] See Kant, *On History*, p. 12.

[18] See *ibid.*, p. 21.

[19] See *ibid.*, p. 23.

[20] See *ibid.*, p. 68.

[21] See *ibid.*, pp. 80–81.

[22] See *ibid.*, p. 106.

[23] See *ibid.*, p. 114.

[24] 在约韦尔（Yovel）看来，"康德之所以会对历史感兴趣，主要因为他将其视作一项道德任务，而不是把它看作一个认知的对象。历史本应是一个人类行动在其中创造出一个在理性的道德要求与真实的经验世界之间的逐渐综合的领域"。Yirmiahu Yovel, *Kant and the Philosophy of History* (Princeton, N. J.: Princeton University Press, 1980), p. 6. 约韦尔过分强调了康德对历史感兴趣的道德层面。这是因为，约韦尔没有看出康德对历史的兴趣是如何将一个人应该做什么与他所希望的结合在一起的。

[25] See Immanuel Kant, *The Fundamental Principles of the Metaphysics of Morals*, trans. by Thomas K. Abbott (New York: Liberal Arts. 1949).

[26] See Georg Simmel, *The Problems of the Philosophy of History: An Epistemological Essay* trans. and ed. with an intro. by Guy Oakes (New York: Free Press, 1977).

[27] See Simmel, *Problems of the Philosophy of History*, p. 199. 卡尔·洛维特（Karl Löwith）对马克斯·韦伯与卡尔·马克思进行了有趣的比较研究。他认为，马克斯·韦伯的思想继承了卡尔·马克思的思想。参见 Karl Löwith, *Max Weber and Karl Marx* (London: Allen and Unwin, 1982)。

[28] 通过乔治·西美尔的评论可以看出，他认为，通过反对唯心主义而定义自身的历史唯物主义不过是对历史唯心主义的拒斥罢了。他对历史唯物主义是持否定态度的。事实上，他甚至进一步否认，历史唯物主义是一种唯物主义。关于乔治·西美尔对历史唯物主义的有趣的、批判性的讨论，参见 *Problems of the Philosophy of History*, pp. 185−200。

[29] See *ibid.*, pp. 76−78.

[30] See *ibid.*, p. 85.

[31] 举例来说，乔治·西美尔认为在历史唯物主义理论中的饥饿这个驱动力与唯物主义毫无关系。*Ibid.*, p. 185. 对于马克思的思想不是唯物主义的最新、最出色的论证，是由乔治·克莱恩（George L. Kline）提出的。参见 George L. Kline, "The Myth of Marx's Materialism," in *Philosophical Sovietology: The Pursuit of a Science*, ed. by Helmut Dahm, Thomas J. Blakeley, and George L. Kline (Dordrecht: D. Reidel, 1988), pp. 158−203。

[32] See Simmel, *Problems of the Philosophy of History*, pp. 199−200.

[33] See "Geschichte und Naturwissenschaft" (Strassburger *Rektoratsrede*), in Wilhelm Windelband, *Präludien, Aufsätze und Reden zur Einleitung in die Philosophie*, 3rd improved edition (Tübingen: Verlag von J. C. B. Mohr [Paul Siebeck], 1907), pp. 355−379.

[34] 我们可以参考，例如康德对于哲学与数学之间关系的探讨。*Immanuel Kant's Critique of Pure Reason*, trans. by Norman Kemp Smith (London and New York:

Macmillan and St. Martin's, 1961), B 741—766, pp. 576—593. 康德在其他地方也探讨过与此相类似的话题，例如康德在《未来形而上学导论》中对哲学、数学和自然科学之间的关系进行了评价。Immanuel Kant, *Prolegomena to Any Future Metaphysics*, intro. by Lewis White Beck (Indianapolis, Ind.: Bobbs-Merrill, 1950)。另外，康德还在《道德形而上学基本原理》(*Fundamental Principles of the Metaphysics of Morals*) 的一开始探讨了伦理学、逻辑学和物理学之间的联系。

[35] See Edmund Husserl, "Philosophy as Rigorous Science," in Edmund Husserl, *Phenomenology and the Crisis of Philosophy*, trans. by Quentin Lauer (New York: Harper and Row, 1965), pp. 122—147; "Historicism and Weltanschauung Philosophy."

[36] See Windelband, *Aufsätze und Reden*, p. 361.

[37] See *ibid.*, p. 363.

[38] See *ibid.*, p. 368.

[39] See *ibid.*, p. 379.

[40] 从卢卡奇后来对合理化的讨论，尤其是从他在《物化和无产阶级意识》这篇论文中对合理化的讨论中，可以清晰地看出韦伯对卢卡奇的影响。参见 Georg Lukács, *History and Class Consciousness*, trans. by Rodney Livingstone (Cambridge, Mass.: MIT Press, 1971)。卡尔·雅斯贝尔斯 (Karl Jaspers) 认为，马克斯·韦伯是他所在时代最杰出的哲学家。参见 Karl Jaspers, *Notizen zu Martin Heidegger*, ed. by Hans Saner (Munich and Zürich: Piper, 1989)。关于韦伯对哲学的持续性影响，我们可以参考哈贝马斯在《交往行为理论》中对韦伯思想的长篇讨论。参见 Habermas's lengthy discussion of his thought in Jürgen Habermas, *Theorie des kommunikativen Handelns*, (Frankfurt: Suhrkamp, 1981) vol. 2, chap. 8, part I "Ein Rückblick auf Max Webers Theorie der Moderne," pp. 449—488。

[41] Windelband, *Geschichte und Naturwissenschaft*, p. 379.

[42] See *ibid.*

[43] See Wilhelm Windelband, *A History of Philosophy*, trans. by James H. Tufts (New York: Harper and Brothers, 1958), vol. 2, sec. 43: "The Metaphysics of the Irrational."

[44] See Windelband, *History of Philosophy*, vol. 2, p. 615.

[45] 对于谢林的类似理解，参见 Robert F. Brown, *The Later Schelling: The Influence of Boehme on the Works of 1809—1815* (Lewisburg, Pa.: Bucknell University Press, 1977)。

[46] See Windelband, *History of Philosophy*, p. 619.

[47] See *ibid.*, p. 620.

[48] See *ibid.*, p. 621.

[49] See Emil Lask, *Gesammelte Schriften*, ed. Eugen Herriegel, (Tübingen:

J. C. B. Mohr [Paul Siebeck], 1923), vol. I, pp. vi, xiv.

[50] 没有一篇探讨《哲学全书》(Encyclopedia of Philosophy) 中的埃米尔·拉斯克思想的文章，即使是威利（Willey）在《回到康德》(Back to Kant) 中对于新康德主义进行探讨的时候，也没有提到拉斯克。即使是萨默豪斯（H. Sommerhäuser）在拉斯克90岁生日的时候所写的一篇关于他的著作的文章中，也抱怨拉斯克的思想"几乎没有产生任何影响"。参见 H. Sommerhäuser, "Emil Lask 1875–1915: Zum neunzigsten Geburstag des Denkers," *Zeitschrift für philosophische Forschung* 21, no. I (1967): 144。这段话也被伊什特万·M·费哈（István M. Fehár）在《拉斯克、卢卡奇和海德格尔：非理性的问题以及范畴理论》(Lask, Lucács, Heidegger: The Problem of Irrationality and the Theory of Categories) 这篇文章中引用过。参见 István M. Fehár, "Lask, Lukács, Heidegger: The Problem of Irrationality and the Theory of Categories," in *Emil Lask and the Movement towards Concreteness*, ed. by Deborah Chaffin (Athens: Ohio University Press, forthcoming)。

[51] 海德格尔早从1912年就开始关心拉斯克的思想。参见 "Neuere Forschungen über Logik," in Martin Heidegger, *Frühe Schriften*, ed. by Friedrich-Wilhelm von Hermann (Frankfurt: V. Klostermann, 1978), esp. pp. 24–25, 32–33。海德格尔在1915年取得大学授课资格时所写的文章《邓斯·司各特思想中的范畴和理论意义》[Habilitationsschrift, Die Kategorien-und Bedeutungslehre des Duns Sootus (1915)] 的前言中暗示，他受到了拉斯克思想的影响。"Das philosophische Schaffen eines Emil Lask, dem an dieser Stelle ein Wort dankbar treuen Gedankens in sein fernes Solldatenbgrab nachgerufen sei, bleibt ein Beweis dafür." In Heidegger, *Frühe Schriften*, p. 191。虽然在《存在与时间》中，除了尼采以外，海德格尔对其他思想家的评价几乎都是消极的，但是，海德格尔却出人意料地对拉斯克作出了积极的评价。参见 Heidegger, *Being and Time*, trans. by John Macquarrie and Edward Robinson (New York: Harper and Row, 1962), p. 494。关于拉斯克对海德格尔所产生的影响的讨论，参见 Otto Pöggeler, *Martin Heidegger's Path of Thinking*, trans. by David Magurshak and Sigmund Barber (Atlantic Highlands, N. J.: Humanities, 1989), pp. 263–264。在伯格勒看来，拉斯克为我们提供了一个胡塞尔和李凯尔特之间的联系，因此，也就是亚里士多德和康德之间的联系。伊什特万·M·费哈认为，海德格尔的许多关键学说，包括将真理视作去蔽以及对范畴的重新思考等等，都已经被拉斯克预见到了，或者说是海德格尔试图把握拉斯克思想的时候所形成的学说。参见 István M. Fenhér, "Lask, Lukács, Heidegger: The Problem of Irrationality and the Theory of Categories," in Chaffin, ed., *Emil Lask*。

[52] See Georg Lukács, "Emil Lask: Ein Nachruf," in *Kant-Studien* 22 (1918): 349–370. For a study of the relation between Lukács and Lask, see Hartmut Rosshoff, *Emil Lask als Lehrer von Georg Lukács: Zur Form ihres Gegenstandsbegriffs* (Bonn: Bouvi-

er,1975）.

［53］在 1962 年 12 月，卢卡奇在《审美文化》（*Die Eigenart des Ästhetischen*）中写下的一段话可以证明这个观点。参见 Georg Lukács, *Die Eigenart des Ästhetischen*（Berlin and Weimar：Aufbau, 1987），p. 25。

［54］See Georg Lukács, *Pensée Vécue, Mémoires Parlés*, trans. by Jean Marie Argelès and Antonia Fonyi（Paris：Arche, 1986），p. 48.

［55］对于卢卡奇与拉斯克之间关系的思考，参见 Rosshoff, *Emil Lask als Lehrer von Georg Lukács*。而对哈特穆特·罗斯霍夫的《埃米尔·拉斯克作为乔治·卢卡奇的老师：对象概念的形成》这部著作的探讨，参见 Tom Rockmore, "Review of Rosshoff," *Emil Lask als Lehrer von Georg Lukács*, *Studies in Soviet Thought* 21 (1980)：275－277。

［56］对于拉斯克思想中的非理性这个概念的探讨，参见 István M. Fehér, "Lask, Lukács, Heidegger"。

［57］伊什特万·M·费哈强调了这个观点，参见上书。

［58］See Nicholas Rescher, *A Useful Inheritance：Evolutionary Aspects of the Theory of Knowledge*（Savage, Md.：Rowman and Littlefield, 1990）.

［59］See Jon Elster, *Nuts and Bolts for the Social Sciences*（Cambridge, Eng.：Cambridge University Press, 1989），pp. 22, 31, and 168.

［60］在海德格尔看来，非理性纯粹是理性的失败。参见 Martin Heidegger, *An Introduction to Metaphysics*, trans. Ralph Manheim（New Haven, Conn. and London：Yale University Press, 1977），pp. 179－180。

［61］在克里斯多夫·雅墨看来，虽然恩斯特·卡西尔（Ernst Cassirer）试图通过将自己的思想建立在胡塞尔思想的基础上来克服《符号形式哲学》（*Philosophy of Symbolic Forms*）中的种族优越感，但是胡塞尔无法理解那种神话的或者说是在逻辑之前的东西。参见 Christoph Jamme "Überrationalismus gegen Irrationalismus：Husserls Sicht der mythische Lebenswelt," in Christoph Jamme and Otto Pöggeler, *Phänomenologie in Widerstreit*（Frankfurt：Suhrkamp, 1989），pp. 65－80 esp. 76－77。

［62］Paul Hühnerfeld, *In Sachen Heidegger：Versuch über ein deutsches Genie*（Hamburg：Hoffman und Campe, 1959），p. 108；also, pp. 93 and 96.

［63］阿尔弗雷德·鲍姆勒认为，"非理性"从本质上来说就是缺乏逻辑上的透明性。参见 Alfred Baeumler, *Das Irrationalitätsproblem in der Ästhetik und Logik des 18. Jahrhunderts bis zur Kritik der Urteilskraft*（Darmstadt：Wissenschaftliche Buchgesellschaft, 1975），p. 4。

［64］See Lukács, *Heidelberger Ästhetik*, p. 16.

［65］卢卡奇说："据我所知，它最早出现在库诺·费舍尔的《费希特》一书中。文德尔班在其《哲学史》中在标题为'非理性主义的形而上学'的章节中已

经研究了谢林和叔本华。这个术语在拉斯克那里甚至占据更加举足轻重的地位。"参见 Georg Lukács, *The Destruction of Reason*, trans. by P. Palmer (Atlantic Highlands, N. J.: Humanities, 1981), p. 95。

[66] See *Fichtes Idealismus und die Geschichte*, completed in 1900, and published in 1902, in Lask; *Gesammelte Schriften*, vol. I, pp. 1–274.

[67] 一般来说,他的非理性概念没有引起多大的注意,但也有例外。参见 Agostino Carrino, *L'irrazionale nel concettto: Comunitá e diritto in Emil Lask* (Naples: Edizione scientifiche italione, 1983)。

[68] 关于这个观点,参见 Lask, *Gesammelte Schriften*, vol. 2, p. 77。

[69] See *ibid.*, p. 78.

[70] 关于这个区分,参见 Immanuel Kant, *Prolegomena to Any Future Metaphysics*, with an intro. by Lewis White Beck (Indianapolis, Ind.: Bobbs-Merrill, 1950), para. 18, pp. 45–46。

[71] See G. W. F. Hegel, *Phenomenology of Spirit*, trans. by A. V. Miller (Oxford: Oxford University Press, 1977), pp. 58–78: "Consciousness: 1. Sense-certainty; 2. Perception."

[72] See G. W. F. Hegel, *The Difference between Fichte's and Schelling's System of Philosophy*, trans. by H. S Harris and Walter Cerf (Albany: State University of New York Press, 1977).

[73] See Lask, *Gesammelte Schriften*, vol. I, p. 30.

[74] See *ibid.*, p. 79. 我在《拉斯克对于德国唯心主义的新康德主义解读》(Lask's Neo-Kantian Reading of German Idealism) 这篇文章中分析了拉斯克对于德国唯心主义的理解,参见 Tom Rockmore "Lask's Neo-Kantian Reading of German Idealism," in Chaffin, ed., *Emil Lask*。

[75] 康德对于柏拉图也有类似的看法,参见 Immanuel Kant, *Immanuel Kant's Critique of Pure Reason* (London and New York: Macmillan and St. Martin's, 1962), B 370, p. 310。

[76] 关于康德的批判主义哲学,参见约翰·戈特利布·费希特(Johann Gottlieb Fichte) 在《约翰·戈特利布·费希特的生平与文献》中引用的《智慧》第109期中对康德批判主义的探讨。Johann Gottlieb Fichte, *Johann Gottlieb Fichte's Leben und litterarischem Briefwechsel*, ed. I. H. Fichte (Sulzbach: Seidel'sche Buchhandlung, 1831), pp. 175–176。后来,马克思也独立地对黑格尔声称从天堂降到人间进行了批判,参见《马克思恩格斯选集》,2版,第1卷,62~74页,北京,人民出版社,1995。

[77] See Lask, *Gesammelte Schriften*, vol. 1, 117–118, 144–145.

[78] See *ibid.*, p. 63.

[79] See the Introduction to Heinrich Rickert, *The Limits of Concept Formation in Natural Science*, trans. by Guy Oakes (Cambridge, Eng.: Cambridge University Press, 1986), p. xvi.

[80] See Rickert, *Limits of Concept Formation*, pp. 27–28.

[81] See *ibid*., p. 31.

[82] See *ibid*., pp. 47–48.

[83] See *ibid*., pp. 52–53.

[84] See *ibid*., p. 62.

[85] See *ibid*., p. 63.

[86] See *ibid*., p. 101.

[87] 李凯尔特说道：“因此，我们得出了以下结论：不仅仅是在我们前科学形式的知识中存在两个从本质上来说是差异的、关于现实的概念，这就是普遍化和个体化，与这两个概念相对应，也同样存在着两种用科学的方法对待现实的方式。从这两种方式的最终目标及其最后达成的结果来看，无论是从逻辑上来说，还是从本质上来说，这两种方式都截然不同。”参见上书，116页。

[88] See *ibid*., p. 185.

[89] See *ibid*., p. 201.

[90] See Max Weber's study, "Roscher und Knies und die logischen Probleme der historischen Nationalökonomie, 1903–1906," in Max Weber, *Gesammelte Aufsätze zur Wissenschaftslehre*, ed. by Johannes Winckelmann (Tübingen: J. C. B. Mohr [Paul Siebeck], 1968). 在第7页中，韦伯暗示出，他对于探索李凯尔特的观点在其他学科中的效用非常感兴趣。

[91] See *ibid*., p. 3.

[92] See *ibid*., pp. 15–16.

[93] See *ibid*., p. 64.

[94] See *ibid*., p. 132.

[95] See *ibid*., p. 134.

[96] See *ibid*., p. 136.

[97] See Lukács, *History and Class Consciousness*, p. 95.

第四章
马克思的经济学和新康德主义哲学

在前一章中，我们已经介绍了卢卡奇用来反对非马克思主义以及支持马克思主义的思想的来源，即马克思的思想、马克思主义和德国新康德主义。我的论证依赖于理性这个概念。马克思主义认为，非马克思主义无法认识其思想对象，也就是说非马克思主义无法认识社会现实，而只有马克思主义才能认识社会现实。马克思主义认为，非马克思主义理性观具有认识论的缺陷，这是因为非马克思主义的理性观是有缺陷的，而马克思主义对其进行了修正。

马克思主义还认为，康德对于知识的条件的检验是建立在主体性与客体性之间的联系基础上的。马克思对黑格尔进行了批判，并把思辨的唯心主义哲学中思维与对象之间的关系颠倒了过来。从这个意义上来讲，马克思对黑格尔的批判与康德对之前的认识论的批判是非常相似的。马克思和康德都认为，之前的哲学具有方法论的缺陷，这就是，它们都从客体性出发来理解主体性，这是错误的。康德认为，主体将客体作为知识的条件生产出来；与此相类似，马克思则认为人类个体制造出自身以及社会现实。关于非理性与理性之间的差别，新马克思主义者重申了康德用先天综合能力才说明认识论的界限这一思想。卢卡奇利用新康德主义对知识的局限性的看法来批判一般的德国古典哲学。新康德主义认为，非理性指的就是认识的局限性，也就是我们可以认识的对象的界限。在卢卡奇的早期马克思主义思想中，他用非理性来指称一种无法提供知识的哲学。总之，卢卡奇认为，德国古典哲学从其本性上来说是非理性的，而马克思主义是理性的。

1923 年出版的《历史与阶级意识》，是卢卡奇在早期马克思主义思想阶段的杰作，这本书的核心主题就是论证马克思主义能认识德国古典哲学所无法理解的真理。《历史与阶级意识》这本著作可以说是卢卡奇最著名也是影响最广泛的马克思主义著作。此外，这本著作还是 20 世纪最有影响力的哲学著作之一，它对于后来的马克思主义思想产生了决定性的影响。[1]事实上，这本书在出版之后，立刻引发了激烈的争论，有人批判卢卡奇是左翼的异端。[2]尽管卢卡奇的这本著作在出版后很多年内都是禁书，但是人们在黑市上还是可以买到这部经典之作。卢卡奇在 1967 年的新版《历史与阶级意识》的序言中表明，虽然从这本书从出版到当时已经过了 40 多年，但他对 40 多年前这部著作中的早期研究的兴趣不减。[3]

《历史与阶级意识》这部重要的著作由一篇序言和八篇文章组成。我们在此无法详细探讨卢卡奇在这本著作中所有的主要观点，因为他在这本书中探讨了很多主题。在这部著作中，卢卡奇宣称，马克思主义是一种与任何具体的历史性的宣称无关的有效的思维方式。他还进一步呼吁人们关注马克思思想中的黑格尔主义思想来源，而科尔施也在同一年独立地提出了这种观点。[4]卢卡奇发现了**异化**这一概念，而在那个时候马克思的《1844 年经济学哲学手稿》还未出版。卢卡奇在"物化"这一标题下所研究的内容，实际上就是马克思在《1844 年经济学哲学手稿》中所探讨的异化。卢卡奇认为，黑格尔提出的总体性这一思想是十分重要的，或者更确切地说，黑格尔在绝对知识（absolutes Wissen）这一误导人的标题下提出的具体的总体性这一思想对马克思的思想产生了重大影响。并且，卢卡奇还进一步提出了阶级意识的思想。从此之后，阶级意识成为马克思主义思想的核心及基本的理论前提。[5]

在《历史与阶级意识》的序言中，卢卡奇指出，他的这些偶然写就的文章集合起来构成了一个"决定性的统一体"[6]。这些文章"正确地理解马克思的方法的本质，并正确地加以运用"[7]。他满足于在相信这样一个基本前提的基础上接受并诠释马克思的思想[8]，这个基本前提就是"在马克思的理论和方法中，认识社会和历史的正确方法已经最终被发现了"[9]，这种"马克思主义方法"的最重要的目的是"认识现在"[10]。"战争、危机和革命，包括革命发展的所谓较慢速度和苏俄的新经济政策，没有一个问题是不能用这样理解的辩证方法解决的，而且也只有用这个方法才能解决。对个别实际问题的具体答案不属于这些论文的范围。这些论文的任务是使我们了解马克思主义的方法，说明它是为解决不这样就难以解决的难题寻求出路的无穷源泉。"[11]

我们要对卢卡奇的上述论点进行评述。首先，存在很多种不同的马克思主义。考虑到卢卡奇主要关注的是正统马克思主义以及他对列宁的方法论的了解，他在此更为看重的是罗莎·卢森堡（Rosa Luxemburg）对马克思的经济学理论所做的进一步发展。他认为，只有通过对罗莎·卢森堡的基本理论著作的批判性探讨，才能达到真正革命的、共产主义的和马克思主义的立场。[12]但他为了突出列宁对马克思主义的杰出贡献，又迅速转变了以上想法；[13]其次，我们对于将马克思和马克思主义融合在一起的马克思主义思想十分熟悉，这种思想表现在这里就是从马克思的方法到马克思主义的方法的天衣无缝的过渡。但卢卡奇的这种融合是自相矛盾的，因为他已经正确地察觉到开始于恩格斯的马克思主义只是对马克思思想的一种解释而已。[14]他将正统马克思主义看成是对马克思思想的解释，那么他即使反对恩格斯，也是为了维护正统马克思主义的立场，这是有可能的。[15]他之后又对其中一部分进行重新描述的对恩格斯的批判，是《历史与阶级意识》全书的亮点之一；[16]再次，他强调"革命年代的经验已出色地证实了按正统（即共产主义）理解的马克思主义的一切重要方面"[17]。但是，这种证实的性质依然是模糊不清的。因此，在第二版序言中，卢卡奇强调，他要对他之前过分激进的革命观以及他用来替换革命观的对实践知识的浪漫主义激情进行批判；[18]最后，他认为，马克思的思想是一种具有无限的认识论潜能的辩证的方法。他宣称自己的意图就是要引出对马克思思想方法的进一步讨论。

正统马克思主义可以说几乎完全是在恩格斯对马克思的解释的基础上形成的。因此，如果坚称正统马克思主义对恩格斯思想的保留得到了实践的证实的话，那就很具有讽刺意义了。就像恩格斯一样，卢卡奇也是通过探讨马克思的思想与黑格尔的思想之间的联系来解读马克思的思想。尽管他继承了马克思主义解读马克思思想的方法，即把马克思的思想看成是对思辨的唯心主义的颠倒，但他对马克思主义提出的两大重要思想却并不同意：第一，与一般马克思主义背道而驰的是，他强调，将黑格尔的哲学看成是条"死狗"是错误的做法。[19]纵观他的整个马克思主义思想阶段，给黑格尔哲学正名是一个重要的主题；[20]第二，马克思在《资本论》的第二版后记中写下了一个著名的段落，即马克思提到需要将黑格尔主义的唯心主义颠倒过来的那个段落，许多马克思主义者都以此为依据并未对黑格尔的思想加以重视，但卢卡奇却认为这是那些马克思主义者没有能够把握马克思与黑格尔之间关系的表现。卢卡奇还认为，如果能够注意到（马克思的）"整整一系列经常使用的有决定意义的范畴都是直接来自黑格尔的《逻辑学》"的话，就能够正确地理解马克思与黑格尔之间的关系。[21]因此，卢卡奇接受了列宁后来的说法，即没有掌握黑格尔的逻辑学，就无法理解《资本论》。[22]但是，列宁对黑格尔的理解是非常初级的，与列宁不同的是，卢卡奇是第一个对黑格尔的辩证唯心主义了解得足够透彻以至于能够用这种思想方法去解读马克思思想的马克思主义者。

就像对一般的马克思主义者一样,对卢卡奇来说,只能通过黑格尔来理解马克思。但是,我们对他通过黑格尔的思想来解读马克思的做法有以下两点质疑:第一,很明显,除非明确"辩证法"这个术语在黑格尔语境中的含义,否则用"辩证法"这个术语来解释马克思的思想就是毫无意义的。而且,卢卡奇也通过观察发现被马克思改进了的辩证法甚至比黑格尔本人的辩证法更难确定固定的意义[23],这就说明了为什么对"辩证法"这个术语的持续运用不仅没能揭示出其本质含义,反而使其本质含义被隐藏了起来;第二,卢卡奇坚持认为马克思使用了辩证的思想方法。但是,尽管他一直试图为黑格尔的辩证法正名[24],但他对康德的批判哲学的批评造成的结果却是对方法这个概念的普遍拒斥。[25] 如果说根本不存在什么黑格尔主义的方法,那么很显然,也就不可能理解马克思所谓的将黑格尔的思想颠倒过来的辩证的方法了。因此,我们没有接受卢卡奇不加论证的观点,即他为马克思的方法所赋予的在认识论上无限的重要意义,或者是他提出的其他标准的马克思主义教义。

卢卡奇只在一处,即在他的《历史与阶级意识》一书中收录的《物化和无产阶级意识》这一复杂且广为人知的长篇论文中进行了关于马克思主义是德国古典哲学的真理的论证。也正是从这篇论文开始,他的整个思想发生了转向。这篇论文的内容异常丰富,但也极其复杂难懂,或者可以说这篇论文是这个世纪最难懂的文章之一。即使到了今天,已经出版了无数对青年卢卡奇的思想进行讨论的著作之后,对他这篇早期论文的全面的或者退一步说是恰当的讨论似乎也没有出现。[26]

很少有人深入地思考过,卢卡奇在讨论物化的时候会为马克思辩护却反对对马克思主义进行论证,这并非偶然。他对之前的哲学的熟悉程度,为我们理解他的思想造成了不小的障碍。毫不夸张地说,即使是在卢卡奇的第一部马克思主义著作中,他的系统分析就显示出他对历史背景的百科全书式的、类似黑格尔主义的把握。《历史与阶级意识》全书都表现出一种试图将马克思主义的政治经济学与新康德主义对历史理论的解读深层次地结合起来的努力。其结果就是一个复杂的、天才的讨论,而这种讨论是建立在对整个近代哲学的熟知,特别是对德国古典哲学和马克思主义以及对无数相关领域例如社会学、政治学等的关注这一基础之上的。解读卢卡奇就像解读黑格尔一样,如果对哲学史,尤其是近代哲学史没有透彻的了解的话,就无法理解卢卡奇的论证所具有的系统化特征。

我们至少有三个理由认为,卢卡奇对物化的讨论是非常重要的。第一,

非理性主义：卢卡奇与马克思主义理性观
Irrationalism: Lukács and the Marxist View of Reason

卢卡奇在这里提出了一系列理念，并且在他的晚期著作中，他继续对这些理念进行了探讨；第二，这篇论文是他通过不同形式的理性之间的差别来论证马克思主义与非马克思主义相比所具有的优越性的第一个，也是难以超越的版本。尽管在晚期著作中，卢卡奇继续以各种各样不同的方式来支持或重新诠释他的以上论证，但他在这些晚期著作中对他早期的论证进行了改良。他在《物化和无产阶级意识》这篇著名的论文中对马克思主义与整个德国哲学传统相比所具有的优越性所进行的第一次论证，在他的晚期著作中被移除了，或者至少说是变得十分隐晦了。事实上，在卢卡奇的晚期著作中，《物化和无产阶级意识》这篇论文所具有的引人注目的特征已经消失，或者至少可以说是衰退了；最后，在这篇论文中，卢卡奇对哲学史进行了天才式的、造诣深厚的马克思主义式的分析，从而为马克思主义提出的唯物主义优于唯心主义这一命题提供了支持。唯物主义优于唯心主义这个命题经常被提出来，却很少得到论证，尤其是对其进行历史性的、详细的论证就更是罕见。马克思主义文献汗牛充栋，并且在以惊人的速度增加，但很显然，卢卡奇对非马克思主义的马克思主义分析从未被人超越，并且几乎可以肯定地说，在将来，他的这种分析仍然是无人可以望其项背的。

卢卡奇对非马克思主义的非理性以及马克思主义的理性的阐释，是康德主义运用主体性与客体性之间的关系来对知识进行解释的进一步发展。卢卡奇的这一思想最早是在《历史与阶级意识》这本书中的核心论文——《物化和无产阶级意识》中形成的。在卢卡奇的最初阐释中，他的这一思想具有以下三个要素：第一是对在人类社会发展的这一阶段中、对知识来说必不可少的马克思主义经济学的分析；第二是对无法获得知识的非马克思主义哲学的批判；第三是对非马克思主义哲学的问题提供解决方法的马克思主义的解读。

我们在这一章中，将会考察卢卡奇对马克思主义经济学在社会发展的当前阶段所扮演的重要角色所进行的论证。他的新康德主义论证是与非马克思主义思想尤其是德国古典哲学相对立的，我们在后面的一章将会对此加以研究。并且，在另外一章里还会继续讨论卢卡奇的以上观点的发展，即他对非马克思主义思想在认识论意义上的非理性，以及只有马克思主义才能为德国古典哲学的问题提供解决方案这一观点所进行的论证。

从卢卡奇的《物化和无产阶级意识》这篇论文的头两句话中，就可以看出他对马克思主义的信仰："马克思描述整个资本主义社会并揭示其基本性质的两部伟大成熟著作，都从分析商品开始，这绝非偶然。因为在人类的这一发展阶段上，没有一个问题不最终追溯到商品这个问题，没有一个问题的解答不能在商品结构之谜的解答中找到。"[27]

卢卡奇提出的这一有力的、极其引人注目的观点具有极其重要的意义。这一观点引出了之后的一系列的分析，而这些分析为这篇论文乃至他的包括对马克思的解释以及对马克思主义与德国古典哲学之间的关系的解释在内的整个马克思主义思想阶段奠定了基调。继承了马克思主义的做法，卢卡奇在这里以及在其他马克思主义著作中都没有对马克思和马克思主义进行区分。但是，从这时候起，他的著作（包括《物化和无产阶级意识》这篇论文在内）中就有了对马克思主义进行的批判性评价，这一点在其最后的阶段中表现得尤为显著。值得注意的是，在这里，也就是在《物化和无产阶级意识》这篇论文的开头，卢卡奇只引用了马克思的思想[28]，并继承了马克思主义者对马克思的解读方法。卢卡奇认为，马克思主义理论的基础在于对现代社会的经济学维度的洞察。在这里，他将社会的知识问题、总体性观点、对社会结构的基本理解以及经济学优先的观点联系在了一起。

从卢卡奇对马克思的解读可以引出三个推论。第一，马克思对政治经济学的理解从根本上将马克思的思想与德国哲学传统中的其他思想区别开来。之后，卢卡奇还提出，黑格尔对社会的经济学维度的认识也将黑格尔的思想与德国哲学传统中的其他思想区别开来。[29]但是，他认为与黑格尔相比，马克思的优越性在于其对经济学的基本洞见超越了黑格尔，因为黑格尔没能超越英国政治经济学的局限性；第二，由于卢卡奇看重经济学，因此造成的结果就是他更为看重马克思晚期的思想。卢卡奇看重马克思的晚期思想，这在一开始几乎是不可避免的，因为在卢卡奇写作这篇论文的时候，包括非常重要的《1844 年经济学哲学手稿》在内的一些马克思的早期著作尚未出版。而在晚期著作中，卢卡奇对马克思思想的经济学层面不再那么重视，而转为关心其哲学层面了；第三，他表明自己接受了马克思主义者提出的马克思主义提供了对德国古典哲学问题的科学的解决方法这一论断。在这篇论文中，卢卡奇没有直接提出关于哲学与科学之间的关系这个令人感到烦恼的问题，但是，我们只要注意到，卢卡奇认为马克思的思想依赖于对商品分析的结构的洞察，并且科学（也就是政治经济学）与哲学之间是对立的关系，就足够了。

卢卡奇提出的这一观点令人吃惊，但这个观点却是对一种新方法在认识论上具有信心的典型表现。卢卡奇所表现出来的对于马克思主义的接受，也就是不只是把马克思主义当成是一种革命理论来接受，还把它当成一种革命性的知识来接受。这一点在近代哲学传统中是非常典型的表现。近代

非理性主义：卢卡奇与马克思主义理性观
Irrationalism: Lukács and the Marxist View of Reason

哲学是由一些游离的、相异的思想家构成的，例如笛卡儿、康德、胡塞尔、早期维特根斯坦，还有由于对他们使哲学走向终结的信仰而组织在一起的维也纳学派。卢卡奇对能够为获得知识的新方法提供无限资源的信仰与许多思想家相似。令人感到矛盾的是，卢卡奇提出的马克思对发达工业社会的基本经济结构的把握具有认识论的力量，是解决所有当前问题的概念上的必需之物这一革命性的论断，却确确实实是前无古人的。很难想象，卢卡奇能够早早地在这篇论文中就提出这样一个直接又引人注目、有力又符合传统的哲学论断。

卢卡奇对马克思思想的理解作为一种认识论意义上的判断，与其他对马克思思想的激进解读相比，有两大区别。第一，与其他的马克思主义者不同，卢卡奇坚持认为政治经济学具有独到的重要地位。但是，在这一点上卢卡奇与其他马克思主义者同样存在着差别。他是通过对德国古典哲学的详细探讨而得出一些政治经济学的论点的；第二，他表现出的对运用马克思对经济现实的洞见来解决知识问题的信心是不同寻常的，也许也是史无前例的，甚至可以说是相当轻率的。与其他马克思主义者不同，卢卡奇不仅认为马克思主义是解决现代社会问题的方法，甚至还认为马克思主义是解决哲学问题的方法。他提出的马克思主义的商品分析能够为所有问题提供解决方法的论点，是一种范围更广的、不太立得住脚的并且很显然是没有辩护余地的论点。我们只要对这个论点稍加分析，就会立刻看出它是难以支撑的。

卢卡奇对马克思的商品分析具有无限效用的信念，是他早期马克思主义思想的基础。《物化和无产阶级意识》这篇论文作为一个整体，可以天然地划分为三大部分，而这三大部分之间由理性与非理性、马克思主义与非马克思主义之间的差别联系在一起。在第一部分"物化现象"中，卢卡奇阐述了马克思主义的商品分析；在第二部分"资产阶级思想的二律背反"中，他详细地论述了德国古典哲学思想具有的解决其核心问题的内在能力；在第三部分"无产阶级的立场"中，他表明非马克思主义的问题能够为马克思主义所解决。

现代社会的发展，印证了亚当·斯密、洛克、马克思、黑格尔以及其他的思想家们提出的政治经济学对社会生活的理解具有至关重要的作用这一论点。尤其是马克思，他一直强调，社会的经济维度具有根本性的重要意义。[30]在第一部分的讨论中，卢卡奇的目标是要证明，马克思主义政治经济学是获得社会现实的知识的一把不可或缺的钥匙。除了马克思主义政治经济学，用其他任何一种思想，例如德国古典哲学，都无法获得对社会现实的知识。尽管卢卡奇对其他的非马克思主义政治经济学也有所了解，但他认为由于那些非马克思主义政治经济学具有内在局限性，它们顶多只能获得对社会的部分理解。虽然卢卡奇是从哲学角度阐述了上述论点，但准确地说，这部分讨论中的很多内容都不是哲学，因为那些内容涉及的只有经济学。然而，卢卡奇在这里所做的分析却是与哲学有关的，因为他这一部分的讨论是他后来对非马克思主义哲学进行分析的基础。

卢卡奇提出的这一论点，即在社会发展的当前阶段，所有的问题都能够为马克思对商品的分析所解决这一论点，从哲学上来讲具有十分重要的意义。卢卡奇在此显然是想表明，通过最后的分析，哲学问题只能在非哲学的层面，即经济的层面上解决。[31]从这个意义上来说，卢卡奇的马克思主义思想至少从表面上看与某些实证主义哲学相类似，因为他们都试图否定哲学这种解决哲学问题的内在作用。哲学问题只能在哲学之外的领域得到解决，否则就会被当作伪问题而抛弃。[32]简单地说就是卢卡奇认为，哲学，或者至少可以说是德国哲学的重要性在于找出真正的问题，而它们却无力解决这些真正的问题。他们这种所谓的失败并非偶然，而是遵循着非马克思主义只能找出现代工业社会的问题、从本质上来说却无力解决这些问题这一严格的逻辑所推导出来的必然结果。

卢卡奇的创新之处在于，他在物化这一标题下对异化现象进行了天才的但却是错误的阐述。他的阐述极其富有卓见，因为他是通过阅读马克思的晚期著作而揭示出对其思想来说具有根本性的重要作用的异化概念。事实上，由于卢卡奇在此证明了即使是在《资本论》中也仍然存在异化的思想，这就等于是提前反驳了他后来提出的马克思的思想发展中具有断裂这一观点。[33]卢卡奇后来认为，《历史与阶级意识》跟在黑格尔后面，也将异化等同于马克思在《1844年经济学哲学手稿》中所使用的术语（英文为"objectification"，德文为"Vergegenständlichung"）对象化，这个根本的和严重的错误对《历史与阶级意识》的成功肯定起了极大的作用。[34]

卢卡奇在刚开始对对象化（Verdinglichung），也就是物化进行讨论的时候，将这种讨论与马克思在《资本论》中对商品拜物教的著名论断联系在一起。所谓偶像崇拜就是某种人工的或者虚假的东西获得了某种统治人的超自然力量。在一段著名的篇章中，马克思写道："可见，商品形式的奥秘不过在于：商品形式在人们面前把人们本身劳动的社会性质反映成劳动产品本身的物的性质，反映成这些物的天然的社会属性，从而把生产者同总劳动的社会关系反映成存在于生产者之外的物与物之间的社会关系。"[35]马克思在这段话中想要表明的是，人与人之间的关系表现为，或者说被反映

非理性主义：卢卡奇与马克思主义理性观
Irrationalism: Lukács and the Marxist View of Reason

成了一种他们的劳动产品所具有的物的形式。后面那句话的意思是，在商品生产的过程中发生了一种颠倒，因为现在是物控制我们，而不是我们控制物。用一句话来说就是，物不依赖于我们这些制造出物的人，反而是我们依赖于物，物才是真正的主体。

卢卡奇没有提供一种经济学的分析，也没有批判性地考察马克思对商品的分析。他只是简单地、不加批判地将马克思的商品分析当成了自己思想的理论基石。他不加批判地接受了商品拜物教之谜是现代资本主义独有的客观现实这一说法。他认定，只有在现代资本主义之中，所有的东西才能最终围绕着商品被组织起来，并且随即成为作为一个整体的社会这个普遍范畴。他还进一步认定，在发达工业社会，劳动获得了客观性以及不依赖于对劳动来说是有帮助的单个劳动主体的独立性，而人与人之间的关系因此获得了物的性质。卢卡奇独特的贡献在于，他说明了马克思的商品分析所导致的认识论上的后果："这里只打算以马克思经济学的分析为前提，探讨一下从一方面作为对象性形式、另一方面又作为与之相适应的主观态度的商品拜物教形式中产生出来的那些基本问题。只有理解了这些，我们才能看清资本主义及其灭亡的意识形态问题。"[36]

继卢卡奇的马克思主义阶段起，在他的诸多著作中，他对马克思和马克思主义的信仰都是一个整体。但是，在解释的伪装下，他毫不犹豫地借助其他的思想家，通常是非马克思主义思想家的帮助来重新思考马克思主义的分析。在这里，他继承了马克思对劳动的抽象分析，以及在特定的时间和地点对劳动进行的量化分析。他还继承了韦伯以及泰勒等人的观点，将理性化和量化看成是现代资本主义的基本特征。在现代资本主义社会中，质被量取代了。在解读马克思的时候，他认为物化是围绕着商品的生产以及销售而组织起来的社会结构所造成的结果。他对物化的分析预设社会可以通过商品交换满足自身的需要。在商品交换之中，人为的经济关系系统地取代了自然的关系，以及更为天然的人与人之间的关系。因此，在这样的社会中，每个人的命运都屈从于统一的经济过程的发展。卢卡奇说："商品只有在成为整个社会存在的普遍范畴时，才能按其没有被歪曲的本质被理解。只有在这一联系中，由于商品关系而产生的物化才对社会的客观发展和人对社会的态度有决定性的意义，对人的意识屈从于这种物化所表现的形式，对试图理解这一过程或反抗这一过程的灾难性后果，对试图从这样产生的'第二自然'的这种奴役里解放出来，也有决定性的意义。"[37]

卢卡奇注意到，马克思的观点即使用价值在合理的客体化的形式中的表现，也就是对社会有用的产品即可出售的产品，改变了物的性质。资本主义中的合理的客体化试图掩盖物的内在性,因此,物获得了一种新的、不同的状态。接着马克思的分析,卢卡奇说道:"这种合理的客体化首先掩盖了一切物的——质的和物质的——直接物性。当各种使用价值都毫无例外地表现为商品时,它们就获得了一种新的客观性,即一种新的物性——它仅仅在它们偶然进行交换的时代才不具有,它消灭了它们原来的、真正的物性。"[38]

卢卡奇坚持认为,马克思独有的经济学分析会导致认识论上的后果:资本主义的普遍延伸以及作为其后果而产生的对象化,在认识论的错误中被反映出来。那些非马克思主义思想家例如西美尔等人的所谓失败之处在于,他们没能够透过现象看本质。卢卡奇借助黑格尔对表象与本质的区分,表明非马克思主义思想没能够超越表象的层面而把握事物的本质。这是他们没能把握在历史的,尤其是经济的矩阵中的表象所造成的结果。但是,这种概念上的缺陷不仅仅是没能理解政治经济学的失败。如果说从商品引申出来的经济维度渗透进了整个现代社会,那么从字面上来看,如果不从资产阶级的视角出发,这个社会就是不可辨别的,也就是不可知的。分析到这里,即使我们还没有对德国古典哲学进行详细的研究,也可以明显地看出卢卡奇即将对一般的非马克思主义思想进行一种新康德主义的批判,批判其从内在性上来讲无法把握其认识对象。以上观点用另外一句话来说就是,由于方法论的原因,由于非马克思主义者用抽象的方法来分析社会现实,因此非马克思主义思想是非理性的,或者说无法认识到其想要认识的对象。

这种批判来源于所谓的意识与社会现实之间的关联性。哲学是一种沉思,它声称自己在现代工业社会中具有一种特殊的形式。韦伯认为,建立在生产方式私有制基础之上的体系的成功与某些宗教之间存在关联性,他的这一论证可以说是广为人知。[39]也许是继承了韦伯的部分思想,卢卡奇指出,沉思(即哲学)的特殊的资本主义形式的特性就在于,它是一种向资本主义转变的二手产品,在这种哲学之中,理性的计算扮演着至关重要的特殊角色。就像工人在资本主义社会之中具有一种特殊的功能一样,社会中的官僚主义政治形式也反过来导致了一种与官僚主义相适应的思想。[40]

马克思主义者继承马克思的思想,试图通过经济组织来理解社会。但是,韦伯将这种关系颠倒了过来,从而在经济发生的社会基础上来分析经济关系。韦伯提出了特殊适用性的概念,即生活形式适应经济组织的形式。这是韦伯对资本主义体系中新教的作用进行的著名讨论的基础。在这里,

非理性主义：卢卡奇与马克思主义理性观
Irrationalism: Lukács and the Marxist View of Reason

卢卡奇借用了韦伯的这一概念来对众所周知的，但却异常复杂的马克思主义论点（即思维依赖于社会存在）这一论点进行具体的解释。

卢卡奇继承了韦伯的理性化概念。他指出，全社会都在强调工作中的可计算性，尤其是在意识的沉思形式出现之后更是如此。一般来说，官僚主义会促使人们调整生活甚至意识的形式，来适应资本主义体系制定的经济要求。举例来说，对于手段的理性化思考正在增加，而对于目的的思考则被人忽略，这就是所谓影响着资本主义的现象。[41] 从一个更宽泛的角度来说，就是商品的历史性增长不仅影响着客观事物，也同样影响着人的意识。他认可了马克思主义的说法，即被决定的意识就是意识形态。"商品关系变为一种具有'幽灵般的对象性'的物，这不会停止在满足需要的各种对象向商品的转化上。它在人的整个意识上留下自己的印记。"[42]

卢卡奇提出的一种所谓沉思的，或者说是哲学的思想的内在局限性与现代社会之间的联系，隐含着他此时此刻对非马克思主义哲学的攻击。他坚称，非马克思主义思想，尤其是德国古典哲学，最终是无法获得深层次的知识的。需要在资本主义社会发挥功能的知识是他对以上这个关键论点进行论证的基础。现代工业社会对结果的普遍重视，也就是将利润当成最高原则，导致其对世界的认识被大幅缩小。个体生产者需要从他或她自己的角度出发来进行计算。但是，这个人必须预先假定存在着一个更大的总体，而这个更大的总体是不可知的并被偶然性所统治。

如果以上分析正确，它就指向了知识的形式与社会的形式之间的关联性。对资本主义所具有的追求利润的特性的分析，被贴上了一个重要的认识论标签。关于部分的知识与关于整体的知识绝对不是一回事，但是对资本主义来说，对于整体的知识从原则上来说是不可能的，因为整体或总体既不能被系统化，也不能被认识。事实上，强调对于资本主义来说是必需的特殊技能，即最大限度地发挥效用，也就是要求我们远离对总体的分析，从方法论上来说就是要远离我们无法把握的总体的分析。用卢卡奇的话来说就是"由于工作的专门化，任何整体景象都消失了"[43]。

在卢卡奇看来，这不仅仅是一个偶然的特征，因为资本主义的持续存在与对其真实形式的认识是不相容的。"因为对整体的完全认识，将使这种认识的主体获得一种垄断地位，而这种垄断地位就意味着扬弃资本主义的经济。"[44] 其结果就是思维的表面形式必然无法认识到本质的要素，比方说，对周期性的经济危机这个关键问题的分析，即资本主义经济危机仅仅被看成是暂时的、偶然的。卢卡奇提醒我们，马克思认为这种现象（即经济危机的现象）联系着更为深层次的问题；如果不能认识这些危机，就是由于没能看透表面性事物，即没能穿透价值的表面形式。

卢卡奇对所谓的资产阶级或资本主义思想的认知状态的批评，建立在这样一个基础之上，即被我们称为认识论的整体主义与现代社会普遍流行的理性是不相容的。他的论证可以被重新组织如下：（1）存在一种对于资本主义社会，或者对于现代工业社会来说是独有的思想；（2）资本主义思想无法透过现象看到现代社会的本质；（3）这种思想无法透过现象看到现代社会的本质不是偶然的，这种无能正是资本主义思想的内在构成所致；（4）这种资本主义思想遵循着思想与生产方式的组织之间的关联性；（5）在资本主义之中，理性表现为合理化，而这种合理化唯一关心的就是利润的最大化；（6）当理性具有了合理化的形式之后，就无法把握整体了；（7）对整体的把握是知识的条件；（8）无法把握整体这种无能会一直保持原状，并且阻碍甚至阻止社会发生变革。

卢卡奇的论证适用于马克思主义对现代工业社会的分析，即思维被社会存在所决定。他的论证取决于四个预设前提：（1）事物的本质与事物在经验中的表象之间的典型唯心主义差别，以及在特定条件下通过经验来认识事物的可能性；（2）一种特殊的、有缺陷的资本主义思想形式的存在；（3）对作为资本主义自身功能的特殊的资本主义思想的缺陷所进行的解释；（4）一种对总体或者整体的认识的真理概念，即黑格尔及其之后的整体主义者提出的标准的认识论的整体主义观。

出于当下讨论的需要，我们先认可第一个和第四个预设前提。第一个前提不会引起什么争议，因为任何一种幻觉或妄想的理论都必须假设一些条件，而曲解能够在这些条件下被克服，否则的话，这种幻觉或妄想就无法被定义。第四个前提，也就是关于整体主义的那个前提，是在努力维护与基础主义相独立的真理的概念时独立产生的。[45]这就引出了卢卡奇论证的两个条件，而这两个条件是我们所不能认可的：资本主义思想由于资本主义而具有缺陷性，这是无法令人接受的说法，这就等于说资本主义，或者说一种生产方式的特殊组织化形式是因，而思想的特殊形式是果。但是，尽管人们会行动，资本主义从根本上来说却不行动，资本主义社会中的思想不是被其自身所歪曲的。这种试图在意识形态的基础上为当前现实辩护的思想本身没有缺陷，不是资本主义歪曲了我们对资本主义的认识并且使得资本主义永存，而是无数个体出于追求自身利益的理性，接受并传播了被歪曲的社会观。众所周知，并不存在可以被接受的这个前提的版本，包括卢卡奇的版本。[46]

进一步说，根本不存在什么资本主义形式的理性。由于各种各样的原因，的确有一些人表现出不同的观念。这些人中或许有一部分是经济的（人）。但是，由于不存在一种与资本主义相联系的一般的理性形式，因此，我们不能称其为从内在性上看是有缺陷的人。尽管在一个以利润为导向的社会中，合理化是有用的，但并不是每一个人都以追求利润最大化为己任。亚里士多德已经认识到，很多人，包括马克思主义者以及其他学者，都有兴趣做一些超越自己正常需要的事情。由此可见，卢卡奇并没能证明整体主义与资本主义理性是不相容的。他顶多只是证明了，出于他们特殊的兴趣，现代社会中有些人（实际上几乎是所有人）没有能力用一种特定的哲学思想来思考问题。

之所以说卢卡奇的论证是康德主义的，是因为他坚持认为非马克思主义思想不可能获取知识。这一分析顶多能算是对用古典哲学来反对现代社会的普遍做法的延伸的批判。但这种分析却没有批判其他形式的思想，包括对资本主义经济结构的理解或者是对哲学的有用性的理解。而在政治经济学的问题上，他继承了马克思的思想。从一系列题目都可以清晰地看出，马克思致力于批评被马克思主义者称之为资产阶级政治经济学的东西。[47] 卢卡奇提出的观点是，非马克思主义者的经济观从本质上来说是有缺陷的。关于资产阶级经济学，他不仅仅想表明资产阶级经济学的某些因素由于某些偶然的原因至今还没有被理解，他还提出了一个更强的、类似康德主义的观点，即从现代资本主义的角度理解社会的经济结构从本质上来说是不可能的。

现在，他从认识论的角度重新阐述了马克思的观点。在卢卡奇看来，资产阶级政治经济学从原则上来说是没有能力把握经济活动的性质的。这是因为资产阶级政治经济学没有并且也不能理解现代资本主义的基本因素。卢卡奇说："马克思多次令人信服地描述过，由资产阶级经济学的各种'规律'概念所表述的各种经济现象的那些运动，很少能说明整个经济生活的真实运动。这种局限性恰恰在于——从资产阶级经济学出发，方法论上必然地——不理解使用价值，不理解真实的消费。"[48] 换句话说，从某种意义上来说，非马克思主义政治经济学不能理解现代社会的失败是植根于资本主义的本性之中的。

卢卡奇紧跟马克思的思想，对非马克思主义政治经济学的缺陷进行了评价，但是，他没能对这一观点进行论证。他既没有证明非马克思主义政治经济学没有能力进行一种"整体上的"解释，并且这种解释是没有必要的，也没有认识到非马克思主义政治经济学还存在着不同的种类。此外，他也没有指出非马克思主义政治经济学从马克思主义阶段到他自己的阶段的转变是多么重要。实际上，他采用的是一种对非马克思主义政治经济学的非历史性解读，也就是说，他拒绝承认非马克思主义内部存在的或可能存在的差别。他创新性地将从马克思的思想向德国古典哲学的延伸当成自己的理论立足点。他之所以反对非马克思主义哲学，是因为其远离了现实的日常生活。他认为，非马克思主义思想典型的形式主义使其无法对社会环境做出更为局部的分析。他进一步指出，非马克思主义思想没有能力提供一种关于社会的普遍观点，这就决定了它只能是一种有缺陷的思想残片。

他的论证使我们想起了在近代哲学中经常出现的抱怨，即抱怨之前的思想不够激进，抱怨知识的问题还没有引起人们足够的重视。他认为，认识论的问题从没有以一种系统化的方式被提出来过。考虑到非马克思主义哲学的专门化和形式化特征，它不愿意并且在任何情况下都没有能力从一个历史性的角度出发来将社会环境作为一个整体加以把握。卢卡奇说："要做到这一点，只有当哲学通过对问题的完全另外一种提法，通过专注于可以被认识并且应当被认识的事物的具体的、物质的总体来突破这种陷入支离破碎的形式主义限制时，才是可能的。但是，为此就需要认清这种形式主义的原因、起源和必然性，而且，机械地把专门化的各科学联系成一个统一体显然是不够的，而是要通过内部统一的哲学方法从内部对其加以改造。显然，资产阶级社会的哲学没有能力做到这一点。"[49]

这种对非马克思主义哲学的控诉是非常抽象的。近代哲学的形式主义和专门化并不是卢卡奇经常思考的德国古典哲学的典型特征。除了康德的伦理学这一知名的形式主义之外，康德、费希特、谢林以及黑格尔这个当时最伟大的思想家，都从来没有，或者几乎可以说是从来没有以一种形式化的形式来表述他们的思想。在黑格尔的《哲学全书》（*Encyclopedia of the Philosophical Sciences*）的第二部分"自然哲学"（Philosophy of Nature）中，黑格尔特意将科学以一种在卢卡奇看来是系统化知识所必需的非机械化的、辩证的方式统一在一起。[50]因此，卢卡奇对于德国唯心主义思想的概括性描述是十分可疑的。但是，我们一定要指明他为什么认为非马克思主义哲学从原则上来说是有缺陷的，以及为什么他会认为马克思主义从原则上来说是能够理解现代资本主义的，因为这非常重要。

在卢卡奇对马克思主义政治经济学进行评价的时候，他简略地提到了他非常迫切地要在下一篇论文中对德国古典哲学进行批判。他认为，非马克思主义哲学是因为它与社会环境的关系而妥协了。由于非马克思主义哲学在资本主义社会中所扮演的角色的关系，从本质上来说，它是无法理解现代工业社会的。因为现代工业社会之所以存在，就是因为其本质没有被

非理性主义：卢卡奇与马克思主义理性观
Irrationalism: Lukács and the Marxist View of Reason

理解。用他自己的话说就是，非马克思主义哲学通过自身与现代资本主义的关系而被物性化了，因此，从商品结构衍生出来的非马克思主义哲学无法认识其想要认识的对象。

卢卡奇对非马克思主义哲学的批判，似乎是我们所熟知的一种康德主义的观点，即知识的条件就是思维必须能够把握其认识对象。他的论证建立在对普遍流行的理性的绝对独立性这一哲学假定有趣的否定这一基础之上。继马克思之后，卢卡奇坚称思维被社会存在所决定，否认思维能够与社会环境相独立。其结果就是一种具体环境论（情境论），或者说一种认为必须通过思维与产生这种思维的环境之间的关系来理解这种思维的观点。用标准的马克思主义术语来说就是，卢卡奇坚持认为哲学必须避开资产阶级的阶级观念，而站在被他称为是无产阶级的立场上。他借用黑格尔的整体或总体范畴表明，哲学必须提供一种整体的分析，或者说一种以总体性范畴来分析并进一步解释不同的专门科学与资产阶级社会中阻碍对这种科学进行分析的力量之间的关系。

卢卡奇预示着他要对德国古典哲学思想进行批评的表述，这就需要我们对他对于马克思主义哲学与非马克思主义哲学之间的差别的理解进行两点评述：

第一，我们要注意到，他用来为马克思主义进行辩护的源头是非马克思主义思想，这一点非常有趣。他坚称马克思主义与非马克思主义之间是有差别的，但他却是在非马克思主义的基础上为马克思主义辩护。这些非马克思主义思想包括：柏拉图提出的作为科学的科学的概念论[51]；亚里士多德对总体性范畴的描述[52]，以及黑格尔对亚里士多德这一思想的进一步发展；康德对作为主体性与客体性之间关系的功能的知识的条件所进行的考察以及黑格尔主义坚称的思维受到其当时所处的历史时刻的限制的观点[53]。在这里，卢卡奇将那些非马克思主义思想综合起来为马克思主义辩护，这就打破了他认为的马克思主义思想与非马克思主义思想之间有着绝对差别这一基本观点，引出了他在关于本体论的晚期著作中将（马克思主义思想与非马克思主义思想之间的）差别相对化的做法。[54]

第二，自从黑格尔通过承认思维与其环境之间的关系来为知识辩护以来，卢卡奇的论证让我们看到了一个有趣的变化。之前的思想家们认为，知识的条件是思维与时间的分离。然而，问题在于证明思维是否依赖于历史性的时刻。卢卡奇的解决方法，结合了马克思对理性的内在偏爱以及黑格尔主义的整体主义。通过非马克思主义的分析，尤其是从非马克思主义无法理解发达工业社会的结构可以看出，非马克思主义者致力于保持原状，从而保持其优势地位。只有从整体主义的观点出发才能得出的缺乏真理的局部分析，就是马克思主义的无产阶级观。

出于当下讨论的需要，我们先假设思维受到时间和地点的影响，然后，让我们再进一步假设一种整体主义的观点是社会知识的前提条件。很显然，这一论证表明了理性的不同形式与社会的阶级结构之间具有所谓的联系。但是，如果知识无法从社会环境中独立出来，那么知识也同样无法被还原为社会环境。并不能因为某些思想受到产生这种思想的源头的影响，就得出结论说所有的思想都会受到其所产生的社会环境的影响。这种推论并不是普遍为真的，只有在对一种特殊的情况进行特殊分析的时候才能这样假设。进一步来说，我们并不清楚是否存在一种普遍的、所谓的无产阶级观，我们也同样不清楚无产阶级自己任命的代表们是否拥有一种整体主义的洞见。即使我们假定一种普遍的观点，也没有理由将这种普遍的观点与一个特殊的阶级联系在一起。最后，官方马克思主义在东欧的失败也使我们对马克思主义所声称的能够代表无产阶级的说法产生了怀疑。

卢卡奇的回应是要强调一种至少是从韦伯以来就开始为人所熟知的社会科学的观点，即所有的知识从本质上来说都是具有远见的。卢卡奇版本的以上观点来源于他提出的现代工业社会的概念。刺激着资本主义的利益与刺激着马克思主义的利益有着本质的区别：在解释资本主义的时候，他指出，从资本主义的名称就可以看出资本主义主要关心的就是在短时间内达到利润的最大化从而将资本最大化，而作为无产阶级代表的马克思主义更为关心的则是是否具有这样的条件以及在什么样的条件下才有可能超越资本主义而达到另外一种形式的社会组织。卢卡奇认为，任何一种声称能获得知识的断言都会预设一种特定的立场，这种立场要么是资本主义的，要么就是共产主义的。[55]或者用另外一种方式来表达这一观点，即概念上的中立是非马克思主义社会观的内在幻想：我们的理性要么是唯心主义的，要么是唯物主义的，因为不可能有第三种理性。

卢卡奇提出的绝对中立的主张是幻想这一观点是正确的。知识总是反映着一种立场。自19世纪以来，很多思想家就已经以不同的方式独立地提出了上述观点，像马克思、弗洛伊德（Sigmund Freud）和尼采这些思想家都对无私欲的知识提出了质疑。[56]但是，即使我们接受一种所谓的无产阶级整体观的假设，这种无产阶级整体观也无非是一种调节性的观点，是关于知识的另一种幻想罢了。

我们将讨论总结为以下观点：在卢卡奇论文的开头部分对政治经济学进行分析的时候，他指出，非马克思主义的政治经济学从本质上来说是非理性的。他利用表象与本质之间的区分来为马克思主义提出的非马克思主义的政治经济学是有缺陷的这一观点进行辩护,从而发展了康德主义的观点,即非马克思主义经济学思想无法认识其想要认识的对象。非马克思主义思想看到的只是一系列表象,而对于社会现实的把握需要从整体主义的角度出发来对各种各样不同层面的社会环境进行综合,而非马克思主义思想唯独缺乏这一点。非马克思主义的失败不是偶然的,而是从资产阶级或唯心主义的立场与无产阶级或唯物主义的立场之间的差别出发的不同的利益所造成的结果。在论文的第二部分,卢卡奇对德国古典哲学也做了一个相似的论断。

注释

[1] 在赫伯特·施奈德尔巴赫(Herbert Schnädelbach)看来,《历史与阶级意识》是 20 世纪三大最有影响力的哲学著作之一。他认为,其他两部最有影响力的哲学著作分别是维特根斯坦的《逻辑哲学论》(*Logico-philosophicus*)和海德格尔的《存在与时间》(*Being and Time*)。参见 Herbert Schnädelbach, *Philosophy in Germany 1831—1933*, trans. by Eric Matthews (Cambridge, Eng.: Cambridge University Press, 1984), p. 1。

[2] See *Filozófófiai fiyelö évkönyve*, A "*Történelem és osztálytydat*" *a 20-as évek vitáiban*, ed. by István Hermann, 4 vols. (Budapest: Lukács Archives, 1981).

[3] See Georg Lukács, *History and Class Consciousness*, trans. by Rodney Livingstone (Cambridge, Mass.: MIT Press, 1971), pp. ix—xxxix.

[4] See Karl Korsch, *Marxismus und Philosophie* (Frankfurt and Vienna: Europäische Verlagsanstalt and Europa Verlag, 1966 [orig. ed. 1923])。由于卢卡奇对黑格尔的思想有深刻认识,因此,他才会对用黑格尔主义的方式解读马克思的方法给予极大的关注。

[5] 我们一定要注意到,科拉科夫斯基这位非常出色的思想家,虽然对卢卡奇关于思维观点的教条主义转向进行了批评,但是,他也同样赞扬卢卡奇是第一位对马克思进行了正确解释的思想家。参见 Leszek Kolakowski, *Main Currents of Marxism: Its Rise, Growth and Dissolution*, trans. by P. S. Falla, 3 vols. (Oxford: Clarendon, 1978), vol. 3, chap. 7: "Geörg Lukács: Reason in the Service of Dogma," pp. 253—307。

[6] Lukács, *History and Class Consciousness*, p. xli.

[7] *Ibid.*, p. xlii.

[8] See *ibid.*, pp. xlii—xliii.

[9] Lukács, *History and Class Consiciousness*, p. xlii.

[10] *Ibid*, p. xliii. 卢卡奇在"认识现在"这四个字下面加了着重号。

[11] *Ibid*。

[12] See *ibid*., p. xlii.

[13] See Georg Lukács, *Lenin: Studie Über den Zusammenhang seiner Gedanken*, (Berlin: Malik, 1924) initially published in *Forum* (1924).

[14] See Lukács, *History and Class Consciousness*, p. xiv.

[15] See *ibid*., p. xlii.

[16] 在《历史与阶级意识》的新版序言中,卢卡奇表明,他的反对不是不恰当的,尽管他的推理是不正确的。See *ibid*., pp. xix-xx.

[17] See *ibid*., p. xliii.

[18] See *ibid*., pp. ix, xi.

[19] See *ibid*., pp. xliii-xliv.

[20] 早在卢卡奇转变为一个马克思主义者之前,他就已经开始对黑格尔进行讨论。他在前马克思主义思想阶段写作的美学著作,尤其是在《海德堡美学》这部著作中,展现出对黑格尔思想的广泛了解以及对总体性这个范畴的兴趣。可以说,他在后来的马克思主义思想阶段所构建的许多思想都已经在前马克思主义思想阶段写作的美学著作中有所体现。

[21] See Lukács, *History and Class Consciousness*, p. xliv.

[22] See V. I. Lenin, *Cahiers sur la dialectique de Hegel*, trans. by Henri Lefebvre and Norbert Guterman (Paris: Gallimard, 1967), p. 241.

[23] See Lukács, *History and Class Consciousness*, p. xlvi.

[24] See Michael Kosok, "The Formalization of Hegel's Dialectical Logic", in *G. W. F. Hegel, A Collection of Critical Essays*, ed. by Alasdair MacIntyre (Garden City, N. Y.: Doubleday Ancor, 1972).

[25] See G. W. F. Hegel, *Hegel's Logic, Being Part One of the Encyclopedia of the Philosophical Sciences (1830)*, trans. by Willian Wallace (Oxford: Clarendon, 1975), pp. 14-15.

[26] 或许,在关于这一话题的众多著作中,最为出色的要数李·康登(Lee Congdon)所写的著作《青年卢卡奇》(*The Young Lukács*)了。Lee Congdon *The Young Lukács* (Chapel Hill and London: University of North Carolina Press, 1983).

[27] See Lukács, *History and Class Consciousness*, p. 83.

[28] 虽然,在这个关键的阶段,卢卡奇没有在他的分析中引用马克思主义,但这并不表明他此刻对官方马克思主义缺乏热情。因此,卢卡奇早在1922年圣诞节写的《历史与阶级意识》的序言中就写道:"因此,作者要借此机会明确表示,按他的观点,革命年代的经验已出色地证实了按正统(即按共产主义)理解的马克思主义的一切重要方面。"*Ibid*., p. xliii.

[29] See Georg Lukács, *The Young Hegel: Studies in the Relations between Dialectics and Economics*, trans. by Rodney Livingstone (Cambridge, Mass.: MIT Press 1976).

[30] 尤尔根·哈贝马斯是一个较为特殊的例子。他一方面认为自己是一位马克思主义者，另一方面又否认用经济学维度这个社会的核心层面来分析现代工业社会是正确的方法。参见 Jürgen Habermas, *Theorie des kommunikativen Handelns*, 2 vols. (Frankfurt: Suhrkamp, 1981), vol. 2, chap. 8.2, pp. 489–547: "Marx und die These der inneren Kolonisierung", 而我对哈贝马斯否定马克思的政治经济学的思想进行了详细的批判，参见 Tom Rockmore, *Habermas on Historical Materialism* (Bloomington: Indiana University Press, 1989), chap. 8: "Labor Theoty of Value and Historical Materialism," pp. 128–146。

[31] 卢卡奇这篇论文中核心的认识论主题是经济学的维度优先于所有其他的维度。后来，卢卡奇对自己的这部著作进行了自我批判。他认为自己在《历史与阶级意识》这部著作中过分强调了总体性，而其代价就是过分夸大了经济学的优先性。这表明他有意靠向以马克思列宁主义为代表的正统马克思主义。参见 Lukács, *History and Class Consciousness*, p. xx。

[32] 实证主义所涉及的范围非常之广。皮亚杰（Piaget）在试图用发展心理学取代认识论的时候，为我们提供了一系列关于哲学问题可以在超越哲学的层面上解决的观点。参见 Jean Piaget, *Epistémologie génétique* (Paris: Gallimard, 1970)。其他的例子还有鲁道夫·卡纳普（Rudolf Carnap），他在攻击形而上学的时候指出，有些哲学问题是伪问题，尤其是海德格尔的形而上学问题。参见 Rudolf Carnap, "The Elimination of Metaphysics through Logical Analysis of Language," in *Logical Positivism*, ed. by A. J. Ayer (Glencoe, Ill.: Free Press, 1959)。而维特根斯坦的观点则更为极端，他认为总的来说，所有的哲学问题都是通过对语言的误用而产生的伪问题，参见 Ludwig Wittgenstein, *Tractatus Logico-Philosophicus* (London and New York: Routledge and Kegan Paul and Humanities, 1963)。

[33] 在马克思的早期著作出版之后，有人提出在马克思的思想发展过程中存在一个所谓的"断裂"，而这是为了说明马克思主义是一种科学。根据这种解读方式，在马克思的早期思想（也就是哲学思想）与他的晚期思想（也就是所谓的科学）之间存在一个认识论上的断裂（coupure épistémologique）。参见 Louis Althusser, *For Marx*, trans. by Ben Brewster (New York: Vintage, 1970)。

[34] See Lukács, *History and Class Consciousness*, p. xxiv. Lukács further attributes his mistaken critique of Hess to this conflation. See *ibid*., p. xxxv.

[35]《马克思恩格斯选集》，2 版，第 2 卷，138 页，北京，人民出版社，1995。

[36] Lukács, *History and Class Consciousness*, p. 84.

[37] *Ibid*., p. 86.

[38] *Ibid.*, p. 92.

[39] 这个观点在马克斯·韦伯的著作中一直是一个核心主题。关于这个观点的直接阐述,参见 Max Weber, *The Protestant Ethic and the Spirit of Capitalism*, trans. by Talcott Parsons with an intro. by Anthony Giddens (London: Allen and Unwin, 1984)。

[40] 这个观点显然隐含着哈贝马斯最近的想法,即他试图将官僚政治的结构说成是现代社会中最为重要的因素。参见 Habermas, *Theorie des kommunikativen Handelns*, vol. 2 p. 504。

[41] 对于这一主题的有趣探索,参见 Max Horkheimer, *Eclipse of Reason* (New York: Seabury, 1974)。

[42] Lukács, *History and Class Consciousness*, p. 100.

[43] *Ibid.*, p. 103.

[44] *Ibid.*, p. 102.

[45] 关于奎因对这一问题的最新论证,参见 "Epistemology Naturalized," in W. V. O. Quine *Ontological Relativity and Other Essays* (New York: Columbia University Press, 1969), pp. 69—90。

[46] 这一论证更为完善的形式,参见 Tom Rockmore, "Marxian Ideology and Causality," in *Idea and Reality*, ed. by J. C. Nyiri (Budapest: Corvina, 1990)。

[47] 举例来说,我们可以参考《1857—1858 年经济学哲学手稿》,见《马克思恩格斯选集》,2 版,第 2 卷,北京,人民出版社,1995;还可以参考《政治经济学批判》以及《资本论》。

[48] Lukács, *History and Class Consciousness*, p. 106.

[49] *Ibid.*, p. 109.

[50] See G. W. F. Hegel, *Philosophy of Nature*, part 2, *Encyclopedia of the Philosophical Sciences*.

[51] See Plato, *Republic*, Bks. 6 and 7.

[52] See Aristotle, *Metaphysics*, trans. by W. D. Ross in *The Complete Works of Aristotle*, ed. Jonathan Barnes (Princeton, N.J.: Princeton University Press, 1985), bk. Zeta, chap. 17, 1041 b, line 12, p. 1644.

[53] See G. W. F. Hegel, *Hegel's Philosophy of Right*, trans. with notes by T. M. Knox (Oxford: Oxford University Press, 1967), p. 11.

[54] See Georg Lukács, *Zur Ontologie des gesellschaftlichen Seins*, ed. by Frank Benseler, 2 vols. (Darmstadt and Neuwied: Luchterhand, 1984)。

[55] 正是由于对这种不依赖于主观立场的知识观的否定,卢卡奇才在《历史与阶级意识》这部著作中为无产阶级的认识论进行论证。卢卡奇指出,知识从本质上来说是具体主观倾向性的,而对于卢卡奇这一观点的继续延伸,参见 Karl Mann-

heim, *Ideology and Utopia: An Introduction to the Sociology of Knowledge*, trans. by Louis Wirth and Edward Shils (New York: Harcourt, Brace and World, 1936)。

[56] 对于这个观点的阐述，举例来说，可以参考 Jürgen Habermas, *Knowledge and Human Interests*, trans. by Jeremy J. Shapiro (Boston: Beacon, 1968)。

第五章
资产阶级思想的二律背反

前一章讨论的是卢卡奇在一篇具有开创性意义的论文《物化和无产阶级意识》中对政治经济学的分析。他的论证运用了马克思主义对马克思思想的解读以及康德主义和新康德主义的因素：他将马克思的思想看成是一种商品分析；他从康德主义的角度出发，运用康德主义对于知识的可能性的分析，以及新康德主义对于理性与非理性的区分来检验主体性与客体性之间的关系。他论证，只有马克思主义政治经济学才能理解发达工业社会的经济结构。他的论证包括以下两个主要的观点：第一，非马克思主义政治经济学无法认识其想要认识的对象，即社会环境的基本结构。然后，他含蓄地指出，所谓的资产阶级政治经济学是非理性的，因为其思维形式只能把握错误的表象；第二，马克思的政治经济学或马克思主义政治经济学，更确切地说是马克思的商品分析学说可以获得关于社会现实的知识，因此是理性的，并且进一步说它还能为当前所有的问题提供解决方法。

如果说马克思的商品分析学说是有效的并且没有任何局限性，那么其有效性就不只局限于政治经济学，而是可以延伸到哲学中去。在论文的第二和第三部分，卢卡奇将他对马克思主义的类似康德主义的分析运用到了对德国古典哲学的分析中去。他的分析包括两大阶段：一是对德国主流哲学无法解决其哲学问题的证明，而这些哲学问题是非常重要的，因为它们是真实的社会难题在思维层面上的反映；二是对马克思主义能够提供我们需要的解决方法的进一步证明。在这一章中，我们将会研究卢卡奇在"资产阶级思想的二律背反"这一标题下对于德国古典哲学的讨论。[1]

尽管他的观点是符合马克思主义的，但他在这一部分所运用的术语却是黑格尔主义的[2]，并且他还借用了费希特的某些思想。总之，他的论证一般来说具有强烈的康德主义特征。从他之前对非马克思主义政治经济学所进行的详细的重新阐述中可以清晰地看出康德主义的痕迹，而他提出的

非理性主义：卢卡奇与马克思主义理性观
Irrationalism: Lukács and the Marxist View of Reason

德国古典哲学思想从本质上来说是无法获得知识的这一说法也明显受到了康德主义的影响。他的论点是康德主义观点经过德国新康德主义的调整之后的版本，即德国古典哲学思想从本质上来说是无法认识其想要认识的对象的。知识的条件是感觉的对象必须与感觉的思维结构相一致，这种说法是著名的哥白尼革命的核心。[3] 康德对之前思想的反对及其发起的所谓哥白尼似的变革的预设前提都是之前的思想无法认识到其想要认识的对象，而这一主题一直贯穿于新康德主义对于历史性知识的讨论之中。从康德主义的角度出发，之前的哲学之所以会失败，是因为其没有能力证明如果客体性是与主体性相独立的，思维如何能与其思考的对象相一致；而批判哲学理论的根基就是它能够认识到客体性寄生在主体性之上或者说客体性发源于主体性。卢卡奇对马克思主义的优越性的证明是康德主义的，这是因为他并没有论证马克思主义与其他思想相比是更优越、更优秀或者说是更令人满意的理论，例如马克思主义具有更强大的解释力量。他论证的是马克思主义是知识的唯一可能的源头，因为德国古典哲学从其本质上来说是无法获得知识的。

卢卡奇对非马克思主义政治经济学的不可能性的论证与其对非马克思主义哲学的不可能性的论证之间有着明显的相似之处。在这两种论证中，他都对与论证主体敌对的知识形式的可能性提出了反对。这两种论证之间的区别在于他们各自关涉的内容不同。卢卡奇在对非马克思主义政治经济学进行批判的时候没有用到一些特殊的理论，因此他的批判是典型的一般性批判。与此相对，他在对德国古典哲学进行批判的时候，集中使用了康德的理论来反对德国唯心主义以及康德思想本身。这种在概念上十分炫目的批判依赖于两大观点：将"自在之物"描述成一个贯穿于康德主义哲学以及后康德主义哲学中的单一问题，以及将德国古典哲学思想与批判哲学当成类似的东西。

我们可以快速地将卢卡奇为反对德国古典哲学而进行的论证归纳成一系列关于康德的"自在之物"概念的观点：首先，他论证说，由于"自在之物"是康德思想的核心，因此批判哲学的成败就取决于它是否能够为"自在之物"这个概念进行辩护；其次，他指出，概念对于所有后来由批判哲学衍生出来的德国唯心主义哲学来说都是同等重要的，因此，试图解决康德的概念所引发的问题可以被看成是一种徒劳的努力；最后，他认为无论是康德还是那些后康德主义思想家们都没有能力解决与"自在之物"相关联的问题，这并不是偶然的，而是暗示出德国古典哲学在认识论方面的本质缺陷。

他的论证结合了康德主义和黑格尔主义的因素，并以此来证明一个马克思主义的观点。很显然,"自在之物"(thing-in-itself)是批判哲学的一个主题。卢卡奇这里的二元论分析带有德国新康德主义的痕迹。他试图从一个因果性的角度来解释这一概念。毫无疑问,作为对康德思想所做出的一系列反应的整个德国唯心主义传统的概念都不是康德主义的,而是黑格尔主义的。康德排除了之前所有的知识观,认为它们从原则上来说都是不正确的。但是,黑格尔对于哲学史的详细研究却是众所周知的。黑格尔认为,哲学史中各种各样的哲学思想都是围绕着对知识问题的看法而组成的一个统一体。[4]因此,后来的哲学思想都是建立在前人思想的基础之上的。[5]以上分析同样适用于黑格尔自己的思想。他的思想与其他的德国唯心主义思想一样,都试图完成康德的哲学革命。[6]或许很少有人知道,他是从一个非常接近康德主义的角度来看待之前的思想的。例如,在著名的关于思维对客体性的态度的讨论中,他就运用了前康德主义或者说是形而上学的康德主义以及后康德主义的观点。[7]因此,我们有理由将后来的德国唯心主义看成是一种持续不断的、试图解决康德主义问题并完成哲学的批判革命的努力。卢卡奇的创新之处在于,他运用黑格尔提出的"哲学史是统一"的这一思想,将德国古典哲学解释成一个试图解决康德主义问题的持续不断的努力过程。在这里,知识的问题被康德为了回应认识论问题而提出的"自在之物"这一概念所取代。

卢卡奇对非马克思主义哲学进行批判的前提是马克思的商品分析:首先,他通过将政治经济学与哲学联系在一起,将他对德国古典哲学的分析延伸到了政治经济学之中。在一个重要的论述中,他通过"物化"这个概念将德国古典哲学(他所说的德国古典哲学就是康德及其后继者的思想)与现代工业社会联系在了一起,"近代批判哲学是从意识的物化结构中产生出来的"[8]。

很显然,卢卡奇的这种说法不仅要否定哲学是独立于周围的社会环境之外的,而且还要将哲学与政治经济学联系在一起。由于近代哲学是在现代工业社会中诞生的,近代哲学与之前的哲学思想主要有两大不同之处:第一,在人类智慧的历史上,哲学第一次从完全被经济力量塑造出来的社会环境中诞生并且被其所决定。他的这种说法来源于马克思的观点,即社会发展的资本主义阶段与之前阶段的区别在于经济因素渗透社会的程度;第二,物化的现象使得近代哲学与之前的哲学相比发生了本质的变化。

卢卡奇认为,思维是被社会环境所决定的。但是,他为了反对德国古典哲学而进行的论证的理论基石却是他对康德"自在之物"概念以及"自在之物"概念在后来思想中的命运的解读。之前的哲学与被现代资本主义所决定的思想之间的根本区别,在于近代哲学中的批判革命以及由此产生的问题。"换言之,近代哲学向自己提出了这样的问题:不再把世界视为独立于认识主体而产生的(如由上帝创造的)什么东西,而主要地把它把握为自己的产物。"[9]

哥白尼革命对康德以及后来的哲学思想来说同样重要。以康德为象征的近代哲学拒绝把世界视为独立于认识主体而产生的东西,而是将其视为自身的产物。对康德来说,知识的条件就是:我们只能认识我们自己创造出来的东西。有这样一段著名的话,卢卡奇在这段话里提到了马克思对维科的著名评价[10]:他认为,康德的思想中也存在着与维科相类似的洞见,这同一洞见贯穿在整个近代哲学之中。"维科是直到后来被理解才变得有影响的一位思想家,而整个近代哲学则是通过不同于维科的途径提出这个问题的。从全面系统的怀疑论和笛卡儿的"我思故我在",经霍布斯、斯宾诺莎、莱布尼茨,走过了一条笔直的发展道路。它的一个重要的、变化多端的题目则是这样一种观点:因为认识的对象是由我们自己创造出来的,因此,它是能够被我们认识的;只要认识的对象是由我们自己创造出来的,那么它就是能够被我们认识的。数学和几何学的方法,即从一般对象性(Gegenständlichkeit)前提中设计、构造出对象的方法及以后的数理方法,就这样成了哲学,即把世界作为总体的认识的指导方针和标准。"[11]

卢卡奇的论证作为一种试图用一个单一主题的特征来定义近代哲学的努力具有非常重要的意义。他的分析与其他一系列不同思想的差别之处在于其带来的后果,卢卡奇的这种分析能够使他获得一种极其巨大的策略上的优势。如果说近代哲学思想提出的是一个单一的、可以定义的问题的话,那么卢卡奇就没有必要对近代哲学中的每一种思想进行解释了,因为他可以从对一个单一问题的考虑出发,将近代哲学看成一个整体。然而,他对近代哲学的描述是不准确的,其不准确性起源于他对哥白尼革命的粗略解读。令人感到惊奇的是,卢卡奇作为康德的优秀学生,他在对"自在之物"进行解释的基础之上所进行的论证却是令人无法接受的。从哥白尼式的革命的角度来看,知识的可能性并非或多或少地建立在我们创造出自己的对象这一假设前提之上。[12]康德是通过论证之前试图认识独立的对象的努力的失败,也就是说试图认识不是被认识主体创造出来的对象的失败,而为这一假设前提进行辩护。

首先,在创世和创造之间存在着一个根本性的混淆。[13]自维科以来,反笛卡儿主义者一直声称人们只能认识自己创造出来的东西。[14]但是,创造和创世不是一回事,我们必须将它们区分开来。"创造"的意思大概是"存在着一种被建立在某种东西之中的内容"。举个例子,当一个工人用原料制造出一件产品,或者当一个雕塑家制造出一个雕像,这都属于创造。创世和创造之间的这种区分是非常重要的,因为,就像我们的祖先已经指出的那样,没有产生于无的东西。而"创世"则完全是另一回事,创世与近代哲学没什么关系,却与神学关系紧密。在对创造和创世进行区分的时候,卢卡奇搞混了他的基本观点,也就是说,他并没能澄清自己的基本观点。他进一步指出,"在哲学中,'创造'只意味着用知性可以把握事实而已"[15],这很明显是受到了康德在《纯粹理性批判》的结尾处所做出的评论的影响[16],只是卢卡奇把这种观点搞混了而已。但是,从卢卡奇的角度来看,将哲学和神学区分开来的创世和创造之间的区别已经消失了。

其次,如果认为整个近代哲学关心的都是认识一个被主体创造出来的认识对象的话,那是不正确的:一方面,卢卡奇没有充分地意识到理性主义与经验主义之间的本质区别;另一方面,他也没有充分认识到唯心主义内部之间的差别。就像笛卡儿以及洛克的哲学思想那样,理性主义和经验主义都承认我们可以认识到一个独立的对象。但是,康德的哥白尼革命却试图修正如果认识论的客体不是被认识论的主体创造出来的话将会导致的无法提供知识的本质缺陷。后来的经验主义者以及理性主义者继续坚持这一被康德否定的观点,即我们所知道的东西不是我们自己创造出来的,而后来的唯心主义者则坚持认为认识对象是被我们塑造出来的。[17]

我们可以看出卢卡奇对于近代哲学的描述与他通过对近代哲学的描述想要得到的结果之间的差别。他虽然将近代哲学说成是一个整体并将其说成是有局限性的,但我们不能因此认为他想要提供一个关于近代哲学的历史。他甚至没有像他自己所说的那样勾画出一个关于近代哲学的简略的历史。他对于哲学与现代社会之间关系的描述是继承了马克思和马克思主义的说法,即思维取决于社会存在。他认为,现代社会中,思维的模式变成了数学的方法,这一被整个理性主义传统所接受的转变不只是一个偶然的事实,而是由近代哲学与产生近代哲学的社会环境之间的关系所决定的。卢卡奇写道:"对我们来说,重要的并不是勾画近代哲学的历史,即使是最简略的勾画。重要的倒是要揭示这种哲学基本问题和存在基础之间的关系。哲学的问题就源自这一基础,并力求通过理解的途径回到这一基础上来。这种存在的特点至少同样清楚地表现在什么对于在它基础上成长起来的思想来说不成问题,和什么对它成为问题以及怎样成为问题这两个方面,因此应该从这两方面的相互关系来考察它们。而如果我们是这样提出问题的话,那么我们就可以看到,把形式的、数学的、理性的认识,一方面和认识一般,另一方面和'我们的'认识简单武断地等同起来就是整个这一时期的最突出的特点（甚至连最具有批判精神的哲学家也是如此）。"[18]

从卢卡奇对近代哲学不加批判地将形式的和数学的方法等同起来的做法所进行的批判中，我们似乎看到了黑格尔的影子，因为黑格尔认为批判哲学不是自我批判的。但是，如果认为关于数学方法的认识论特征是近代独有的东西，那就错了，因为这种特征最迟也已经在柏拉图的思想中存在了。因此这不是一般意义上的近代社会的特征。举个例子说，黑格尔就明确反对将数学当作知识的源头。[19]卢卡奇则通过对近代思想中的体系概念的考察而更坚定了这种看法。

卢卡奇对近代的体系概念的分析以新康德主义的理性概念以及康德主义的"自在之物"概念为预设前提。康德认为，哲学不是单纯的叙事诗，而必须形成一个体系，他的这一论断对后世影响甚广。[20]在他之后的绝大部分思想家，包括赖诺尔德（K. L. Reinhold）、费希特、谢林、黑格尔、迈蒙（Salomon Maimon）和弗赖斯（J. F. Fries），都认同康德的这个观点，即哲学必须以体系的形态出现。他们还认为，虽然康德思想具有令人感到痛苦的体系形式，但是他所说的那种体系在批判哲学中还不存在。后来的德国唯心主义试图得到批判哲学所要求的理念体系的富有生命力的概念，并为此进行了持续不断的努力。[21]

关于成体系的哲学概念，卢卡奇有两点看法：第一，近代理性主义致力于构建一种特定的体系，也就是整体的体系，或者说一个没有限制的体系。他认为，近代理性主义最为关心的是理念的体系的延伸，而体系在以前的思想中只是一种部分性的体系，所有的自然和社会的现象都通过整体的体系这一概念联系在了一起；第二，他不认为整体的体系从本质上来说是不可能的。卢卡奇写道："近代理性主义的新颖之处就在于，随着它的发展而愈来愈坚持认为，它发现了人在自然和社会中的生活所面对的全部现象相互联系的原则。每一种以前的理性主义则相反，它们始终只是一种部分性的体系。"[22]

卢卡奇认为，不仅仅是批判哲学，从笛卡儿到黑格尔，再到最近的怀特黑德（Whitehead）的近代思想的特征都是对一种对于所有的经验来说都有效的体系的概念的思考，而这种思考（在怀特黑德看来）是有效的，卢卡奇的这种看法是正确的。[23]卢卡奇对体系的批判是建立在新康德主义的非理性概念这一基础之上的，他建立一种整体的体系的尝试是失败的，并且必然会失败，因为在这种理论框架之中，无法提出关于人类经验的终极问题。关于整体体系性的概念的这些观点看起来似乎是无法比较的，或者说是非理性的。这种所谓近代思想所特有的关于整体的体系的概念，偶然具有了一种阻碍其成功的内在局限性。

很明显，卢卡奇对体系进行批判的目的是要为他论证近代非马克思主义思想的内在局限性打好基础。[24]他通过对康德的"自在之物"这一艰深的概念进行评论，来为他的批判进行辩护。康德在他的思想中从未清晰地解释过"自在之物"这个概念，但是，这个概念在他的著作中经常出现。在他对于这个概念的或许是最为清晰的阐述中，他说道，我们可以没有矛盾地将"自在之物"想成是现象的原因，也可以没有矛盾地将"自在之物"想成是现象的结果。[25]因此，"自在之物"即使没有在其所造成的结果中显现出来并被人察觉到，"自在之物"在其活动中也是可理解的。[26]康德认为，我们需要从原因和结果两个方面来理解，"自在之物"这个概念以及经验知识的可能性才是有意义的。

在批判哲学中，"自在之物"的概念是作为一种限制发挥作用的。卢卡奇在康德主义思想中辨认出两方面内容：第一，存在一个关于认识的一般形式的内容的问题，或者说范畴的问题，我们只有通过这一内容或范畴才能认识；第二，存在一个关于整体，或者更为普遍地说是关于体系的问题，体系中的不同部分只有通过体系才能变成一个整体。虽然卢卡奇没有明说，但我们可以看出，在形式与内容的问题上，他运用了康德主义的方法论，将关于"自在之物"的认识论解读和形而上学解读区分开来。卢卡奇在对康德在《判断力批判》中关于体系问题中可理解的偶然性的重要性所进行的评论进行点评的时候写道："这时，我们一方面看到，'自在之物'的两个看来完全不同的、划界的作用，只是提出了同一个问题的两个方面；另一方面，我们也看到，这个问题确实是那种想把普遍的作用赋予理性范畴的思想中心问题。"[27]

卢卡奇所做的这种区分是康德主义的杰作，因为他继承了康德对经验的对象和知识的对象的形式和内容之间的区分。在知识中，我们必然会遇到两方面的问题：一方面，必须要有内容，或者说必须要有我们已经认识的东西；另一方面，必须要有一个知识到底在何种程度上是可能的问题，以及可以被认识到的东西到底有没有限制的疑难问题。卢卡奇认为，我们只需要提出一个对于所有的整体性体系来说都是核心要求的问题，即关于已有知识的内在局限性问题，就可以看出其是否能实现。他说："这样，作为普遍的方法的理性主义就必然要求建立体系，但同时对一个普遍的体系的可能性的条件的反思，也就是体系问题的有意识的提出，又说明了提出的这一要求的不可能性，即这是不可能实现的。"[28]

卢卡奇对整体的体系的不可能性所做的评论，是对新康德主义和康德学说的结合。他继承了康德提出的对于整体的知识是不可能的这一著名的说法。康德认为，我们的知识无法超越经验的限制而达到对整体的认识，并且对整体的认识无法在一个有限的经验范围内获得。现在，卢卡奇指出，这一重要的康德主义学说有点令人怀疑，几乎有点像戏剧似的。他还进一步继承了新康德主义者对于已有知识的整体的可认知性的根本否定。他认为，德国古典哲学——大体来说就是从康德开始至黑格尔结束的哲学传统——与欧陆理性主义哲学之间的差别就在于对既有知识的认知的看法不同。与理性主义不同，德国古典哲学没有驳回其不可比性已经被认识到的既有知识的事实性。

矛盾的是，德国古典哲学一方面承认既有知识的事实性，因此也承认既有知识的不可比性，另一方面却试图提供一个整体的体系。卢卡奇说道："很清楚，这一体系化的原则和对任何一种'内容'的'事实性'（Tatsächlichkeit）的承认（这一内容原则上是不能从形式的原则中推导出来的，因此只能被当作事实接受）必定是不能统一的。德国古典哲学的伟大、矛盾和悲剧正在于，它不再——像斯宾诺莎那样——把每一个既定的事实当作不存在的东西，并让它们消失在由知性创造的理性形式的宏伟建筑后面，而是相反，他把握住了概念的既定内容的非理性特征，并牢牢地抓住这种特征，超越和克服这种特征，力求建立体系。但是，本文至此的论述已经清楚地表明：既定性的问题对立性的体系意味着什么；既定性是不能任其留在自己的存在和存在方式之中的，因为那样的话，它就必然还是'偶然的'。相反，它必须无一遗漏地被放到知性概念的理性体系中去，乍一看，似乎这儿出现了一种完全不可能解决的两难困境。"[29]

卢卡奇以费希特的思想为例，通过对费希特思想的评论来对德国古典哲学思想进行说明，这并非偶然。对卢卡奇论证的这一阶段来说，费希特的思想是再合适不过的，理由有三：第一，费希特的思想通常被认为是马克思思想的对立面。众所周知，人们普遍认为，费希特认为主体简单地"创造出了这个世界"。但人们的这种看法却是错误的，而这种错误的看法正是卢卡奇对于一般意义上的近代哲学的看法；[30]第二，在关于非理性的问题上，他简单地直接继承了拉斯克对费希特思想的分析；[31]第三，最令人吃惊的是，卢卡奇对德国古典哲学思想的两难问题的积极解决方法是建立在对无产阶级的费希特式解读这一基础之上的。

卢卡奇继承了拉斯克的思想。他认为这一洞见不是被费希特用在其思想的中间阶段中使用的先验的既定性这一术语，即无法说明的对象的理念这一术语中清晰地表达出来的。对社会现实的理解因此是在我们之前就存在的,并且不能被简单地从社会现实中推断出来或等同于社会现实。我们的思维终于准备好要离开一个做出上述论断或与之相似论断的哲学教条时代了,这一洞见没有直接导致对既有知识的研究。但是,这一洞见导致了对形而上学的否定,以及对一系列与特定的或者说非哲学的科学联系在一起的特定的、局部的体系的否定。卢卡奇认为,只要我们试图将知识扩展到特定的科学以及局部的体系这样有限的形式之外,非理性的既有知识未曾解决的难题将会再次出现。德国古典哲学此时的兴趣在于所有认识论问题中最深层次的问题。这一问题一直隐藏在所有关于知识的讨论中,而到最后,这个问题终于浮出了水面,被人们有意识地提出来并深入地思考。

卢卡奇认为,为了构建出一个整体的体系,德国古典哲学终结在一个漆黑的小巷里,而在这个漆黑的小巷中最明显的标识就是"自在之物"这一概念。这个概念作为可以并且必须被思考的东西却不能被认识。他的这种看法是正确的。[32]如果真是这样的话,那么德国思想最终就无法完成它为自身所设定的任务。卢卡奇从一个费希特式的角度出发总结道:"思维只能把握自己创造的东西,如同本文业已指出的那样,这种宏大的观念在力求把世界的总体把握为自己创造的东西时撞上了既定性,即'自在之物'这一不可逾越的界限。如果思维不想放弃对整体的把握,那就必须走向内发展的道路,就必须力图找到那个思维的主体。"[33]

卢卡奇含蓄地指出,要想解决既有知识的问题,就需要一个天衣无缝的网络,也就是说一个没有任何既定性或者说是先验的"自在之物"存在的、关于主体的理论。费希特在其最后一部主要的逻辑学著作中否定了"既定性"这个概念,而卢卡奇在试图寻找康德主义问题的解决方法时发现了这一点。[34]卢卡奇想要达到的结果是超越主体和客体的二重性即主体性和客体性。我们由此可以得出结论,卢卡奇在这里继承了黑格尔对费希特的解释,想要替代暗中破坏构建体系的努力的二重性,这就需要一个同一的主体——客体。

黑格尔对费希特的解释是有争议的,但是出于讨论的需要,卢卡奇对其不加批判地运用,以图找出一个解决德国古典哲学问题的方法。[35]他对费希特的态度既是积极的,也是消极的。他对费希特提出的活动概念感到不满。费希特的活动概念的重要性在于,这个概念是关于理论与实践、主体性与客体性之间关系问题的最早解决方法。费希特认为,人类活动的本质仅仅是思维活动。[36]卢卡奇继承了其他人的想法,认为费希特没能理解人类活动的真正本质。费希特眼中的活动作为对康德问题的解决方法具有重要的意义。康德使思想依赖于实践,因为在理论上无法分析的问题却可

非理性主义：卢卡奇与马克思主义理性观
Irrationalism: Lukács and the Marxist View of Reason

以在实践中得到解决。费希特正确地将主体性与客体性统一于活动中，在这一点上，他超越了康德。通过他对主体和客体作为活动而得以统一重新思考[37]，他得出了这样一个结论，即既有知识可以被理解成同一的主体—客体的产物，而从这种统一性之中可以得出主体与客体的二重性。费希特的这一思想所具有的重要性在卢卡奇那里得到了进一步的澄清。卢卡奇论证，费希特将其定位在思维活动中的所谓主体与客体的统一，事实上是在无产阶级的活动中产生的。

费希特通过他的活动概念而解决的问题，在康德的伦理学思想中表现得最为明显。跟无数批评家一样，卢卡奇在阐述康德的伦理学思想的时候，也批评其是纯粹的形式化的东西。他最为原创的思想是，理论终结在"自在之物"未解决的方法论问题上。用他自己的话说就是："这样一来，康德提出的伦理问题就又把我们引回到了'自在之物'的没有被克服的方法论问题上去了。"[38]他的目的是要证明，康德之所以无法在真正的意义上理解自由，是因为他没能把握主体性与客体性的统一。

卢卡奇观点的最薄弱环节是他在理论与实践的关系以及"自在之物"的概念之间所建立的联系。"自在之物"的概念是康德在检验一般意义上的知识的条件时提出来的。理论与实践的关系涉及认识的效用问题。康德对理论与实践之间关系的把握是非常复杂的，因为他接受了传统的观点，即纯粹的理论是与实践无关的。他对伦理学的形式主义分析倾向于推翻这一推论。但是，卢卡奇只是提出了论点，却没有理由证明康德的难题出自他提出的"自在之物"这一概念。要证明这一论点，一种方法就是跟随克尔凯郭尔的说法。他认为，被他称为"存在"的实践是超越理论理解之外的东西。但是，克尔凯郭尔走的这条道路对马克思主义者来说是不通的，因为马克思主义者声称实践在马克思主义思想中是透明可见的。

追随新康德主义者，卢卡奇的方法是将可以把握实践的理性与无法把握实践的理性区分开来。他认为，只是这一问题的提出才一方面使理论的、直观的态度和实践有可能明确地加以区分。[39]亚里士多德对于两个领域的区分在康德重新将实践吸收进理论之后已经被毁灭了，但卢卡奇用这种方式复活了亚里士多德对于两个领域的区分。[40]卢卡奇含蓄地指出，康德的伦理学思想是无关紧要的，因为他无法把握人类实践。也就是说，康德的伦理学只是在理论上正确而在实践中不正确这样一种旧思想的代表。

通过对康德的伦理学的形式主义进行批判，卢卡奇引出了一个哲学与社会的关联性这一传统的话题。[41]在近代哲学中，很多思想家都以不同的方式提出过这个问题，这些思想家包括黑格尔、马克思、维特根斯坦、胡塞尔和海德格尔。马克思从未完成他在博士论文中提到并且经常被当作他的方法论前提的从存在到实践的过渡,卢卡奇对此感到十分遗憾。康德没能证明哲学具有社会功效,这是因为他试图将纯粹主体和人类区分开来,从而将认识的主体变成一个纯粹形式上的主体。而批判哲学只是哲学在证明其传统理论具有社会关联性时所面临的尴尬场景的一个特殊例子而已。

一方面是涉及理论的社会功效的理论与实践之间的关系问题,另一方面是认识的主体与认识的对象这两个概念之间纯粹的认识论联系的问题,这两个问题是有区别的。卢卡奇的分析有助于揭示出德国古典哲学思想中客观存在的一个矛盾,这个矛盾在批判哲学中表现得尤为明显。这就是我们只能知道我们自己创造出来的知识与它们一直强调的对于主体性的纯粹的、纯形式上的理解这两种说法之间的矛盾。现在,跟随着新康德主义的脚步,卢卡奇指出,问题不在于康德对认识对象的描述,而在于认识对象自身。

现在,卢卡奇得出了三点结论。[42]第一,他认为在德国古典哲学中,超越人类控制的力量具有了一个不同的特征。原本被当作是盲目的命运的东西变成了一种对普遍数学的理念。[43]主体变得既遥远又消极,变得无法掌控自己的命运;第二,存在一种将人与人之间的关系等同于自然规律,并且将自然理解成一个与作为一个抽象的实体的主体有关的客观的或者说是非社会的范畴的倾向。这两点结论都被后来的哲学讨论所证实。关于主体是消极的这种观点的最新例子是海德格尔的思想。他坚称,历史是被在场的存在在空场的模式下塑造出来的,在这种情况下,人类只能任其发展,却无法影响历史。[44]试图用一种抽象的模式来理解人类的做法最近已经演变成在人工智能的领域中模拟出人类思维的做法。[45]

在得出第三个结论之前,卢卡奇先简短地对恩格斯进行了一番评价。[46]卢卡奇针对马克思主义正统学说提出的富有争议的评论,当然是非常重要的。这些评论反映出卢卡奇——他最近转向信仰马克思,甚至是近乎狂热地信仰——与马克思主义的创始人之间的分歧。要想避免批评恩格斯并非易事,卢卡奇稍加思考就找出了至少两条理由来批评恩格斯。第一,也是最明显的,就是恩格斯的过于简单化的马克思主义提出的问题正是卢卡奇想要避免的,即将人与人之间的关系与自然的关系相等同的问题。其结果使得在社会环境中发生变革变得更加困难,甚至是不可能的;第二,就像恩格斯指出的那样,不可能将"自在之物"的概念作为一个简单的误解而将其消除,因而就不再需要卢卡奇对只有马克思主义才能解决的、对德国古典哲学来说是核心问题的康德主义问题所做出的权威论证了。

非理性主义：卢卡奇与马克思主义理性观
Irrationalism: Lukács and the Marxist View of Reason

卢卡奇对恩格斯的批判对于总是声称自己与马克思的思想具有天然的连续性的马克思主义来说具有非同一般的重要意义。他引用了恩格斯对"自在之物"的天真的、不正确的反对。并且他还指出，恩格斯有时将"实践"这个概念等同于科学和工业，这是一种根深蒂固的误解；恩格斯将理论活动看成是某种实践活动，这是一个根本性的错误。这种做法实际上使得卢卡奇为了反对批判哲学而建立起来的理论与实践这两个领域之间的区分轰然倒塌了。

通过对恩格斯的批评，卢卡奇似乎在马克思与马克思主义运动的创始人之间插进了一个理论上的楔子。卢卡奇表明，马克思与马克思主义运动的创始人不是一回事，他们的观点实际上也是应该加以区分的。然而，如果因为卢卡奇批评恩格斯，就认为他反对根本的马克思主义原则的话，那就大错特错了。事实上，他的批判针对的主要是恩格斯对于康德主义的"自在之物"这一概念的天真理解。恩格斯认为，马克思的思想最终没有通过转向实践而解决德国古典哲学的问题。在这一点上，卢卡奇是认同恩格斯的观点的。如果说德国古典哲学的核心问题——就像卢卡奇在这篇论文中指出的那样——是康德主义的"自在之物"，那么只要转向实践就足以解决由这个康德主义概念所引发的问题了。在《历史与阶级意识》第二版中，卢卡奇收回了他对恩格斯的部分批判[47]，并且在他后来的著作中，他对恩格斯的批判已经变成了对恩格斯的马克思主义思想的全盘接受。

从关于恩格斯的简短评论中回到主题之后，卢卡奇提出了他的第三点结论，即对批判哲学的批判。康德主义观点引发了一个没有解决的二元论。其特征就是无力克服自由和必然的二分法，或者说唯意志论和宿命论的二分法。康德甚至降到了他最伟大的学生——费希特的水平之下，因为费希特的活动理论第一次说明了如何克服这种内在于批判哲学的二元论。他认为康德是重要的，因为他实际上没有试图隐藏这一难题，而是承认了这一难题。

尽管卢卡奇反对批判哲学以及后来的德国唯心主义，但矛盾的是，他又强调这二者所关心的问题的重要性。在这一点上，他与卡纳普这样拒绝一般意义上的思维的既定形式的思想家，以及维特根斯坦这样看起来似乎是反对哲学的问题，但实际上又深陷其中的思想家都还是有区别的。[48] 德国哲学传统中充斥的不仅仅是空想甚至幻想，而是具有非常重要的意义的问题。普列汉诺夫（G. V. Plekhanov）提出了所谓的二律背反，即人表现为社会环境的产物，而社会环境本身又是被人创造出来的。卢卡奇继承了普列汉诺夫的说法，他指出，社会现实是产生哲学问题的基础。他引用普列汉诺夫的话说:"一方面人表现为社会环境的产物,另一方面,社会环境是由'公共舆论'创造的,就是说是由人创造的。"[49]

现在,卢卡奇通过简略地考察几种不同的自然观来说明人类与社会环境之间的关系问题。第一种自然观就是,将自然看做一个规律的体系的集合。这种观点在自然科学中占据主导地位,并且被康德引进了哲学之中;第二种自然观与第一种自然观不同,它是一种价值的概念。举例来说,这种自然观与卢梭有关。卢梭指出,自然是一系列与机械化、去人化和物化相对的倾向性的聚合;最后一种自然观就是,自然是有机地生长的东西,不是被人类创造出来的东西。康德之后的哲学作为认识论问题的一部分,关心的是如何理解自然以及人与自然的关系问题。席勒扮演着至关重要的角色。他提出"游戏"这一概念,并用这一术语来论证,是一种普遍的美学理念使人可以克服人与自然之间的差异,从而完全变成人。用一句话来说就是,一个人只有在他或她游戏的时候才完全是人。[50]

毋庸置疑,自然的概念影响着我们对知识的理解。[51]我们之所以认为新康德主义观点具有重要性,很大一部分原因是其对自然的理解。现在,卢卡奇采用了一个更为康德主义的、唯心主义的视角,将对象看成了主体性的功能。很明显,费希特之后的哲学超越了像莱布尼茨和斯宾诺莎这样的思想家的理性主义观点。问题不在于在几何学模式下"创造"出一个实体的客观体系,而在于如何理解人类的创造。换句话说,就像卢卡奇总强调的那样,问题在于创造"创造者"的主体。

事实上,其结果就是通过一个修正后的观点,即主体性是客体性的源头这一观点,解决了费希特所说的主体与客体之间的康德主义二元论问题。对知识问题的解决不在于对客体进行各种各样的仔细研究,而在于对主体的不同理解。尽管卢卡奇批判康德主义的主体性观点,但是他保留了一个根本的康德主义观点:认识论问题的关键就在于一种修正后的主体性观点。

就像卢卡奇指出的那样,通过修正过的后康德主义德国哲学思想中的主体观,问题的提法就超出了纯认识论的范围。[52]我们不再像康德那样关心思维和行动的可能的条件。[53]我们现在关心的是重组主体与客体的统一的问题。关键的一步棋就在于用辩证的方法来取代理性主义的方法,从而溶化理性主义方法从根本上无法克服的僵硬对立。在讨论辩证法的本质的一段话中,他写道:"辩证的过程发生了,主要是在主体和客体之间的一成不变的僵硬对立溶化了。"[54]

辩证法是我们理解历史的一把钥匙。在德国古典哲学中,黑格尔发现了一种全新的、辩证的逻辑方法,这就是具体的概念的逻辑,或者说是整体性的逻辑,并用它来理解主体与客体之间的关系。其结果就是转向历史的这一重要认识论转向。卢卡奇指出,几乎在每一个不能解决的问题的后面都隐藏着通向历史的道路,而这条道路也就是通向解决问题的道路。[55] 这实际上是对他之前提出的马克思主义是一种概念上的必要之物的说法的重新阐述。为了理解卢卡奇提出的这一关于马克思主义的观点,就必须将马克思主义的历史观与德国古典哲学的历史观区分开来。作为回答,卢卡奇指出,康德主义在一个似乎是马克思主义的基础之上提出的观点,即古典哲学的观点,不能完全认识到社会与历史理性的产生与历史之间的联系所具有的逻辑上的必然性。[56] 总之,由于非马克思主义思想是在现代工业社会中产生的,而现代工业社会的存在取决于人们没有认识到其本质,因此非马克思主义思想无法完全理解这一根本性的洞见。

卢卡奇的这一论证是对拉斯克提出的关于历史知识的理论需要关于个别事件的知识这一新康德主义观点的发展。卢卡奇认为,德国古典哲学思想具有一个根本性的方法论上的缺陷,因此,德国古典哲学思想无法有效地获得关于历史的知识。德国古典哲学思想采用的是类似数学概念的规律以及形式上的可计算性这一理念。这种方法只能把握一成不变的关系,但却无法理解新的事件。只有当我们援引一个具体的、总体的历史性过程的时候,才能克服"主体"与"客体"这两个概念的严格对立。卢卡奇写道:"在这种立场中,'自在之物'非理性的两个主要因素,即个别内容的具体性和总体性表现为积极地转向统一。现在,随着这种立场,理论和实践的关系,以及随着这种关系,自由和必然的关系同时都发生了变化。这时,把现实看作是由我们本身创造的这种概念失去了它以前多少有点虚构的性质。"[57] 但是,卢卡奇所有对关于历史知识的怀疑论的批判都部分地继承了拉斯克的思想,而将世界的具体的总体性看成是一个历史进程就使得这种理解是不可能的。

很明显,提出历史进程的具体的总体性是一回事,而对其加以证明就完全是另一回事了。一般来说,主体性与客体性之间的差异是不能克服的,因此,卢卡奇曾经准确地断言,对事实性的承认与从形式的原则推演出事实性之间的矛盾是不可避免的。但在用理性主义的观点来强调主体性的时候,卢卡奇就变得自相矛盾了。他试图通过必然地否定任何既定形式的主体的活动,来将客体、社会环境以及历史看成是一个具体的总体性。因此,卢卡奇认为现代哲学关心的是作为被主体创造出来的客体的功效的知识,也就不是偶然的了。因为很显然,卢卡奇只有通过这种方式才能证明自己独创的对于知识的马克思主义分析,只有通过一个修正后的、类似费希特式的主体性概念，才能解决康德的"自在之物"所引发的二元论问题。

卢卡奇是通过黑格尔的思想来用马克思主义的方法解读马克思的思想的。这就导致他滥用思辨的唯心主义的核心洞见，包括"积极的主体"这一理念以及向历史的决定性转向。作为主体性与客体性的统一的活动的概念最早是费希特提出来的，而向历史的转向是在康德写作了一些中期著作之后被提上议程的。[58]通过黑格尔的思想，我们进入了积极的主体这个问题。这是因为，到了最后，只有在历史中，我们才能发现认识论所关心的主体与客体的统一。问题的解决方法就是具体地指出作为历史主体的"我们"，即那个行为实际上就是历史的"我们"。想象的结果是一个统一体，或者说是一个总体，这个统一体或总体通过使其把握个别的内容及其与总体的关系而改变康德思想中出现的"自在之物"的非理性。

卢卡奇相信，黑格尔认识到了具体的总体性这个问题，却没有能力解决这个问题。他无法对行动的主体与创世的主体之间的联系提供一个令人满意的分析。在这一点上，德国古典哲学倒退了，它无法解决只有从另外一个更高的理性出发才能理解的理性的难题。用卢卡奇自己的话说就是："但是在这一点上，古典哲学却倒退了，并且误入了概念神话的找不到出路的迷宫。本文下一部分将会指出为什么不能够找到这个起源的具体的主体以及方法论上所需要的主体—客体。在这儿重要的是指出古典哲学由于这种错误而产生的局限性。"[59]

由于卢卡奇致力于将马克思的思想理解为对黑格尔思想的修正，因此他只能从马克思主义的视角出发理解黑格尔的思想。因此，在他看来，一定是辩证的唯心主义为正确的主体性概念提供了一个抽象的形式，黑格尔接近却没有完成定义出历史性主体的任务。在黑格尔的思想中，人类的精神似乎是唯一的历史主体，而事实上，人类的精神是通过不同的人们而发生作用的世界精神的产物。由于他被迫在历史之外寻找一个真正的主体，因此他没能为历史中的历史性进程提供一个具体的解释。

卢卡奇从黑格尔著作中找出了三个为人所熟知的理由，来证明黑格尔没能提出一个恰当的历史主体的概念。第一，理性与历史的关系只是偶然的，因为理性实际上并不是内在于历史之中的。此观点与另一观点相类似，即黑格尔是从一个抽象的、理论化的视角出发并且从来没能把握社会环境和历史环境；第二，黑格尔认为历史在普鲁士国家中走向了终结。在这里，卢卡奇重新阐述了他在后来的著作中经常提到的观点，即黑格尔离开了他在青年时代的革命理想，并且站在了一个反动的政治立场上；[60]第三，在《哲学全书》中，黑格尔在一个抽象的、沉思的讨论中，在对从自然到精

非理性主义：卢卡奇与马克思主义理性观
Irrationalism: Lukács and the Marxist View of Reason

神的逻辑转变进行逻辑分析的时候将创世与历史区分开来。由此看来，似乎是"绝对精神"的概念创造了历史。这就是我们非常熟悉的一个论断，而卢卡奇从未抛弃这一论断，即黑格尔的哲学说到底是一种泛逻辑主义。

卢卡奇认为，黑格尔没能构建出一种令人满意的历史理论，这对于在黑格尔的思想中达到顶峰的德国古典哲学来说具有非常重要的意义。因为德国唯心主义没能打破理性主义为了解决它所面临的二律背反而强行建立起来的模式。德国古典哲学的目标是要摧毁资产阶级哲学，而资产阶级哲学却最终在德国古典哲学对主体与客体之间关系的分析中产生的无法解决的二律背反被折射出来。德国唯心主义哲学的功绩在于，它指向了一种超越这些局限性的方法，正确的做法是回到青年马克思发现的真正的历史主体中去。通过作为一种真正的历史性方法的辩证方法，我们在无产阶级的身上找到了历史进程中真正的"我们"，找到了同一的主体—客体。卢卡奇写道："古典哲学道路的那种转变至少在方法论上开始超越这些局限性。把这种转变继续下去，并把辩证的方法当作历史的方法则要靠那样一个阶级来完成，这个阶级有能力从自己的生活基础出发，在自己身上找到同一的主体—客体、创世的'我们'。这个阶级就是无产阶级。"[61]

很显然，卢卡奇的这一论断有一个历史性的前提。他声称，无产阶级的立场是解决由"自在之物"引发的问题的方法，这显然是对青年黑格尔派提出的哲学在黑格尔的思想中走向了终结这一观点的重新阐述。换句话说，被马克思发现、被马克思主义继承的无产阶级理论为德国古典哲学提出但却没有解决的问题提供了解决方法。在最后的分析中，哲学没有在黑格尔主义的综合中走向终结，而是在被马克思提出、被马克思主义天衣无缝地延长出去的对绝对唯心主义的转变中完成并走向了终结。

到目前为止，我们可以将这一章中的讨论总结为以下几点：卢卡奇对德国古典哲学的分析是他在"人类历史的这一阶段，一切问题都可以从商品分析的角度来加以解决"这一信念的基础之上进行论证的第二阶段。他对德国古典哲学思想的批判是将特定对象的不可知性这一拉斯克提出的新康德主义观点一般化。他认为，由于客体无法被认识，从主体的角度来看，主体与客体，或者说主体性与客体性之间存在一个无法解决的二元论。

卢卡奇的分析没什么说服力。他没能证明，德国古典哲学从原则上来说无法解决只有马克思主义的唯物主义才能解决的康德主义问题。当他的分析进行到一些关键的地方，例如在他将既定对象的非理性状态这一新康德主义观点与他通过对费希特的随意解读而试图从主体的活动推断出既有对象这一超理性主义观点对立起来的时候，似乎都是站不住脚的。我们不需要否定康德主义的二律背反,就能否定卢卡奇提出的德国古典哲学无法克服康德主义问题这一观点。即使我们为了讨论的需要,假定卢卡奇已经证明了某种形式的非马克思主义哲学没有能力克服主体性与客体性之间的康德主义二律背反,他也没有证明这种非马克思主义思想在认识论的层面上是有缺陷的。他也同样没有证明,非马克思主义不足以把握社会环境,即非马克思主义没有社会关联性。

注释

[1] See Georg Lukács, *History and Class Consciousness*, trans. by Rodney Livingstone (Cambridge, Mass.: MIT Prsee, 1971), pp. 110-148.

[2] 之后,卢卡奇将《历史与阶级意识》这部著作描述成是一种试图超越黑格尔的黑格尔主义思想。考虑到他对德国古典哲学思想的分析,他的说法差不多是可以成立的。See *ibid*., p. xxiii.

[3] See Immanuel Kant, *Immanuel Kant's Critique of Pure Reason*, trans. by Norman Kemp Smith (London and New York: Macmillan and St. Martin's, 1961), B xvi-xvii, pp. 21-22.

[4] 黑格尔在关于历史哲学的讲座中,进一步发展了这个观点。参见 G. W. F. Hegel, *Vorlesungen über die Geschichte der Philosophie*, vols. 18, 19, and 20 of G. W. F. Hegel, *Werke in zwanzig Bänden*, ed. by Eva Moldenhauer and Karl Markus Michel (Frankfurt: Suhrkamp, 1971)。

[5] 黑格尔在探讨历史哲学的时候指出,思想不是被社会存在所决定的,而是被其他思想所决定的。*Ibid*., vol. 18, p. 45. 黑格尔还进一步指出,思想的自由是哲学的必要条件,并且也是哲学的开始。See *ibid*., pp. 115-117。最近,罗蒂提出了一种与黑格尔类似的观点。他在认识论的行为主义这一名义下指出,思想是被其他思想所决定的。参见 Richard Rorty, *Philosophy and the Mirror of Nature* (Princeton, N. J.: Princeton Univetsity Press, 1979)。

[6] 由此可以推断出,那种广泛流行的、将黑格尔的思想理解成是对康德思想的综合的观点是一个深奥的错误。而另外一个错误地将黑格尔的思想理解成是对康德思想的综合的杰出探讨,参见 Merold Westphal, *History and Truth* (Atlantic Highlands, N. J.: Humanities, 1979)。黑格尔与包括费希特和谢林在内的其他后康德主义者的相似之处在于,他们致力于保持对批判哲学的精神的信仰,但不拘泥于其具体字句。

[7] See G. W. F. Hegel, *The Logic of Hegel*, *Being Part One of the Encyclopedia of the Philosophical Sciences*, trans. by William Wallace (London: Oxford University Press, 1968), para. 26-79, pp. 60-142. 而对于黑格尔的这一篇章的分析,参见 Tom Rockmore, *Hegel's Circular Epistemology* (Bloomington: Indiana University Press,

1986），chap. 5，pp. 111-137。

[8] Lukács, *History and Class Consciousness*, p. 111.

[9] *Ibid*.

[10] 马克思在完全不同的场合引用过维科的话："人类史同自然史的区别在于，人类史是我们自己创造的，而自然史不是我们自己创造的。"参见《马克思恩格斯全集》，中文1版，第23卷，409~410页，北京，人民出版社，1972。

[11] Lukács, *History and Class Consciousness*, p. 112.

[12] See Kant, *Critique of Pure Reason*, B. xiv, pp. 20-21.

[13] 在海德格尔的思想里，同样也存在这一根本性的混淆。参见 Martin Heidegger, *Being and Time*, trans. by John Macquarrie and Edward Robinson（New York: Harper and Row, 1962），para. 6, p. 46。

[14] 这就是维科提出的生产和知识可以相互转换这一著名论断的含义。参见 Giambattista Vico, *The New Science of Giambattista Vico*, trans. by Thomas Goddard Bergin and Max Harold Fisch（Ithaca, N. Y. and London: Cornell University Press, 1970），para. 331, pp. 52-53。对于维科的反笛卡儿主义思想的探讨，参见 Tom Rockmore, "Vico, Marx, and Anti-Cartesian Theory of Knowledge," in *Vico and Marx: Afinities and Contrasts*, ed. by Giorgio Tagliacozzo（Atlantic Highlands, N. J.: Humanities, 1983），pp. 178-191。康德也有类似的观点。在他通过对伽利略（Galileo）、伊万格丽斯塔（Evangelista）、托里切利（Torricelli）和斯塔尔（G. E. Stahl）进行评论，从而引出他著名的哥白尼革命的时候，他指出："他们知道，理性只有形成了自己的计划之后，才能洞察到它所创造出来的东西。" Kant, *Critique of Pure Reason*, B xiii, p. 20。

[15] See Lukács, *History and Class Consciousness*, p. 119.

[16] 康德认为，对于哲学来说，"创造"就意味着"理性地理解事实的可能性"，而对于数学来说，"创世"就意味着"去创造"和"去理解"，这二者是同一个意思。康德的以上探讨是在"纯粹理性的建筑术"（Architectonic of Pure Reason）这一章中进行的。参见 Kant, *Critique of Pure Reason*, B 865, pp. 656-657。

[17] 举例来说，关于这种实在论的论证，可以参见 Joseph Margolis, *Pragmatism without Foundations: Reconciling Realism and Relativism*（Oxford: Blackwell, 1986）。马戈利斯对相对主义和实在论的看法，构成了他的三部曲著作的核心主题。他的三部曲著作除了上述提到的《没有根基的实用主义：实在论与相对主义的调和》之外，还包括《现实的持久性》（*The Persistence of Reality*, Oxford: Blackwell Press, 1987）、戈利斯：《没有引文的文本：科学与叙述的调和》（*Texts without Referents: Reconciling Science and Narrative*, Oxford: Blackwell Press, 1989）。而关于最新形式的唯心主义，则可以参考雷舍尔的三部曲，包括 the trilogy by Nicholas Rescher, *Conceptual Idealism*（Oxford: Blackwell, 1973）; *The Primacy of Practice*（Ox-

ford: Blackwell, 1973); and *Methodological Pragmatism* (New York: New York University Press, 1977)。

[18] Lukács, *History and Class Consciousness*, p. 112. Lukács's emphases.

[19] 关于黑格尔的批判，可以参考黑格尔在《精神现象学》中所写的著名序言。参见 G. W. F. Hegel, *Phenomenology of Spirit*, trans. by A. V. Miller (Oxford: Oxford University Press, 1977), pp. 24–27。

[20] See Kant, *Critique of Pure Reason*, B 860, p. 653.

[21] 对于德国唯心主义哲学传统的这种理解，参见 Rockmore, *Hegel's Circular Epistemology*。

[22] Lukács, *History and Class Consciousness*, p. 113. Lukács's emphasis.

[23] See Alfred North Whitehead, *Process and Reality* (New York: Harper and Row, 1957)。

[24] 他的反对与克尔凯郭尔在批判黑格尔时提出的理性无法认识存在这个观点有类似之处。对于这个批判，参见 Søren Kierkegaard, *Concluding Unscientific Postscript*, trans. by David F. Swenson and Walter Lowrie (Princeton, N. J.: Princeton University Press, 1968)。

[25] See Kant, *Critique of Pure Reason*, B 566, p. 467.

[26] 康德主义的模式，是海德格尔提出存在在空场的模式下依然存在这种观点的基础。参见 Heidegger, *Being and Time*。

[27] Lukács, *History and Class Consciousness*, p. 116.

[28] *Ibid.*, pp. 116–117.

[29] *Ibid.*, pp. 117–118.

[30] 举个例子，德国诗人席勒在写给歌德的一封信中，对费希特的思想做出了如下评价："虽然在费希特的著作中没有提到，但费希特曾经口述过这样一个观点，即自我通过自我的表现创造出自身；并且，所有的现实都只存在于自我之中。对于自我来说，这个世界就像是一个皮球，自我通过反思（Reflexion）将它抛出去又接住。" Letter from Schiller to Goethe of October 28, 1794, in Johann Christian Friedrich Schiller, *Briefwechsel zwischen Schiller und Goethe*, ed. by H. Hauff, 2 vols. Stuttgart: Cotta'sche Buchhandlung, 1856, vol. 1, p. 26。

[31] 在拉斯克看来，从 1797 年开始，费希特就已经构建出了一种关于经验现实的反理性主义理论。参见 Emil Lask, *Fichtes Idealismus und die Geschichte*, esp. part 2: "Fichtes Rationalismus und die Irrationalität des Empirischen," in Emil Lask, *Gesammelte Schriften*, ed. by Eugen Herriegel (Tübingen: J. C. B. Mohr [Paul Siebeck], 1923)。

[32] 对于在黑格尔思想之中到达巅峰的体系理念的批判，参见 Tom Rockmore, "Hegel on Systematic Philosophy," *Proceedings of the Beyond Translation Symposium*,

ed. by David Wood (forthcoming)。

［33］Lukács, *History and Class Consciousness*, p. 122.

［34］See *ibid.*

［35］据我所知，迄今为止，还没有关于卢卡奇对于费希特的解读文献的讨论。虽然近些年来对费希特的批判之声日益高涨，但是在这种背景之下，还是出现了关于黑格尔对费希特的解释的出色探讨，参见 Reinhard Lauth, *Hegel vor der Wissenschaftslehre* (Mainz and Stuttgart: Akademie der Wissenschaften und der Literatur and F. Steiner, 1987)。

［36］对于费希特的这种理解非常普遍。关于费希特的主体性概念对于马克思思想所具有的本质上的重要意义的探讨，参见 Tom Rockmore, *Fichte, Marx, and German Philosophy* (Carbondale and London: Southern Illinois University Press, 1980)。

［37］See Lukács, *History and Class Consciousness*, p. 123.

［38］See *ibid.*, p. 125.

［39］See *ibid.*, p. 126.

［40］关于康德将实践吸收进理论的做法，参见他并非十分出名的论文，"On the Proverb: That May Be True in Theory, but Is of No Practical Use" (1793), in Immanuel Kant, *Perpetual Peace and Other Essays on Politics, History, and Morals*, trans. with an intro. by Ted Humphrey (Indianapolis, Ind.: Hackett, 1983)。

［41］对于这一主题的最新探讨，参见 Tom Rockmore, "De l'intérêt de la raison," *Archives de Philosophie* 51, no. 3 (July−September, 1988): 441−455。

［42］See Lukács, *History and Class Consciousness*, pp. 129−134.

［43］卢卡奇指出，数学与命运二者只能选其一，这是正确的看法。还有一点非常有趣，这就是海德格尔对科学的反科学性的拒斥，这包括他拒斥数学以及复活盲目的命运这个理念，这值得我们注意。关于海德格尔对命运的看法，参见 Heidegger, *Being and Time*, esp. para. 74: "The Basic Constitution of Historicality," pp. 434−438。

［44］从海德格尔关于尼采的讲座开始，这种关于人类的消极观点在他所有的晚期著作中都有所体现。参见 Martin Heidegger, *Nietzsche*, ed. by David Farrell Krell, 4 vols. (New York: Harper and Row, 1979), and especially "Letter on Humanism," in Martin Heidegger, *Basic Writings*, ed. by David Farrell Krell (New York: Harper and Row, 1977), pp. 189−242。

［45］举例来说，我们可以参考 Hilary Putnam, *Reason, Truth, and History* Cambridge, Eng.: Cambridge University Press, 1981。

［46］See Lukács, *History and Class Consciousness*, pp. 131−133.

［47］在出版《历史与阶级意识》第一版（1923年）的很多年之后，卢卡奇在新版（1967年）序言中对其第一本天才式的马克思主义著作进行了批判性的评价，他写道："我那种本身是正确的愿望之所以会走向它的反面，仍是由于刚才提到的

那种抽象的、唯心主义的实践概念。这一点从我对恩格斯所作的——又是并非完全错误的——批评中可以看得很清楚。恩格斯认为实践是检验理论的标准,而把实验和工业看作是证明这一点的典型事例。"*Ibid.*, p. xix.

[48] 卡纳普批评海德格尔的思想是无意义的。参见 Rudolph Carnap, "The Elimination of Metaphysics through Logical Analysis of Language," in *Logical Positivism*, ed. by A. J. Ayer (Glencoe, Ill.: Free Press, 1959)。维特根斯坦批评哲学的问题都是伪问题。参见 Ludwig Wittgenstein, *Tractatus Logico-Philosophicus* (London and New York: Routledge and Kegan Paul, and Humanities, 1963)。在命题 6.52 中,维特根斯坦指出,对一个科学问题的回答与生活无关。

[49] Lukács, *History and Class Consciousness*, p. 134.

[50] 对于这个观点的详细阐述,参见 Johann Huizinga, *Homo Ludens: A Study of the Play Element in Culture* (Boston: Beacon, 1955).

[51] 对于这个观点的经典论证,参见 R. G. Collingwood, *The Idea of Nature* (New York: Oxford University Press, 1960).

[52] See Lukács, *History and Class Consciousness*, p. 140.

[53] 这一观点的另一个层面是,在康德哲学已经不再关心纯粹的认识论以后,也就是在批判哲学以后的那个阶段,他原来的认识论推动力已经丧失了。两位思想家分别独立地阐述了这一观点。参见 Edmund Husserl, "Philosophy as Rigorous Science," in Edmund Husserl, *Phenomenology and the Crisis of Philosophy*, tran. by Quentin Lauer (New York: Harper and Row, 1965), p. 76, and Jürgen Habermas, *Der philosophische Diskurs der Moderne* (Frankfurt: Suhrkamp, 1985)。哈贝马斯在之后的一部著作中表示,他抛弃了他早期提出的这个观点,即对于知识的根本批判只有作为一种社会理论才具有可能性。而关于他早期提出的这个观点,参见 Jürgen Habermas, *Knowledge and Human Interests*, trans. Jeremy J. Shapiro (Boston: Beacon, 1968), p. vii.

[54] Lukács, *History and Class Consciousness*, p. 142. Lukács's emphases.

[55] See *ibid.*, p. 143.

[56] See *ibid.*

[57] *Ibid.*, p. 145.

[58] 关于康德的历史观,参见 "Idea for a Universal History with a Cosmopolitan Intent" (1784) and "Speculative Beginning of Human History" (1786), in Kant, *Perpetual Peace*。关于费希特的历史观,参见 *Die Grundzüge des gegenwärtigen Zeitalters* (1804), vol. 4 of Johann Gottlieb Fichte, *Fichtes Werke*, ed. by I. H. Fichte (Berlin: W. de Gruyter, 1971).

[59] Lukács, *History and Class Consciousness*, pp. 145–146.

[60] 这一经常出现的观点是建立在对黑格尔思想的肤浅理解的基础之上。参

见 Shlomo Avineri, *Hegel's Theory of the Modern State* (Cambridge, Eng.: Cambridge University Press, 1972). See further Tom Rockmore, "Hegel und die gesellschaftliche Funktion der Vernunft," in *Zur Architektonik der Vernunft*, ed. by Lothar Berthold (Berlin: Akademie, 1990), pp. 186-200。

[61] Lukács, *History and Class Consciousness*, pp. 148-149.

第六章
无产阶级的立场

卢卡奇这篇伟大论文的第三部分也是最后一部分内容,就是对无产阶级观的探讨。卢卡奇在论文的第一部分致力于探讨物化的现象。他认为,与其他所有的思想相比,马克思的政治经济学具有绝对的优势地位。在这篇论文的第二部分,他指出,德国古典哲学所面临的真正问题,出于内在方法论的原因,是它自己无法解决的。在这篇论文的最后一部分,他论证了只有从马克思的商品分析出发并结合无产阶级观,才能解决德国古典哲学无法解决的真正问题。

他的论证建立在两大论断的基础之上。第一,他继承了我们所熟悉的马克思主义为了为自身辩护而对黑格尔主义对哲学的解读的修正;第二,他断言,无产阶级的利益与马克思的商品分析具有同一性,而只有从这个角度出发才是获得知识的唯一正确途径。因此,马克思主义提供了哲学问题的解决方法,因为马克思在对社会生活的经济基础进行具体分析的时候发现了正确的方法论(德国古典哲学思想的抽象推理是无法得出这种方法论的)。

我们要对这两大论断分别进行分析。卢卡奇对马克思主义与哲学之间关系的分析与他强调马克思主义的贡献所具有的哲学特征不符。他对马克思、马克思主义与德国古典哲学之间关系的看法是我们所熟悉的黑格尔主义的观点。就像黑格尔认为自己的思想是建立在之前思想的优点的基础之上并且将其进一步发展一样,卢卡奇也认为,马克思主义是进一步超越了德国古典哲学,并且解决了之前的思想想要解决却无法解决的问题。马克思主义哲学与非马克思主义哲学既是连续的,又是不连续的。由于马克思主义试图解决之前的哲学思想没有解决的问题,而这些问题不是伪问题,而是值得我们关注的问题,因此从这个角度来看,马克思主义哲学与德国哲学是连续的。从这个角度来说,马克思主义直接跟随着之前思想的脚步。

非理性主义：卢卡奇与马克思主义理性观
Irrationalism: Lukács and the Marxist View of Reason

而马克思主义与之前思想的决定性的方法论上的差别在于马克思所发现的一个全新的视角，也就是商品分析或者说总体性的范畴这一视角。

对无产阶级立场进行分析的目的在于证明这个分析作为一种方法论上的变革，使马克思主义与之前的哲学思想区分了开来，并且解决了之前的哲学思想的问题。卢卡奇这部分的讨论是对马克思的无产阶级概念的继续。在马克思的早期著作《〈黑格尔法哲学批判〉导言》中，马克思提出了三个值得我们关注的观点。第一，无产阶级象征着在社会的阶级结构解体之后，所有的阶级在未来都会消失；[1]第二，无产阶级与哲学有着本质的联系，因为其相互依赖。无产阶级需要哲学对其实践进行理论指导，而哲学需要无产阶级才能真正完成从理论到实践的必要过渡；[2]第三，哲学的实现需要无产阶级，而无产阶级的实现也同样需要哲学。哲学只有消灭无产阶级才能成为现实，而无产阶级也只有把哲学变成现实才能消灭自身。[3]

马克思对无产阶级与哲学这种相互依赖的模糊说法，是卢卡奇理解马克思的方法论革新的钥匙。很明显，从理论上来说，无产阶级可以通过过渡到一个没有阶级的社会而消灭自身，因为在那样一个没有阶级的社会中，所有的阶级包括无产阶级都不存在。但是，我们不清楚，这种过渡如何能够使哲学变为现实。哲学问题不是那些能从任何简单的意义上加以分析和争论并能最终得以解决的问题，哲学所争论的问题是开放的问题。马克思则另辟蹊径，采用了一种接近于早期维特根斯坦和某种实证主义的方法。他指出，人类始终只提出自己能够解决的任务。[4]马克思从一开始就认定，哲学及其主要的产物即那些困难的理论问题是毫无意义的。理论问题只能通过实践来解决。[5]一个哲学问题，只有当它能够以一种实践的方式加以解决的时候才是有意义的。因此，哲学就跟建筑工程学一样，因为它们所处理的问题都是人可以找到特定解决方法的问题。在实践上，要在一条河上建起一座桥是困难的，很可能要等到一位经验丰富的建筑师以及必要的材料在质和量上都齐备之后才能真正建起一座桥。但是，要建起一座桥在理论上来说从来都不是不可能的。

马克思对哲学的典型看法——即哲学关心的应是实践能解决的问题——传达出他认为的只有无产阶级才能实现哲学的观点。卢卡奇接受了马克思提出的哲学的任务是实现人类解放这一观点。卢卡奇的贡献在于他指出，由于无产阶级（也就是特殊的无产阶级立场）解决了德国古典哲学思想无法解决的问题，因此无产阶级能够实现哲学。

卢卡奇继承马克思而得出的推理方式可以归结为以下几点：哲学的目的是要实现人类自由；但是，人类自由需要无产阶级这个将会消灭其他所

第六章 无产阶级的立场

有阶级的阶级的出现；当社会的阶级结构被消灭的时候，哲学的问题就会解决。如果马克思主义能够做到这一点，那么它就能解决哲学的问题。总之，卢卡奇在"无产阶级"这个概念中为德国古典唯心主义哲学未解决的问题找到了解决的方法。由于整个哲学史最终走向了德国古典唯心主义哲学并在黑格尔的思想中达到了顶峰，由此可以推出，哲学史将会通过"无产阶级"这个概念成功地走向终结。

卢卡奇的分析开始于引用马克思对无产阶级在世界历史中的特殊作用的评价：[6]马克思提出的无产阶级是世界秩序的解体因素这一观点被重新解释为社会和历史的革命进程的同一的主体—客体，我们在无产阶级身上找到了克服从康德到黑格尔以来德国古典哲学一直无法解决的二元论的钥匙，只有回到马克思主义，才能解决这个二元论。我们必须认识到，卢卡奇认为是他从马克思的思想中读出的这后一个观点，但马克思本人从未提出过。马克思从实践的角度出发，认为无产阶级自身包含着旧的世界秩序的解体。这个观点只是一家之言，并且是不完整的，因为它得出的实践的结论缺乏一个理论基础。理论问题能在实践中找到解决方法，但是实践也需要一个理论基础。卢卡奇接受了马克思的观点，并且在这个观点的基础上又进了一步。他指出，无产阶级观能够为德国古典哲学引发的哲学问题提供解决方法。他提出的这一天才观点为马克思关于实践的观点以及马克思在理论上优于之前的德国思想这一观点提供了理论支撑。

如果无产阶级的自我发展需要作为一个整体的社会的客观目标的实现，反过来，作为一个整体的社会的客观目标的实现也依赖于作为同一的主体—客体的无产阶级的立场，那么，德国古典哲学问题的解决就是社会解放的一把钥匙。恩格斯关于马克思主义是科学的说法的前提是传统哲学不具有社会功效。通过卢卡奇对无产阶级是同一的主体—客体的解读，马克思主义重新获得了其在哲学上的地位，并且，通过马克思主义革命性的哲学潜能，它的社会效用也得以恢复。唯心主义的资产阶级意识对于实现人类本质来说是没有用处的。因为它从本性上来说就是因循守旧的，它为了保护自己的既得利益而试图使事物保持原状。但是，唯物主义的无产阶级意识拥有能够冲破资本主义限制的革命潜能。卢卡奇的分析是实践结果与理论真理的断言的结合。在卢卡奇看来，无产阶级是同一的主体—客体，也就是说，无产阶级既是历史的结果，也是德国哲学的真理。[7]因此，虽然卢卡奇对唯心主义持批评的态度，但他的观点实际上却重复了黑格尔的论断，即存在的即是合理的。[8]

在卢卡奇看来，唯心主义和唯物主义之间的区别涉及一个单一的历史性的客观现实的优先地位(这一优先地位从不同的角度来看都是一样的)。"具体地说:社会存在的客观现实,就其直接性而言,对无产阶级和资产阶级都是'同样的'。"[9]卢卡奇的这一说法具有本质上的错误。我们最近对不可比性进行的讨论提醒我们,范畴的框架决定感觉的对象。[10]范畴范式的改变会改变人们看到的对象。古希腊的世界不是我们的世界,资产阶级和无产阶级是否面对的是同一个世界也是值得怀疑的。[11]还有,当一个概念置于其中的范畴框架发生改变的时候,同样的概念也会产生不同的功效。[12]

在卢卡奇为马克思主义进行辩护的时候,他将两种关于客观现实的理论即两种历史观对立起来。[13]所谓的资产阶级思想、唯心主义或者说是非马克思主义思想认为,历史知识只是主观的,但却有可能透过现象看到本质。历史学家的主体性被其对客观的历史价值的关心消除了。但是,这一说法有两个缺陷:第一,资产阶级历史学家提出的是提供概念框架的文化价值,因此,无法在这个理论框架里理解像"自在之物"之类的东西;第二,资产阶级思想还被其无法从本质上解决总体性的问题所困扰。因此,卢卡奇认为,为了认识普遍的历史以及每一个历史性事件,都必须提出方法论的问题。

任何一种理论都需要检验其自身的条件,也就是被康德称为合法的理由(quid juris)的问题。先撇开卢卡奇的说法不论,目前还没有一种能够从一个理论框架之内来检验其理论假设的方法。[14]纽拉特(Neurath)提出了著名的"船"的比喻,他将哲学比喻成一艘需要在海上重新改造的船,很显然,纽拉特已经意识到,认识论需要满足一个它无法达成的条件,这是一个不可避免的矛盾。[15]如果说总体性的问题需要一个整体的理论透明性,那么这个要求从任何一个角度来看都是无法满足的。

在卢卡奇对资产阶级思想与无产阶级思想之间的区别进行分析的时候,他将历史说成是一个认识论问题。他对历史的这一评论试图重新思考德国古典哲学中的"历史"概念,这个概念在黑格尔对"历史性主体"这个概念的特别关注中达到了顶峰。卢卡奇认为,黑格尔思想的错误在于运用了"绝对精神"这一神话般的概念,这个概念反映出黑格尔思想从本质上无法理解真正的历史主体,即无产阶级,或者说是同一的主体—客体。但是,我们很难对卢卡奇对黑格尔的批评进行评价,因为卢卡奇的这一批评的力量来源于他之前对作为德国古典哲学的结果的马克思主义的接受。在卢卡奇对马克思主义的解读中,"无产阶级"的概念是与思辨哲学中的"绝对精神"相对应的。除非卢卡奇能够证明无产阶级实际上是历史的同一的主体—客体，否则他提出的"无产阶级"的概念就与他想要用之取代的"绝对精神"的概念没什么不同，都是神话一般的概念。因此，他后来从一个从本质上来说是黑格尔主义的角度出发，否定了他之前提出的同一的主体—客体的说法，就具有非常重要的意义。[16]总之，卢卡奇提出的马克思主义的"无产阶级"概念，就像黑格尔提出的"绝对精神"这一概念一样，都是形而上学。

此时我们可以看出，卢卡奇的思想很显然受到了新康德主义的影响，尤其是李凯尔特的神学思想的影响。李凯尔特试图将历史进程中的瞬间看成是持续不断的、渐进的实现。[17]卢卡奇部分地继承了李凯尔特的思想，他认为，历史既不是瞬间的集合，也不是先验启发式的原则，而是一种真实的历史性力量，而这种力量到目前为止还不为人所知。历史性的知识必须把握在任何一个瞬间所发生的人与环境的交往形式，这些形式本身却不能是反历史性的。只有从整体性的角度出发才能获得这样的结构形式。只有从结构性的原则以及客观对象的真实倾向性出发，才能获得关于历史现实的直接知识之外的中介的形式。

从本质上来说，卢卡奇坚持的是一种类似斯宾诺莎的观点，即思维与存在之间的必然关系是知识的条件。卢卡奇在对思想的起源和历史的起源之间根本的同一性进行评论的时候，实际上重申了斯宾诺莎的观点。他说："思想的起源和历史的起源在原则上应该是吻合的。"[18]从内容上看，这个方法论不仅仅是先验的，因为无论如何，它一定是在面对一系列非理性的事实时，根据无关的形式规律产生的。与之相反的、我们可以接受的方法是通过将形式和内容在同一个复合体中统一起来的概念中介的进程寻找直接性。这不仅仅是黑格尔的观点，而且是像卢卡奇通过观察马克思对政治经济学的批判而强调的那样，这也是马克思的观点。[19]但是，由于非马克思主义思想无法提供这样的中介，它就变得两极化并且引出了创造历史的伟大个人之间的极端不相容[20]，以及非马克思主义历史学家提出的历史环境的自然规律。

到目前为止，卢卡奇已经论证过思想的起源和历史的起源必定会在一个可以接受的理论中相吻合。现在，他提出了一个理论必须达到的两个条件。[21]第一，解释的范畴必须内在于历史进程之中。这些范畴不能像黑格尔所提出的绝对精神那样，是强加于历史进程之上的；第二，这些范畴之间的关系必须是内在于历史进程之中的，只有这样，在经验的现实中发现的知识才能是包含在这些经验之中，而不是强加于这些经验之上的。由此得出结论，我们不能仅仅以一种内在于经验现实之中的方法来理解世界，

非理性主义：卢卡奇与马克思主义理性观
Irrationalism: Lukács and the Marxist View of Reason

因为我们只有超越了作为中介的现实，才能准确地把握世界的客观性。[22]我们通过可以从一个抽象的层面上、通过抽象而被认识到的范畴获得客观知识，然而，这些范畴是内在于作为中介的历史环境之中并且通过历史环境得以证明的。

即使是在最抽象的段落中，卢卡奇也从未放弃对哲学的社会效用问题的思考。在边栏中，他写了一个小注，即在任何一次转向经验现实的时候，都会提出应然的问题。能否将作为中介的现实与价值体系联系在一起引发了一个与之相关的、但更为特殊的问题。用近代的术语来说，休谟提出的应然问题在康德的批判哲学中重新出现了。康德无法在一个更大的统一体中将对应然和实然的分析统一起来。正确的方法不是先验地将应然注入历史进程中去，而是从进程中发掘出内在于真实客观结构中的应然。[23]

卢卡奇以一种一般化的方式对其无产阶级观进行了总结。无产阶级的立场使我们能够解决资产阶级思想所无法解决的难题。[24]卢卡奇说："当然，由无产阶级立场产生的认识是客观上更高级的科学认识。它从方法论上使得有可能解决资产阶级时代的最伟大思想家们徒劳地企图解决的问题；它实际上就是对资本主义的恰如其分的历史的认识。这种认识是资产阶级思想永远不可能达到的。"[25]

在这里，我们从卢卡奇的认识论思想中能够辨别出两种他所使用的浪漫的、英雄式的语言。卢卡奇又一次提出了这一论点，却既没有证明资产阶级思想从本质上来说是无法获得知识的，也没有证明马克思主义解决了德国古典哲学没有解决的问题。他的论证之所以非常有趣，是因为他试图将一种否定直接、直觉的经验的有效性的范畴观，与另一种直接从经验出发的范畴观调和起来。他的目的是要通过避免通常在唯心主义分析中强调的客体对主体的依赖性而使思维具有主体性特征，进而强调客体性。从这个角度来看，他对唯心主义的马克思主义式否定，与海德格尔强调的真理是去蔽的思想十分类似。因为海德格尔的目的也是要用实在论取代唯心主义，从而为范畴的方法提供经验辩护。[26]

卢卡奇思想的一个核心要素是一种特殊的无产阶级意识。[27]从非马克思主义的角度来看，主体和客体以一种辩证的方式相互影响：它们都是外在于对方的，并且主体和客体这两者的分离是无法克服的。从唯物主义的角度来看，首先，社会存在是社会性事件的纯粹客体。在唯物主义看来，在资本的生产中，量被转化为质，因为劳动被转化为价值，尤其是交换价值。由于工人是通过把自己当作商品来看待并认识社会的，因此他们的意识不仅仅是对客体的意识，更是导致了知识的客观对象中必须被看成是客观结构的变化。但是，只有辩证的方法才能得出关于整体的知识。卢卡奇说："当然这一切都只是隐含在我们在劳动时间问题上所遇到的量和质的辩证对立之中。这就是说，对立及一切由此产生的规定都只是那个复杂的中介过程的开端，这一中介过程的目标是把社会认识为历史的总体。辩证的方法之所以不同于资产阶级思想，不仅在于只有它能认识总体，更在于这种认识是由于整体与部分的关系已变得根本不同于在以反思规定为基础的思想中的关系。简言之，从这种立场来看，辩证方法的本质在于，全部的总体都包含在每一个被辩证地、正确地把握的环节之中，在于整个的方法可以从每一个环节发展而来。"[28]

卢卡奇的这一论证将三个应该加以区分的不同观点混为一谈。第一个观点是，总体性范畴的特殊性质；第二个观点是，这种总体性范畴是无产阶级专有的；第三个观点是，这种知识所造成的后果。很显然，即使我们认可总体说或整体说在认识论方面有偏向性，也不能由此推断出这种总体说或整体说与无产阶级成员有关，或者它只是无产阶级专有的，甚至也不能推出无产阶级的成员就一定知道这种观点。卢卡奇将总体性范畴与辩证的方法联系在一起，但是他却不能前后一致地将辩证的思想与无产阶级的立场联系在一起。由于他试图将马克思的思想解读为对黑格尔思想的修正，因此，他在其他地方承认，思辨的唯心主义是辩证的。由此可得，要么黑格尔是一个唯物主义者，要么辩证的思想同样也是资产阶级思想。无产阶级不太可能拥有关于总体的知识，因为他们在社会中的地位决定他们很可能被剥夺了受教育的机会以及上升到总体性视域的闲暇。而且，即使他们拥有这样的知识（即总体性的知识），也不能由此推断出他们将会按照总体性知识的原则来行动，并且由此导致根本的社会变革。黑格尔仍然认为，知识是自我实现的。它将自身投入到实践之中，因为现实不能拒绝一种真实的理念。[29]只有在苏格拉底的对话以及道德剧中，知识才会自发地引发行动，但在日常生活中却并非如此。

现在，卢卡奇明确提出了他描述的认识论将会带来的革命性后果，或者说革命所带来的后果。通过否认可以直接获得知识，而必须使用中介，我们发现了一种新的、革命性的知识，这种知识以总体性作为标准。他说："另一方面，这时由于对共同的地位和利益的认识而觉醒和成长的阶级意识，抽象地说，决不是无产阶级专有的。无产阶级地位的特殊性的基础是对直接性的超越这时具有一种——不管从心理学上来说是自觉的，还是暂时是不自觉的——朝着社会总体前进的意向。"[30]总之，中介指向总体性。

这一结论是这样推导出来的：中介需要完成，而只有在完全经由中介的整体中才能完成。卢卡奇是在现代工业社会的进程化特征中发现革命性活动的可能性的。要采用中介的概念，就要改变活动客体的客观性质。客体立刻就被看成是一个正在进行中的进程的一部分，因此是可以被改变的。资本主义的特征就在于，所有的天然壁垒都被打破了，并且所有人与人之间的关系都转变为社会关系。由于属性是先于存在的，因此他指出进程也是先于事物的，而事物是在进程中产生的。[31]

一般来说，进程化的思想家，尤其是黑格尔，都反对笛卡儿主义的形而上学而为进程辩护。[32] 卢卡奇从进程的角度出发，得出了一系列认识论上的推断。[33] 第一，我们需要从被物化的关系的直接性出发才能透过这种直接性而发现人；第二，由于物化不仅仅是概念上的，因此，只有通过改变产生物化的社会，才能消除物化；第三，社会变革的行动，或者说社会变革的实践不能与知识分离，因为知识使变革社会的实践成为可能；第四，会引发社会变革、使知识变得可能的意识的进程是在无产阶级的层面发生的；第五，无产阶级的任务不仅仅是具有阶级意识，而是将这种阶级意识转变为社会变革。

卢卡奇强调无产阶级的阶级意识，这是对马克思提出的无产阶级依赖于哲学这一观点的延伸。卢卡奇认为，要想使意识变为行动，就要推翻其客体的客观形式。[34] 现在，卢卡奇这种关于意识的观点与作为卢卡奇整个论证基础的马克思关于意识的观点——不是意识决定生活，而是生活决定意识——产生了矛盾。[35] 卢卡奇只是简单地复制出马克思思想中的意识与决定意识的社会生活之间的矛盾，并由此说明（无产阶级）无法自由行动的原因：意识或者是被决定的，或者不是；不能不加限制地说意识既是被决定的，又是自由地在实践中。尽管卢卡奇运用马克思的思想反对非马克思主义思想，他对马克思的思想也同样进行了批判。从卢卡奇的阶级意识理论中可以看出，他认为意识或者说是革命性的意识决定社会生活，而不是相反。

卢卡奇忽视了他的论证中这一根本的矛盾，而迅速转向对无产阶级的阶级意识在实践中产生的作用进行分析。阶级意识所释放出来的变革的力量来源于资本主义的非理性这一本质特征。当我们认识到，在某种情况下，理性主义的原则无法正常发挥作用的时候，这一隐藏在资产阶级理性主义原则中的非理性特征就被释放出来了。当我们将事物理解为进程中的部分的时候，社会进程中的客体的物化的存在就解体了。

由于所谓的社会现实被看成一个过程，因此卢卡奇的论证可能产生一个令人惊奇的结果，这就是一种类似于赫拉克利特对于流动（flux）的分析的理论。卢卡奇与赫拉克利特以及很多其他的思想家如伯格森（Bergson）、威廉·詹姆士（William James）、怀特黑德和海德格尔等人一样，都认为存在仅仅是一个衍生出的范畴，历史进程是原初性的，并且其他的一切都是建立在历史进程这一原初性基础之上的东西。[36]根据这一逻辑推导下去，他就会否认构成现代工业社会的关系是永恒的存在范畴，从而导致历史之流中的固定性的解体。卢卡奇清楚地知道他对社会现实的这种理解可能带来的后果。他说："但这样一来，现实的问题就以全新的面目出现了。现在——照黑格尔的话来说——生成表现为存在的真理，过程表现为事物的真理。这就意味着，历史发展的倾向构成比经验事实更高的现实。"[37]

现在，卢卡奇用黑格尔主义的术语重新阐述了他的观点。黑格尔认为，假设存在具有可认识性的生成（becoming）是一个更高级，但却是衍生出来的范畴。关于黑格尔的这一观点我们能在《小逻辑》（也即《哲学全书》中的第一部分"逻辑学"）以及《大逻辑》（或者说《逻辑学》）中找到不同的论述。黑格尔的分析开始于存在然后进行到非存在和生成。卢卡奇继承黑格尔的说法，认为生成是原生的，而存在是次生的。在卢卡奇对生成进行社会解释的时候，他认为生成是一个被内在对抗的原则，例如过去统治现在的原则以及资本统治劳动的原则所驱动的过程。从历史的角度来看，通过事实对社会现实进行思考使人类得以将自然主体化为人的意志。因此，在人类历史的进程中才会出现社会的发展。但是与此并行的是对社会现实的"进程—自然"的掩饰，从而使社会—历史的背景变得模糊不清，并且使人类无法进行社会变革。在卢卡奇看来，每一种现象都应被看成是一个进程，只有这样才能通过一种物化的方式去理解构成进程的事实。[38]

我们再一次强调，要将卢卡奇的认识论观点与他对这种观点的应用区分开来，因为这非常重要。由于表现为过程这一形式的形而上学在非马克思主义思想中十分常见，因此，它本身不能作为区分马克思主义与非马克思主义的标准。卢卡奇所采用的这种方法类似于一种普罗泰戈拉主义思想，即把人类当成衡量所有社会事物的标准。[39]马克思将商品，或者说是被当作崇拜物的物品分解为物化的关系，这就使得我们能够将所有的社会现实都理解为一系列人与人之间的进程。也就是说，我们可以将所有的社会现实都理解为这样一系列进程，在这些进程中，人类至少从潜在性上来说是主人。与马克思一样，卢卡奇也是在复数的、阶级的层面上探讨人类的。而卢卡奇与普罗泰戈拉的区别在于，卢卡奇拥有马克思主义的信念，他认为个体不是衡量所有事物的标准，因为只有阶级才能以一种革命化的方式与现实联系在一起。

在一个更为广泛的讨论中,卢卡奇将关于进程的观念应用到了历史理论中。他的目的是要用这种历史观来取代他之前否定过的德国古典哲学。如果说历史从本质上来说应被理解为人类的产物的话,那么无论是通过先验的力量还是通过先验的价值都无法对历史进行说明,历史就因此丧失了其可以被认识的特性。卢卡奇从一种将历史解释为在社会环境中通过辩证的方式相互作用的人类活动这一优势地位出发对历史进行解释,他反对用非辩证的方式,例如通过人类来把握历史,或者像黑格尔一样通过绝对精神来把握历史。卢卡奇认为黑格尔没能理解历史的进程,黑格尔主义只是一种相对主义罢了。

很显然,如果人类活动可以被认识,那么历史只有作为人类活动的结果才能被认识。马克思主义观点的优势在于,从这种观点出发,我们可以假设出一种关于人类活动的普遍理论。我们可以明显地看出,卢卡奇在马克思思想的基础上对这一观点所做的进一步发展来源于维科的思想以及康德主义的思想。我们可以清楚地看出,维科对由于对历史的认识是人类的产物因此具有局限性的说法进行辩护而对笛卡儿主义思想试图认识一个独立的客体提出的批判,与康德主义的哥白尼革命,以及卢卡奇的观点这三者之间是有联系的。

如果我们以上的分析正确的话,那么我们就低估了贯穿在卢卡奇这篇论文中的一个坚定目标,那就是要强调马克思主义与德国古典哲学之间的差别。从某种意义上来说,他强调马克思主义与德国古典哲学之间的差别是正确的,因为发源于康德的用抽象的方法获得知识的方式仅仅在典型的马克思思想中投下了一个历史的影子而已。由此产生的知识与历史之间的联系不是发现,而是重新发掘出了维科的原初思想而已。因此,在卢卡奇看来,马克思思想与德国古典哲学之间的区别——尽管他强调马克思主义学说已经使得马克思与德国唯心主义彻底分道扬镳——只是程度上的区别而已。马克思、维科与德国唯心主义之间有着很多差别。但是,马克思对德国古典哲学通过哲学、人类学的方式获得知识这种做法的延伸,实际上是一种维科主义的观点,即我们能够认识历史只是因为我们创造了历史。[40]

《物化和无产阶级意识》这篇论文的第三部分也是最主要的部分,即"无产阶级的立场",被划分为六个部分。在这篇论义的最后一部分,卢卡奇对他在谈论黑格尔的认识论和恩格斯的反映论的时候经常用到的论证进行了总结。只有不断努力认识到矛盾对整个社会发展的意义,才能消除作为资本主义现实的普遍异化。卢卡奇说:"因此,如果对于每一个生活在资本主义社会的人来说,物化是必然的直接的现实的话,那么它的克服也只能采用这样的形式:不断努力通过与具体表现出的全部发展的矛盾具体联系起来,通过认识到这些矛盾对于全部发展所具有的固有意义,从实践上打破存在的物化结构。"[41]

这一论述让我们回忆起卢卡奇在整篇论文中反复提出的观点,即我们只有认识到现代工业社会的结构,才能摆脱现代工业社会强加给我们的限制。在这一基础上,他进一步快速地得出了四个结论:

第一,我们只有认识到物化的结构才能消除物化。出于这个原因,卢卡奇指出,无产阶级会成为历史的同一的主体—客体,而无产阶级的实践将会改变现实。他说:"只有当无产阶级的意识能够指出发展的辩证法客观上要求采取然而它自身又无力采取的步骤时,无产阶级的意识才能成长为过程本身的意识,无产阶级才能成为历史的同一的主体—客体,它的实践才能改变现实。"[42]

紧接着,卢卡奇又以两种方式对这一观点进行了限定:一方面,是我们对于一个历史的客观进程,从某种意义上来说,也就是说我们对一个已经存在的进程的意识促进了这一进程的发生。黑格尔主义关于主体性与客体性的统一的问题,通过理论与行动之间的联系得到了解决。卢卡奇的这种说法是一种非常标准的说法,其起源至少可以追溯到柏拉图。因为柏拉图指出,理念指导我们的活动,并且优先于活动的实现;[43]另一方面,卢卡奇通过否认无产阶级的意识能够——用他自己的术语来说就是——在没有帮助的情况下走完这条道路,对马克思的观点,即知识是革命的头脑而无产阶级是革命的心脏,以及列宁在马克思这一观点的基础上提出的党是革命的先锋的观点进行了辩护。[44]尽管卢卡奇看重实践,但他也同样看重拥有知识的人所能扮演的优势角色。

第二,他强调,马克思主义建立在与总体性有关的方法论的基础之上[45],但是,革命性的变革不需要关于总体性的知识。"与此不可分的一点是,与总体的关系不必表现为总体的全部丰富内容都被有意识地包括在行动的动机和目的之内。"[46]卢卡奇指出,一个人实际上并不需要关于总体的知识,很明显,这就等于是事先回避了康德主义的反对,即总体是位于经验过程之外的、无法在经验中得到的东西,因此是不可知的。如果有必要认识整体,但仅仅限于获得一种整体论的立场的话,那么可以由此推断,马克思主义与其他思想之间的差别仅仅在于观点不同罢了。

第三,他提出了一种整体主义的真理观,根据这种真理观,他建议我们根据一种行动在整个发展中的作用来判断其正确与否。他说："因此，第三，在判定一个步骤正确与否时，主要看它在整个发展中的作用正确与否。"[47] 他的目的是要将马克思思想中的实用主义因素与他对唯心主义的拒斥相对应的对客体性的重视结合起来。他指出，马克思的思想具有实用主义的特点，这是正确的。举个明显的例子，马克思认为，真理不能在理论的层面上加以证明，只能在实践中得到证明。[48] 卢卡奇强调一种客观的历史性真理，这种真理独立于我们的主观信仰，而却要通过这种真理对我们的行为进行判定，这是有问题的。与此有关的是，我们要注意到，与卢卡奇所说的这种客观的历史性真理相同的观点，正是无耻的莫斯科审判的理论基础：在莫斯科审判中，无数像布哈林（Nikolai I. Bucharin）这样的老布尔什维克被定罪，他们被定性为主观上无罪，但客观上有罪。[49]

第四，卢卡奇强调，正确的阶级会改变其对象以及自身。"这种意识突出的实践的本质就表现为，相应的正确的意识就意味着它的对象的改变，而且首先是它自身的改变。"[50] 这是一个对黑格尔著名的经验现象学观点所进行的简洁、正确的阐述。[51] 当无产阶级认识到社会现实的时候，社会现实就会发生改变，而作为社会现实的改变的结果，无产阶级自身也同样会发生改变。这是对我们所熟悉的卢卡奇以下观点的另一种表述，即无产阶级的立场能够从理论上解决德国古典哲学的问题，并且能够在实践上使资本主义转变为另外一种更好的社会形式。

到目前为止，卢卡奇在这篇论文的最后一部分所进行的讨论只是在一个更高的层面上对其之前的观点进行重复罢了，但是这种重复是毫无意义的。在他的讨论即将结束的时候，我们却发现了一个惊人的转变，这就是，他试图将物化理论与德国古典哲学的问题联系在一起。我们通过物化的消退看到了阶级意识的出现，而当阶级意识出现的时候，我们就解决了"自在之物"的问题。"只有这种认识才能使我们看清意识的物化结构及其思想形式，即"自在之物"问题的最后残余。"[52]

卢卡奇的转变在于他对德国古典哲学的核心问题采取了正确的态度。此时此刻，卢卡奇抛弃了他试图将康德之后的德国哲学描述成一种不断努力解决康德问题的类似黑格尔主义的说法。马克思在方法论上的变革的贡献不在于他进一步完成了对康德主义问题的讨论，而在于他看透了康德主义问题的本质。总之，也就是说，他认识到康德问题是与前马克思主义、古典哲学传统有关的难题。

卢卡奇提出的这种说法，即能够通过将德国古典哲学问题与方法论的错误联系在一起而看透其本质，泄露出他对很难得出确定结论的哲学本质问题感到不耐烦。从他对于反映论的评论也可以清晰地看出他这种不耐烦的情绪。在这里，他进一步超越了之前对恩格斯对于康德的解读所进行的批判，而进一步对恩格斯核心的马克思主义思想进行批判。在反映论中，我们可以看出对物化的意识来说是僵硬的、从资产阶级的角度出发来看是难以解决的二元论在理论上的具体化。[53]卢卡奇参考了令他满意的李凯尔特的唯物主义观，即思维是从物质现实中推导出来的。实际上，这种唯物主义观只是将柏拉图主义颠倒过来，并且与柏拉图主义一样具有神话的色彩。[54]

以上就是卢卡奇对那种只是表面上具有辩证特征的恩格斯机械马克思主义的批判。卢卡奇不仅认为恩格斯的方法是不正确的，他还含蓄地指出，恩格斯的错误在于通过将思维与发达工业社会联系在一起而使得思维的作用被歪曲。但是，卢卡奇并不反对一般意义上的反映论，他只是认为必须将反映论以一种全新的、恰当的、正确的辩证方式重新阐述出来。卢卡奇认为，反映论看起来像是一种辩证的斯宾诺莎主义的思想。它与思辨的唯心主义都是在近代提出总体性概念的伟大先驱。他说："因此，思维和存在是同一的，就不能说它们是互相'符合'，互相'反映'，或者说它们是互相'平行'或互相'叠合'的（所有这些说法都以隐蔽的形式包含着僵硬的二重性的思想）。它们的同一在于它们都是同一个现实的和历史的辩证过程的环节。因此，无产阶级意识中反映的东西就是从资本主义发展的辩证矛盾中迸发出来的积极的和新的东西，它决不是无产阶级杜撰的或是无中生有'创造'出来的东西，而是总的发展过程的必然结果。但是这东西首先要提高为无产阶级意识的一部分，要由无产阶级使之成为实践，它才能从抽象的可能性变为具体的现实。"[55]

反映论的经典表述与柏拉图的二元论思想一样都是神话，因为它们都不能解释具体的问题。[56]因此，解决问题的方式不是对反映论进行反思，而是以另外一种更好的方式来重新阐述反映论。卢卡奇毫无畏惧，并且非常具有创新精神。他认为，为了支持一种进程化的现实观（在这种关于现实的观念中，进程是先于所谓的事实而存在的），就必须拒斥旧有的形而上学范畴。由于一种辩证的解释无法证明思维能够认识存在，因此卢卡奇引用了马克思提出的用实践来取代理论的说法。"马克思在他的《关于费尔巴哈的提纲》里所提出的答案在于使哲学变为实践。"[57]但是，在实践的基础上判定理论问题，并不是要把哲学变为实践，而是要提出一种实践的理论，也就是要用实践来重新解释哲学。进一步说，把实践当作决定性的方面，这就引发了客观真理的问题。将实践解释为一种生成的理论也许有助于我们克服思维和存在的僵硬的二重性,但对于我们知识的本质却没有帮助。

卢卡奇用一系列对无产阶级意识的作用和条件的评论来结束这篇伟大的论文。他重复了我们已经非常熟悉的观点,即无产阶级意识反映出从资本主义的矛盾中产生的新的、积极的现实,并且按照他的说法,无产阶级意识最终会改变资本主义。卢卡奇拒斥了所有的改良主义,而一味为革命性的变革进行辩护。他再一次指出,社会改革只有通过马克思主义才能发生。从他提出的我们一定不要混淆自然辩证法和社会辩证法的说法中,我们可以推断出他是在对恩格斯进行进一步的批判。

卢卡奇在这篇论文的结尾只写了一句评论:"但是,这一改造本身却只能是无产阶级自身的自由的行动。"[58]卢卡奇进行这一评论的目的是要对他的思想进行总结,而不是揭露其思想的矛盾特征。他的论证可以被重新构建为以下几点:第一,康德的思想引发了至今未得到解决的"自在之物"的问题;第二,这一问题是所有的德国古典哲学的核心问题;第三,由于德国古典哲学与周围的社会环境之间的关系,它无法解决"自在之物"的问题;第四,马克思主义解决了这一问题。马克思主义用来解决至今未得到解决的"自在之物"的问题的方法,或者是马克思的商品分析,在这种情况下,马克思主义作为一种政治经济学取代了作为科学的哲学,或者是总体性的概念,这个概念实际上是以一种全新的、令人满意的方式重新复原了传统哲学(如亚里士多德、斯宾诺莎和黑格尔的哲学)的范畴,在这种情况下,马克思主义为哲学问题提供了一个哲学上的解答,或者是用实践来取代哲学,在这种情况下,哲学的问题就简单地被消解了。

如果我们以上分析正确的话,那么很显然,卢卡奇的分析是由一系列互不相容的因素组成的。通过一种哲学洞见,用哲学的方式来解决一个哲学问题是一回事,而将哲学问题转变到科学的层面上去,从而使之服从于一种政治经济学的方法是另一回事。还有,通过既不是哲学又不是科学的实践的方法在现实中"溶解"哲学问题也不是同一回事。以上提到的这几种策略都不能相互还原为对方,因为哲学、科学与实践之间的差别是无法调解的。卢卡奇从三种互不相容的观点出发得出的解决德国古典哲学问题的方法的前提就是将马克思主义看成哲学、科学、既不是哲学又不是科学这三种不同的概念。

卢卡奇论证中的这些矛盾,在他不断强调对这一论证的不同版本来说都是十分常见的特征时被掩盖了。这些特征包括从康德到马克思再到马克思主义的常见问题:马克思主义与德国古典哲学在方法论上的差别、德国古典哲学思想与社会环境之间的联系、现代工业社会中产生的物化以及阶级意识的革命潜能。卢卡奇已经在他的讨论中指出，以上任何一个特征都是具有争议的。卢卡奇讨论的核心议题是阶级意识的作用，而他对阶级意识的探讨或许也是最令人怀疑的内容之一。卢卡奇认为，阶级意识作出了三大重要贡献：第一，从理论的角度来看，无产阶级意识通过无产阶级的立场解决了"自在之物"的问题；第二，从实践的角度来看，无产阶级的立场会导致革命性的活动；第三，由于无产阶级意识与现代工业社会之间的关系，无产阶级意识被物化了。

阶级意识中最深刻的因素是阶级意识在资本主义之中的物化，而这一点也是最难阐述的。无产阶级意识能够解决"自在之物"的问题，这听起来不像是真的。尽管卢卡奇反复地提出了上述论点，但他始终没能对这一论点进行有力的论证。无产阶级的立场偶尔会导致革命活动，例如在东欧发生的对马克思主义在政治上进行的统治的反抗。继承了马克思的思想，列宁反对卢森堡提出的观点，即无产阶级革命活动能够自发进行。他认为无产阶级需要指导，很显然，这一观点在马克思的思想中也有所体现。卢卡奇没有对物化的概念提供最佳的诠释，但是，他指出，物化是贯穿在整个现代工业社会中的经济因素延伸出来的特殊产物，这是正确的。如果说存在某种正确的情境论的话，那么我们就不能否认，我们都受到周围环境的影响。在这种情况下，马克思继黑格尔之后强调工业革命的重要性就是可以理解的了。

卢卡奇对无产阶级意识的特殊解释令人无法接受。如果说无产阶级意识是自由活动的条件，那么他实际上就是在说，一个人变得自由的条件就是他/她已经自由了，换句话说就是，思维不是由存在决定的。我们有以下几个理由认为卢卡奇的这一观点是有问题的：第一，如果阶级意识被物化了，并且因此被其与现代工业社会之间的关系所限制，那么很显然，阶级意识就不会是自由的。根据卢卡奇的论述，阶级意识既受到限制又不受限制，既被决定又是自由的，这显然是前后矛盾的；第二，如果说阶级意识不受限制，并且没有值得我们注意的对这一观点的反对之声，那么就没有理由去期待根本的社会变革了。进一步说，尽管卢卡奇为了为正统马克思主义辩护甚至对恩格斯提出了批判，但是，从某种意义上来说，他所辩护的恰恰是一种非正统马克思主义。如果就像他所说的那样，阶级意识是自由的，并且阶级意识能够决定存在，那么就不是存在决定思维，而是思维决定存在。最后，试图克服二元论的阶级意识引发了一种新的二元论。在卢卡奇看来，康德的"自在之物"所引发的主体与客体的二元论在后来的德国哲学之中仍然没有得到解决。卢卡奇借用阶级意识来证明主体与客体的同一性。但是,他提出的阶级意识既是自由的又是被决定的观点,没有超越批判哲学已经达到的水平,而只是康德主义提出的现象的决定论与实体的自由之间的差别这一观点的另一个版本罢了。由于康德是一个唯心主义者,无论卢卡奇最初目的为何,他试图通过转向唯物主义而解决德国古典唯心主义的问题的马克思主义式的努力仍然属于唯心主义的范畴。

注释

[1] 参见《马克思恩格斯选集》,2 版,第 1 卷,15 页,北京,人民出版社,1995。马克思说:"社会解体的这个结果,就是**无产阶级**这个特殊等级。"

[2] 参见上书。马克思说,"哲学把无产阶级当作自己的**物质**武器,同样,无产阶级也把哲学当作自己的**精神**武器"。

[3] 参见上书,16 页。马克思说:"哲学不消灭无产阶级,就不能成为现实;无产阶级不把哲学变成现实,就不可能消灭自身。"

[4] 参见《马克思恩格斯选集》,2 版,第 2 卷,33 页,北京,人民出版社,1995。

[5] 参见《马克思恩格斯选集》,2 版,第 1 卷,55 页,北京,人民出版社,1995。

[6] See Georg Lukács, *History and Class Consciousness*, trans. by Rodney Livingstone (Cambridge, Mass.: MIT Press, 1971), p. 149.

[7] 关于这一著名的分析,参见 "Independence and dependence of self-consciousness: Lordship and Bondage," in G. W. F. Hegel, *Hegel's Phenomenology of Spirit*, trans. by A. V. Miller (Oxford: Oxford University Press, 1977), pp. 111-118。

[8] 关于黑格尔提出的这个著名的观点,参见 G. W. F. Hegel, *Hegel's Philosophy of Right*. trans. with notes by T. M. Knox (London: Oxford University Press, 1967), p. 11。

[9] Lukács, *History and Class Consciousness*, p. 150.

[10] 对于范畴这个概念的经典阐述,参见 Thomas S. Kuhn, *The Structure of Scientific Revolutions* (Chicago: University of Chicago Press, 1970)。而对于库恩的范畴概念所引发的不可比较性这个问题的讨论,参见 Paul Hoyningen-Huene, *Die Wissenschaftsphilosophie Thomas S. Kuhns: Rekonstruktion und Grundlagenprobleme* (Braunschweig and Wiesbaden: F. Viehweg, 1989), chap. 6: "Der Begriff der wissenschaftlichen Revolution," pp. 193-217, esp. pp. 202-217。

[11] 可变的范畴框架这一假设命题的提出会对认识具有客观性这一传统观念构成威胁,有的人正是意识到了这一点,才否认可变的范畴框架的存在。参见 Donald Davidson, "On the Very Idea of a Conceptual Scheme," in Donald Davidson, *In-*

quiries into Truth and Interpretation（Oxford：Clarendon，1984），pp. 183－198。

［12］在"重新占领"这一个标题下，相似的概念在不同的理论中起着完全不同的作用，对于这一观点的最新争论，参见 Hans Blumenberg, *The Legitimacy of the Modern Age*, trans. by Robert M. Wallace，（Cambridge，Mass. and London：MIT Press，1985）。

［13］See Lukács, *History and Class Consciousness*, p. 150.

［14］对于从他们所支持的理论框架内出发，来检验那种理论的前提的探讨，参见 Karl popper, *Conjectures and Refutations*：*The Growth of Scientific Knowledge*（New York and Evanston：Harper and Row，1965）and Edmund Husserl, *Ideas*：*General Introduction to Pure Phenomenology*, trans. by W. R. Boyce Gibson（New York：Collier，1962）。

［15］See Otto Neurath, "Foundations of the Social Sciences," in *Foundations of the Unity of Science*, 2 vols., ed. by Otto Neurath, Rudolf Carnap, and Charles Morris（Chicago：University of Chicago Press，1970），II, p. 47.

［16］卢卡奇说："至于对这一问题的实际讨论方式，那么今天不难看出，它是用纯粹黑格尔的精神进行的。尤其是，他的最终哲学基础是在历史过程中自我实现的同一的主体—客体。当然，在黑格尔那里，他是以一种纯粹逻辑的和哲学的方式提出的：通过消除外化，自我意识向自身的返回，并由此实现同一的主体—客体，绝对精神在哲学中达到了它的最高阶段。然而，在《历史与阶级意识》中，这个过程表现为一种社会—历史的过程，当无产阶级在它的阶级意识中达到了这一阶段，并因而成为历史的同一的主体—客体时，上述过程也就达到了顶点。这看起来的确已经'使黑格尔以脚立地了'，似乎《精神现象学》的逻辑——形而上学结构已经在无产阶级的存在和意识中得到了真正的实现。这一点好像又反过来为无产阶级通过革命建立一个无阶级社会，并结束人类'史前史'的历史转折提供了哲学基础。然而，这里的同一的主体—客体是不是比纯粹形而上学的构造更真实呢？真正同一的主体—客体能为自我认识（无论怎样充分，怎样真正基于对社会的全面认识，也就是无论怎样完美）所创造吗？只要我们精确地提出问题，便会看出，对此必须作出否定的回答。"参见 Lukács, *History and Class Consciousness*, pp. xxii－xxiii。

［17］关于这个观点，参见 Heinrich Rickert, *The Limits of Concept Formation in Natural Science*, trans. by Guy Oakes（Cambridge, Eng.：Cambridge University Press，1986）。李凯尔特在这部著作的第四章中，对于上述观点进行了探讨。

［18］See Lukács, *History and Class Consciousness*, p. 155.

［19］关于马克思提出的这个很显然是与黑格尔相类似的观点，参见《马克思恩格斯选集》，2版，第2卷，17~26页，北京，人民出版社，1995。

［20］这是对于黑格尔著名的历史观的经典引用。关于黑格尔思想中的历史观这一部分，参见 G. W. F. Hegel, *Reason in History*：*A General Introduction to the Philosophy of History*, trans. with an intro. by Robert S. Hartman（Indianapolis, Ind. and New

York: Library of Liberal Arts, 1953)。

[21] See Lukács, *History and Class Consciousness*, p. 159. 卢卡奇的这一论证很显然是继承了马克思对经验的范畴解释的分析。参见《马克思恩格斯选集》，2版，第2卷，17~26页，北京，人民出版社，1995。

[22] 关于黑格尔的类似论证，参见 the chapter on "Sense Certainty," in Hegel, *Phenomenology of Spirit*, pp. 58−66。

[23] See Lukács, *History and Class Consciousness*, p. 161.

[24] See *ibid.*, p. 164.

[25] Lukács, *ibid*, pp. 163−164.

[26] 关于海德格尔将真理视作去蔽，参见 Martin Heidegger, *Being and Time*, trans. by John Macquarrie and Edward Robinson (New York: Harper and Row, 1962), para. 44, pp. 256−273。

[27] 关于这一观点的详细论述，参见 Georg Lukács, "Class Consciousness," in *History and Class Consciousness*, pp. 46−82。

[28] *Ibid.*, pp. 169−170.

[29] See Hegel's well-known letter of October 28, 1808 to Niethammer, his friend: "Die theoretische Arbeit, überzeuge ich mich täglich mehr, bringt mehr zustande in der Welt als die praktische; ist erst das Reich der Vorstellung revolutioniert, so hält die Wirklichkeit nicht aus." *Briefe von und an Hegel*, ed. by J. Hoffmeister, (Hamburg: Meiner, 1952), vol. I, p. 253.

[30] Lukács, *History and Class Consciousness*, pp. 173−174.

[31] See *ibid.*, p. 180.

[32] 对于过程形而上学的经典讨论，参见 Alfred North Whitehead, *Process and Reality* (New York: Harper and Row, 1957)。而关于从实用主义的角度出发对于笛卡儿主义形而上学的拒斥，参见 Heidegger, *Being and Time*, para. 18−21, pp. 114−134。

[33] See Lukács, *History and Class Consciousness*, pp. 177−178.

[34] See *ibid.*, pp. 178.

[35] 参见《马克思恩格斯选集》，2版，第1卷，73页，北京，人民出版社，1995。

[36] 令人感到有意思的是，海德格尔指出，存在即是时间，并且他强调经验和历史。但是最终，他却退缩回了一种神秘主义的存在概念，并将它当成是历史的动力。参见 Martin Heidegger, "The Question Concerning Technology," in Martin Heidegger, *The Question Concerning Technology and Other Essays*, trans. with an intro. by William Lovitt (New York: Harper and Row, 1977. pp. 3−35)。

[37] Lukács, *History and Class Consciousness*, p. 181. Lukács emphases.

[38] See *ibid.*, p. 184.

[39] See *ibid.* , p. 185.

[40] 维科提出的那个关于人类知识与生产之间具有内在联系的著名论断，预见到了康德的哥白尼革命，参见 Giambattista Vico, *The New Science of Ciambattista Vico*, trans. by Thomas Goddard Bergin and Max Harold Fisch (Ithaca, N. Y. and London： Cornell University Press, 1970), para. 331. pp. 52－53。而对于马克思与维科之间关系的研究，参见 Tom Rockmore, "Vico, Marx and Anti-Cartesian Theory of Knowledge," in *Vico and Marx：Affinities and Contrasts*, ed. by Giorgio Tagliacozzo (Atlantic Highlands, N. J.：Humanities, 1983), pp. 178－191。

[41] Lukács, *History and Class Consciousness*, p. 197；Lukács's emphases.

[42] *Ibid.*

[43] See Plato, *Plato's Republic*, trans. by G. M. A. Grube (Indianapolis, Ind.：Hackett, 1974), 597, pp. 241－242.

[44] 列宁对于党的看法，参见列宁：《怎么办？》，见《列宁全集》，中文 2 版，第 6 卷，1～181 页，北京，人民出版社，1986。至于马克思的观点，参见《马克思恩格斯选集》，2 版，第 1 卷，1～16 页，北京，人民出版社，1995。卢卡奇对于党的分析，参见 "Towards a Methodology of the Problem of Organization," in Lukács, *History and Class Consciousness*, pp. 295－342。

[45] 卢卡奇认为，正统马克思主义指的就是一种方法。在他的论文《什么是正统马克思主义？》中，卢卡奇阐述了以上观点，参见 Lukács's essay, "What Is Orthodox, Marxism?" in *History and Class Consciousness*, pp. 1－26。

[46] *Ibid.* , p. 198.

[47] *Ibid.*

[48] 参见由塔克（Tucker）编辑的《马克思恩格斯文集》（*Marx-Engels Reader*），144 页。

[49] 对于从马克思主义的角度，对伦理与历史的客观真理之间关系的分析，参见 Leon Trotsky, *Their Morals and Ours* (Mexico D. F.：Pioneer Publishers, 1937)。

[50] Lukács, *History and Class Consciousness*, p. 199.

[51] 对于这个观点的经典阐述，参见 Hegel, *Phenomenology of Spirit*, pp. 46－57。

[52] Lukács, *History and Class Consciousness*, p. 199.

[53] See *ibid.* , p. 200.

[54] See *ibid.* , p. 202.

[55] *Ibid.* , p. 204.

[56] *Ibid.*

[57] *Ibid.*

[58] See *Ibid.* , p. 209.

第七章
黑格尔的客观唯心主义和辩证唯物主义

在之前的三章里,我们已经比较详细地回顾了卢卡奇这一天才的但却是有缺陷的论证,即他在自己最著名的马克思主义著作《历史与阶级意识》中将马克思主义作为德国古典唯心主义哲学的真理的论证。他的论证引出了理性与非理性之间的差别,或者说理性与一种从本质来说有缺陷的理性形式之间的差别。卢卡奇的讨论是对马克思、马克思主义与德国新康德主义这三者的结合。特别值得一提的是,他运用了知识的对象的非理性这一新康德主义观点。德国古典哲学认为知识的对象不是完全可知的。德国哲学传统在方法论上的缺陷取消了它成为知识源头的资格,而马克思主义方法论通过马克思主义的理性观克服了德国哲学方法论上的缺陷。

卢卡奇的论证发展到现在的阶段,仍然严格地遵循他一开始提出的论点,即在人类的发展进程中,所有的问题最终都会回到商品结构之谜中去。并且,一切问题的解决都可以在商品结构之谜的解决方法中找到。我们已经在卢卡奇的分析中分辨出了三个阶段并且对其提出了批判,这三个阶段就是:在第一阶段,他试图证明马克思的商品分析以及总体性的概念与所有其他形式的政治经济学相比都拥有绝对的优势地位;在第二阶段,他试图证明德国古典哲学由于其方法论上的根本缺陷无法解决自身的问题;在第三也是最后一个阶段,他试图证明无产阶级的立场是如何解决了那些至今未得到解决的问题的。

哲学论证,包括卢卡奇的哲学论证,从本质上来说都是很难评断的。因为假如这些哲学论证都是成功的,每一个人都被这些论证说服了,那么哲学的历史早就终结了。但即使是这样,卢卡奇的论证也难以令人信服,尤其是在广为人知的英美哲学失败、逃离现象学的浪潮下、在经院哲学这样的传统哲学后继无人的情况下,这是因为总是有可能从一个不同的层面构建出反论证,从而发展出一种新的观点。[1]而卢卡奇这一深刻但却是不成功的尝试的价值在于，他对马克思主义理论作出了重要的贡献，这些贡献包括他提出了物化、阶级意识的概念，并且他还试图证明马克思主义的理论与之前的思想相比具有优势地位这一经常出现的马克思主义论点等，以及他对后来的马克思主义讨论所产生的重大影响。

在《历史与阶级意识》的新版序言中，卢卡奇重新描述了在他的论证中出现的一些重要观点，包括同一的主体—客体这一观点。[2] 但是，他从未抛弃马克思的思想具有先天优势这一根本的马克思主义信仰。毫无疑问的是，由于他认识到了他的论证中存在的问题，他在《历史与阶级意识》之后的著作中再次对这些观点进行论证时，就采取了弱论证。然而最初的论证还是有问题的。卢卡奇已经正确地认识到，由于马克思主义语境中的物化不是在现代资本主义兴起之前产生的，他就无法反对资本主义产生之前的哲学；他被迫对他的论证加以限制，改为论证马克思主义与近代哲学，尤其是德国唯心主义哲学相比所具有的优势地位。

在《历史与阶级意识》之后的著作中，卢卡奇进一步对他的马克思主义论证进行了限制。在其马克思主义论证的最初版本中，他是通过批判非马克思主义来为马克思主义进行论证的。实际上，也就是通过指出马克思主义思想与德国古典唯心主义之间的特殊差别而对马克思主义思想进行论证，这种典型做法在他后来的著作中依然存在。在后来的著作中，他通过将马克思主义与其他与之相对立的思想进行比较研究而发展他的马克思主义观点，通过对其他的理论进行评论而论证其关于马克思和马克思主义的观点。

卢卡奇思想在晚期的发展离不开他对马克思主义和非马克思主义的区分。他一直没有停止试图通过对以上二者进行区分而为马克思主义理性所具有的特殊性质进行论证的努力。正是这一任务将卢卡奇的马克思主义思想的不同阶段连接起来。从卢卡奇 1918 年加入匈牙利共产党，到他 1971 去世的这半个多世纪的时间里，他对马克思主义的不同于他人的独特解读发生了巨大的变化，实际上，也就是他的马克思主义理性观发生了巨大的变化。

到目前为止，我们已经讨论了《历史与阶级意识》中天才般的核心篇章"物化和无产阶级意识"中的内容。在卢卡奇在此之后的著作中，我们可以找出三个不同版本的对于马克思主义与德国古典哲学相比具有优越性的论证，而他的思想体系中与此有关的内容主要集中于以下著作：第一，他通过异化问题对马克思与黑格尔之间的关系进行研究的代表著作是《青年黑格尔》(*The Young Hegel*)；第二，他对德国政治非理性主义的论证主

非理性主义：卢卡奇与马克思主义理性观
Irrationalism: Lukács and the Marxist View of Reason

要集中于《存在主义还是马克思主义?》(*Existentialism or Marxism*) 以及《理性的毁灭》(*The Destruction of Reason*)；第三，他试图构建出一种新的马克思主义本体论的代表著作是《关于社会存在的本体论》(*Zur Ontologie des gesellschaftlichen Seins*)。虽然这些著作都各有其侧重点，但以上提到的每一部著作都因为其在理论上与非马克思主义思想之间的差别而构成了卢卡奇的马克思主义理性观进一步发展的新阶段，实际上也就是一种持续不断地试图将马克思主义与德国古典哲学区分开来的努力。

在《历史与阶级意识》之后的著作中，卢卡奇进一步加强了他对黑格尔的重视，这也是他的马克思主义思想的独特之处。他与马克思主义之间的关系一直是模糊不清的。尽管在他的马克思主义思想阶段内，他一直强调自己的思想是正统马克思主义，但是他却拒斥基本的马克思主义学说。例如，在那篇探讨物化的伟大文章中，他就拒斥了马克思主义提出的社会存在决定思维的观点。他与黑格尔之间的关系同样是模糊不清的。早在转向马克思主义之前，他已经非常熟悉黑格尔的思想。可以说，黑格尔在他之前的马克思主义的美学著作中起着决定性的作用。

在卢卡奇的马克思主义著作中，他从头到尾都试图握紧黑格尔的思想。他在马克思主义阶段对黑格尔的研究是由他对正统马克思主义的兴趣决定的。他总是试图用黑格尔来理解马克思，并且试图用马克思来理解黑格尔。在《物化和无产阶级意识》这篇论文中，他分别从两个层面出发来解读思辨的唯物主义：第一个是从教条主义出发来理解黑格尔的思辨的唯物主义，他从马克思主义的角度出发，认为思辨的唯物主义就是抽象的、被意识形态所决定的理论，是对马克思思想头足倒置的颠倒；第二个是对思辨的唯物主义的创新理解，黑格尔是一位洞察到总体性的哲学家，而总体性对于我们获得关于社会环境的正确知识来说具有决定性的作用。即使是他对黑格尔的教条主义解读都颇具独创性。他强调黑格尔的《逻辑学》对于马克思思想的构建具有至关重要的作用，这大大拓宽了我们对马克思思想的理解，使我们超越了《资本论》第二版序言中的一段著名但却含糊不清的话，即马克思的思想是对黑格尔唯心主义的颠倒这一对马克思思想的传统解释。

卢卡奇早期的马克思主义思想是开天辟地的，他在之后的著作中继续强调"黑格尔是理解马克思的一把钥匙"这一思想。在《历史与阶级意识》之后，卢卡奇将他的研究范围缩小的同时进一步深化了他对黑格尔的分析。他对马克思思想中一个被人忽略的概念，即物化进行了研究，但却没有考察物化这一概念对马克思与黑格尔之间关系的重要性。我们有以下两个理由认为，虽然物化这个概念在《物化和无产阶级意识》这篇论文中是一个核心主题，但是很有可能在卢卡奇写作这篇文章的时候还没有意识到物化这个概念对马克思与黑格尔之间关系的重要性：第一，卢卡奇还没有读到马克思尚未出版的作品《1844年经济学哲学手稿》，而《1844年经济学哲学手稿》对马克思思想体系中的物化概念进行了最为详细的探讨；第二，比起黑格尔的《逻辑学》这部著作，卢卡奇更为熟悉的是黑格尔的《精神现象学》及其早期著作。在《青年黑格尔》这部著作中，卢卡奇通过探讨异化这一核心概念，对马克思与黑格尔之间的关系进行了详细的研究。

卢卡奇这本关于黑格尔的专著之所以十分重要，主要有以下几个理由：第一，据我所知，这部著作是卢卡奇对黑格尔的思想进行专门研究的最长篇的马克思主义著作；第二，根据我的了解，这部著作也是卢卡奇第一部对黑格尔思想中的哲学与经济学之间的关系进行详细研究的著作。卢卡奇在这本书的新版序言（1954年）中告诉我们，他这部书完成于1938年秋末（当时他居住在莫斯科）。但是由于不久后就爆发了战争，这本书延迟了好多年才出版。在1947—1948年有可能付印的时候，他对原稿进行过一次彻底的审阅校订。[3]卢卡奇这篇完成于苏联斯大林统治时期的专著清晰地显示出斯大林主义的教条主义的痕迹。就像完成于斯大林统治时期的其他著作一样，如卢卡奇对非理性主义[4]和存在主义[5]进行研究的著作，他的这篇著作也受制于此。

很显然，在卢卡奇于斯大林统治时期写作的包括这部专著在内的所有著作中，其正统马克思主义思想的类型甚至程度都发生了显著的改变：在刚开始的马克思主义阶段，卢卡奇将自己表现为一个正统马克思主义者，尽管他思想中的部分内容用任何一种马克思主义的标准来衡量都是非正统马克思主义。他时时声称要为正统马克思主义辩护，如果必要的话，他甚至会为此反对恩格斯的思想。但实际上，卢卡奇隐秘地拒斥了正统马克思主义的一些基本理念，例如存在决定思维这一基本的马克思思想。尽管卢卡奇在公开场合小心地宣称自己对马克思主义的忠诚，但他在私底下对马克思和马克思主义仍然有所保留，仍然保持着自己的独立思考。

众所周知，康德对精神与个别字句进行了区分[6]，而卢卡奇最初的正统马克思主义继承了德国唯心主义哲学的这一传统，保持自身在**精神**上为真，而不是在**字句**上为真。[7]卢卡奇在《历史与阶级意识》中指出，所谓正统马克思主义就是坚持马克思主义的方法，而不是局限于对马克思的个别篇章的注释。很显然，这就是试图保持对马克思主义在精神上的忠诚的表现。[8]卢卡奇对正统马克思主义做出的这种解释使他有可能对其个别字句

非理性主义：卢卡奇与马克思主义理性观
Irrationalism: Lukács and the Marxist View of Reason

进行批判，例如对与马克思主义的精神相异的所谓庸俗的马克思主义或者非正统的马克思主义进行批判。

卢卡奇早期马克思主义思想中对马克思主义的隐蔽的拒斥，在他于斯大林时期写作的著作，包括关于黑格尔的这篇专著中并非重要因素。早在1924年他公开宣称要放弃《历史与阶级意识》的时候，就表现出了一种与其早期思想中的正统马克思主义不同的、包含着卑屈意味的正统马克思主义。卢卡奇后来说过，他在斯大林统治时期所写的一些文章从本质上来说都是战术性的。[9]也就是说，我们应该注意到，在这些著作中表现出来的这种所谓正统马克思主义似乎既不忠实于马克思主义的精神，也不符合马克思主义的字句，而认识到这一点是非常重要的。就像其他的思想家，如海德格尔和保罗·德曼（Paul de Man）一样，卢卡奇也是由于政治上的原因而自愿用其杰出的天赋来为政治上的统治服务。[10]卢卡奇不但没能与斯大林主义严格地划清界限，并且还一直为其过分的行径辩护，甚至在已经没有政治压力迫使他这么做的时候仍然没有停止。[11]

如果说卢卡奇没有意识到他是如此地屈从于政治并且将斯大林主义作为自己的精神指导，那也是有可能的。其结果就是一个典型的二重性：一方面，他声称自己的思想是独立的；另一方面，他却又像奴隶一样服从于正统学说。当他在生命快要结束为自己撰写自传的时候，卢卡奇一方面说斯大林对自己的马克思主义产生了重大的影响[12]，另一方面却又说他完全拒绝了斯大林的哲学思想[13]，这显然是前后不一的说法。即使在哲学中，也可以清晰地看出卢卡奇对正统的屈从，因为即使在斯大林这个独裁者去世之后，卢卡奇仍然在引用斯大林的思想，甚至在斯大林的思想已经被赫鲁晓夫抛弃，并且由此进入一个公开的反斯大林时期的时候，对卢卡奇来说已经没有什么可怕的了，但他仍然在为斯大林的思想辩护。他对斯大林这位苏联的独裁者在20世纪30年代发动的反对普列汉诺夫主义正统学说的战役大加赞誉，声称这场战役使他认清了这样一个事实，即马克思主义不单单是一种纯粹的社会—经济理论，而是一种普遍哲学。但是，他的《历史与阶级意识》中的一个核心主题就是，马克思主义通过一个根本的方法论革命，从哲学上解决了之前的思想想要解决却无法解决的哲学问题。

卢卡奇将他对黑格尔的研究看成是一种政治上的非正统思想，因为他没有将黑格尔还原为一个纯粹的意识形态思想家。[14]但是，即使是在1954年1月完成的新版《青年黑格尔》中（这时斯大林已经去世了），卢卡奇的斯大林主义痕迹也是非常明显的。举例如下：他放弃了所有对恩格斯的批判，转而对恩格斯的思想进行持续的甚至是过分的赞扬[15]；他过分地强调费尔巴哈的重要性，将费尔巴哈描述成是将黑格尔与马克思联系在一起的不可或缺的桥梁，即费尔巴哈是一个具有黑格尔水平的思想家；并且，按照一个后来被美莎露丝（Mészáros）重新提出的观点[16]，即虽然列宁没有读到《1844年经济学哲学手稿》[17]，但他却已经意识到了马克思在《1844年经济学哲学手稿》中所说的内容；这些都是非常具有争议的说法。还有，被卢卡奇大加赞誉的不只是马克思和恩格斯，连列宁甚至是斯大林都被他称赞为对黑格尔的伟大批判家。

通过比较我们发现，从政治的角度来看，《青年黑格尔》比《历史与阶级意识》更加正统。但是，从哲学史的角度来看，《青年黑格尔》与《历史与阶级意识》相比是进步了。其进步之处在于，卢卡奇对之前的一些错误进行了纠正，包括著名的在物化的名义下对"异化"与"对象化"的混淆，现在，卢卡奇将之归结为黑格尔的错误。[18]而卢卡奇对哲学的看法也发生了改变，现在的他比以前更看重哲学。《历史与阶级意识》为我们提供了一种将非马克思主义视为意识形态的马克思主义观。当时的卢卡奇认为，德国古典哲学被发达工业社会中的物化所扭曲，并且资产阶级的兴趣在于保持其特权地位。马克思主义是通过一种总体观，或者说是一种超越阶级的对于社会的兴趣而获得了真理。现在，卢卡奇放弃了对哲学的马克思主义解读，转而采用了一个黑格尔的著名观点，即一种思想必然会受到其当时的历史环境的影响。[19]他运用这一观点来解释黑格尔的思想，认为黑格尔的思想是由哲学因素和经济学因素共同构成的。

尽管卢卡奇严厉地批评唯心主义是一种资产阶级思想，但他对黑格尔的研究却在非马克思主义的黑格尔研究中被广泛接受，这并非偶然。[20]卢卡奇的著作是黑格尔研究的杰出典范。卢卡奇十分熟悉黑格尔的哲学，他对黑格尔的研究也非常细致；他还认识到了黑格尔思想中的一些矛盾之处，并且试图将黑格尔还原到当时的历史环境之中去。在这里，卢卡奇表现出对黑格尔的早期著作及其历史背景、思想背景以及之前探讨黑格尔早期著作的次生文献的杰出把握。他根据黑格尔先后居住过的地方——伯尔尼、法兰克福、耶拿以及对于黑格尔与谢林的破裂和《精神现象学》结构的详细研究，将其对黑格尔的考察自然地分为四个部分。

在之前，卢卡奇曾将哲学还原为意识形态，而在这部书中，他利用对黑格尔思想的马克思主义解读而缓和了之前的做法。在《青年黑格尔》的导论中，他指出，德国古典哲学的发生和发展史是马克思主义哲学史里一个重要而尚未彻底澄清的问题，而他的目的就是要对其进行研究。[21]他还进一步指出，以下四个观点将会贯穿他的整个讨论：

非理性主义：卢卡奇与马克思主义理性观
Irrationalism: Lukács and the Marxist View of Reason

第一，他认为，我们从来没有对德国古典哲学的发生和发展史问题作过具体的历史说明，从来没有对现有的事实和文献作过具体的分析，从来没有对有关这一段发展的最重要的错误和欺骗性的资产阶级理论进行过坚决彻底的批判。[22]他之前对物化进行讨论的一个核心动力就是要揭示出资产阶级的主体性概念的根本缺陷，从而为他用作历史的同一的主体—客体的无产阶级的概念取代资产阶级的主体性概念进行辩护。在这本书里，卢卡奇对于非马克思主义的主体观的关注扩展了他之前的分析。

第二，他指出，在资产阶级科学里，德国古典哲学的发生发展史长期以来是根据黑格尔自己的天才的但唯心主义地歪曲了的并且在许多方面图示化了的历史观念来解释的，而卢卡奇的目的就是要从黑格尔的解释中解放出来。[23]因此，他像许多其他的思想家一样，都希望提供一种对近代德国思想的全新的、非黑格尔主义的解读。[24]而他与其他思想家的区别在于，他希望构建出一种这一阶段的特殊的马克思主义"解释学"。也就是说，他希望构建出一种尊重马克思主义基本信仰，例如关于马克思的理论是对黑格尔的颠倒这一信仰的解释。

第三，卢卡奇指出，由于黑格尔作为客观唯心主义者把哲学视为概念的自身运动，他就不能不把关联头脚倒置。[25]在这里，卢卡奇通过引用以下两个著名的马克思主义观点而重申了正统马克思主义的思想：第一个观点是思辨的唯心主义将概念与对象之间的关系颠倒过来；第二个观点是马克思的思想是对黑格尔的颠倒。

第四，他表明，"恩格斯曾多次地指出，每一个哲学体系确实都是与它以前的哲学里的未决问题关联着的。但是，作为唯物主义的辩证法论者，他曾反复地指明，这种纯粹的哲学关联只是现实关联的表面现象，哲学史必须落实到现实的底层的客观的基础上"[26]。由于他以前曾经对恩格斯这位马克思主义创始人进行过批判，因此，他现在公开表明自己对恩格斯的信心具有非常重要的意义。他重新调整了自己对恩格斯思想的态度，是为了在马克思、第一位马克思主义者恩格斯、马克思主义的首位政治领袖列宁以及斯大林这几位号称马克思与马克思主义继承人的当前执政者之间构建出一个天衣无缝的联系网。卢卡奇除了重新强调恩格斯的辩证唯物主义之外，还对第二国际的机械化的马克思主义进行了批判。他进一步强调了列宁的哲学著作以及最新出版的马克思和恩格斯的著作的重要性，从而建立起了被他称为是"持续的马克思列宁主义立场"。

卢卡奇的这一观点在哲学上的重要性在于，他接受了马克思主义的立场，认为哲学问题可以在哲学之外的层面上得到解决，也就是通过洞察到潜伏在那些哲学问题之下的基础来解决那些哲学问题。很显然，由此可以得出的推断是，只有政治上是正统的马克思列宁主义才能对社会现实做出深刻的、不是浮于表面的分析。而这与他在《历史与阶级意识》中的观点恰恰相反。他在《历史与阶级意识》中指出，哲学，或者说所谓的纯哲学顶多能对表象作出肤浅的、最终是错误的分析，这是因为哲学问题的基础在于社会现实中的经济维度。以前，卢卡奇曾经通过强调像总体性这样的哲学范畴，部分地接受但也抗拒哲学必然是错误的这一马克思主义观点。但是，在这里，他已经不再抗拒，而是全身心地接受了这一正统马克思主义的观点。

要想理解卢卡奇的黑格尔研究在哲学上的重要意义，我们就必须将其接受正统马克思主义的政治动机与他从马克思主义的角度对黑格尔的思想进行的哲学分析区分开来。卢卡奇强调，他之所以要对黑格尔进行马克思主义分析，是为了以此为例说明马克思主义看待哲学史的方法。从哲学的角度看，他对于黑格尔的研究方法既是一种情境论，又是一种还原论。这包括他试图在其社会环境和政治环境中来理解思辨的唯心主义，也包括他试图将思辨唯心主义还原为产生思辨唯心主义的环境。而我们一定要认识到这两种对哲学进行解释的互不相容的方式之间的差别，因为这一点非常重要。黑格尔曾经提醒我们，在特定的历史背景中研究一种哲学思想通常具有非常重要的意义。[27] 不能将情境论的解释方式与一种与情境论不相容的、更为极端的解释方式，即将一种理论"还原"为其环境的方式相混淆，例如某种形式的马克思主义与精神分析学就是这样的还原主义。

要解释哲学在马克思主义语境中所起的作用，我们就要在一个具体的社会环境中来对其加以考察。卢卡奇相信，德国古典哲学的基本洞见反映出了当时的政治事件，尤其是法国大革命。他将揭示出德国哲学与当时的政治事件之间的复杂关系看成是自己的任务。他认为，黑格尔的重要性主要在于以下三个方面：第一，"黑格尔不仅在德国人中对法国革命和拿破仑时代持有最高和最正确的见解"；第二，"而且他同时是唯一的德国思想家，曾认真研究了英国工业革命问题"；第三，"他是唯一的德国思想家，曾把英国古典经济学的问题与哲学问题、辩证法问题联系起来"。[28]

在这里，卢卡奇调整了他之前对马克思主义之中的经济学、哲学与辩证法之间关系的看法。在《历史与阶级意识》中，他曾经正式表明德国古典哲学与马克思主义之间的断裂在于马克思转向了政治经济学。他对于马克思与德国唯心主义同行之间关系的这种理解是不公平的，因为他忽略了德国唯心主义哲学家对于经济学的关注。德国唯心主义哲学家中的费希特[29]，尤其是黑格尔，都对政治经济学深感兴趣。现在，卢卡奇调整了他之前的说法，是因为他从黑格尔的文本中读出了对于近代政治经济学的关注。[30]黑格尔这个例子说明德国古典哲学与马克思主义之间的差别不在于是否关注经济学，而在于他们对于经济学的理解方式不同。

卢卡奇对唯心主义与唯物主义之间差别的重新理解使得他在认识黑格尔的贡献时有了更大的灵活性。他的主要任务是要考察经济学在黑格尔思想中所扮演的角色，特别是要从马克思在《1844年经济学哲学手稿》中对黑格尔青年期发展的评论出发来对其进行考察："马克思在1844年他的《1844年经济学哲学手稿》里明白表示：'黑格尔的现象学的伟大……因而完全在于，黑格尔把人的自我产生理解为一个过程，因此，他掌握了劳动的本质，并将客观的人、现实的因而是真实的人，理解为他自己的劳动的结果。'"[31]卢卡奇将他对马克思这一论断的理解当作自己思想的核心。他认为，马克思这句话的意思是："黑格尔哲学是与英国古典政治经济学多么相类似的一种思想运动。"[32]

卢卡奇一方面关注黑格尔所作的贡献，与此同时，他仍然试图保持但却要重新定义唯心主义与唯物主义之间的差别。他认为，唯心主义总是并且必然无法获得真理。尽管黑格尔具有天才般的洞见，但最终仍然只表现出一种唯心主义的辩证法以及一种唯心主义的解释学。卢卡奇呼吁人们关注黑格尔解释学的内在局限性，不仅是为了正确理解黑格尔的思想，还是为了建立起一种"哲学史中的方法论视角"，即一种运用经济学与哲学之间的内在联系来对哲学史作出独一无二的马克思主义解释的方法。他试图通过从黑格尔以及被后来的思想家进一步发展的黑格尔主义中解放出来而纠正所谓的唯心主义的歪曲。

通过认识到非马克思主义者（如黑格尔）对政治经济学的关心，卢卡奇修正但却没有完全打破其对于马克思主义与德国古典哲学之间关系的理解。卢卡奇的这种修正具有非常重要的意义。因为通过这种修正，尽管他仍然坚持认为黑格尔的思想拥有内在局限性，但他比以前更为重视黑格尔的思想并且对其进行了更为详细的研究。其结果就是一个相对丰富的、实际上是非常丰富的对于黑格尔主义理论的解读。尽管卢卡奇仍然保持着严格的马克思主义立场，这使得他无法放弃唯心主义具有局限性这一看法，但他对于黑格尔理论的全新解读仍然表现出他对于黑格尔思想的本质和发展的深刻洞见。现在，卢卡奇小心地指出，"辩证唯物主义的诞生——从科学学说的观点来说——与这种经济生活辩证法的发现出于同时，绝不是偶然的。恩格斯在《德法年鉴》里论述经济学范畴的那个'天才的草案'和马克思的《1844年经济学哲学手稿》,都明确地标志着这个开端"[33],并且,"在马克思的书里,一方面分析了古典经济学家的观点里的辩证本质,另一方面又分析了黑格尔《精神现象学》里的经济基础,也绝不是偶然的"[34]。

在《历史与阶级意识》中,卢卡奇表明,马克思主义发现了历史发展的真实因素,即真正的历史的主体—客体,并用之取代了关于历史主体的神话概念。在研究黑格尔的时候,他将《历史与阶级意识》中的思想进一步延伸,或者说是对其进行了补充。从前,他认为马克思的思想是从黑格尔思想中产生出来的,而现在他认为,马克思的思想与黑格尔的思想分道扬镳了。他对马克思的思想发展进行小心研究的时候指出,在青年黑格尔的思想中,辩证法与经济学之间的关系是按照年代学的方式组织起来的,也就是按照年代学所提供的空间以一种体系化的方式组织起来的。[35]例如,卢卡奇在探讨青年黑格尔的共和国思想时期这一章中对实证性进行了研究[36],而在探讨黑格尔在法兰克福时期辩证方法的萌芽这一章中也有关于实证性的讨论[37]。卢卡奇还在法兰克福时期这一章以及后来的耶拿时期这一章中分析了黑格尔的经济学观点。

卢卡奇对黑格尔的研究,与他在马克思主义时期写作的其他著作一样,都侧重于同一个观点,这就是,他从未放弃证明唯物主义优于唯心主义这一目标。但是,比起这部著作的题目,这部著作涉及的范围以及兴趣都要广泛得多。其广泛的兴趣来源于这样一个事实,即卢卡奇超越了他所宣称的要达到的目标的限制,而对一系列更为宽泛的问题进行了思考。他思考的内容包括黑格尔思想的发展这一标准问题,例如黑格尔早期未发表的文本以及一些最为著名的特定问题,例如实证性、经济学以及异化的问题等等。

卢卡奇之所以会不断超越自己表明的研究题目的局限性,是因为他同时忠实于黑格尔和马克思的思想。作为一个马克思主义者,他一直坚持认为马克思的思想具有优越性。但是,我们也没有理由怀疑他对黑格尔的熟悉以及对其真诚、深切而又持续的崇拜。这一点在他前马克思主义时期的作品中已经表露无遗,而现在,我们同样可以通过他将黑格尔这位辩证唯心主义创始人描述成是德国最伟大的哲学天才看出他对黑格尔的深深崇拜。[38]他对黑格尔和马克思两个人的忠诚导致了一种奇怪的情况,这就是卢卡奇一方面坚称黑格尔与其他的哲学家相比具有优越性,另一方面却也坚称马克思与黑格尔相比具有优越性。他认为,辩证唯心主义超越了主观唯心主义[39],但是,辩证唯心主义却最终沦为一种"辩证的单色印刷品",

也就是指内在于唯心主义之中的神秘主义的甚至是神话般的因素。[40]

卢卡奇在研究黑格尔时所表现出来的广泛兴趣还表现在他对于宗教这一议题的研究。马克思对宗教这个主题并不是非常感兴趣,只是在他早期著作之后才偶尔提及。马克思主义则通常对宗教采取一种不同的态度。从马克思主义者经常不分青红皂白地使用还原主义方法来对待宗教的行为,就可以看出许多马克思主义者对宗教的情绪。[41] 卢卡奇对黑格尔宗教观的研究——这对我们理解卢卡奇的思想是非常重要的——是公平、公正的。尤其是将卢卡奇与其他或者声称黑格尔是全身心投入宗教、或者声称他完全远离了宗教的观察者进行对比的时候,我们就会发现卢卡奇对于黑格尔的宗教观研究是非常公正的。他反对哈林和拉松等人显然是受到黑格尔骄傲地宣称自己是一个路德主义者的影响[42],而将思辨唯心主义与新教教义等同起来[43]。

在卢卡奇看来,黑格尔一开始在伯尔尼时期对于宗教采取的批判态度,在法兰克福时期已经被一种赞成宗教的态度所取代,而后来在耶拿时期,他对于宗教的态度又变得模糊起来。海涅对于现实性与合理性作出的著名评论最近已经得到了人们的肯定。[44] 卢卡奇引用海涅的评论,建议当下激进的思想家们至少能将黑格尔视为一位进步的思想家。黑格尔对于宗教问题的态度是模棱两可的,这是因为他不愿意承认来世是其本质。同样的道理,卢卡奇还注意到黑格尔在不相信有可能在当前社会重构希腊社会环境以后,便再也不愿在当前社会之外寻找社会问题的解决方式。

考虑到卢卡奇的马克思主义立场,他能对黑格尔思想中的宗教问题进行小心、公正的探讨,这比他试图说明唯物主义与唯心主义相比具有优越性更让人吃惊。他在《历史与阶级意识》中指出,由于资本主义的兴起而产生的物化是马克思思想中的一个核心范畴。但是,他还指出,德国古典唯心主义之间的差别,包括黑格尔与马克思之间的差别在于根本的方法论差别。而马克思《1844年经济学哲学手稿》的出版使得卢卡奇能够看到异化——这是一种比他的物化概念更深层的形式——才是马克思思想的核心。[45] 现在,卢卡奇认为,马克思与黑格尔之间的差别,延伸出去就是唯物主义与唯心主义之间的差别在于是否对异化做出了正确的理解。

他为了证明以上观点而对黑格尔思想进行年代学的研究,从现存最早的手稿一直研究到《精神现象学》。《青年黑格尔》这部著作为我们提供的一系列特殊的分析在最后一章"黑格尔与谢林的破裂和《精神现象学》(耶拿,1803—1807)"中的最后一节"'外化'是《精神现象学》的中心哲学概念"中得到了汇总。

第七章 黑格尔的客观唯心主义和辩证唯物主义

卢卡奇认为,黑格尔对于异化的关心,也就是他对于经济学的关心,来源于黑格尔早期对于实证性的兴趣。黑格尔早期对于实证性的关心在后来的一些著作中历经一系列转变后消失了。但是,虽然实证性这个概念在后来的黑格尔著作中消失了,但是这并不代表社会环境中的人类实践与劳动产品之间的辩证关系这个问题消失了。[46]卢卡奇在黑格尔的著作中发现外化这个概念逐渐涌现出来,并在后来的《精神现象学》中变成了核心的哲学概念。卢卡奇认为,之前一些思想家,特别是康德和费希特(也包括谢林),黑格尔提出的外化观与他们的观点相比是一个重大的进步。但是,卢卡奇还认为,由于黑格尔的唯心主义立场,他没能对外化提供一个恰当的解释。出于这个原因,马克思对《精神现象学》的批判是他从具有内在局限性的唯心主义向正确的世界观,或者说是辩证唯物主义转变的关键。

卢卡奇对黑格尔的思想发展进行年代学研究的时候,特别关注黑格尔的政治经济学知识及其思想体系中的相关概念。他试图将黑格尔对实证性这个概念的理解[47]与黑格尔思想体系的诞生联系起来,特别是他对近代政治经济学的研究以及他对从中借鉴来的观点的逐渐综合是非常有趣的。[48]黑格尔对构成现代社会的真实力量的关注度逐渐加深。卢卡奇认为,在《精神现象学》中,外化的概念至少是部分地取代了实证性这个概念,他的认识是正确的。[49]一开始,黑格尔用外化这个概念来指称一种体系,或者说是与主体性和人类实践相对立的观念的复合体。

为了将马克思与黑格尔区别开来,卢卡奇特别关注他们对于"外化"的不同看法。据我所知,在卢卡奇之后,再也没有人能提供比卢卡奇对黑格尔思想中,尤其是《精神现象学》中的外化概念所进行的研究更为恰当的研究了。我们必须认识到,卢卡奇在呼吁我们关注黑格尔思想中的这一层面上起到了先锋的作用。但是,由于他对于马克思的依赖,卢卡奇在呼吁我们关注黑格尔的外化观的同时,也歪曲了黑格尔的外化观。

在黑格尔的思想中,"外化"这个概念一般来说用来表达"社会中的人类实践与人类创造出的客体对象之间的辩证关系"[50]。卢卡奇发现,在《精神现象学》中,黑格尔的外化概念可以分为三个阶段[51]:第一阶段的含义是指与人的一切劳动、一切经济和社会活动结合着的那种复杂的主体—客体关系;第二阶段的外化是指马克思后来称之为拜物教的那种特殊的资本主义形式的外化;第三阶段是这个概念的一种广阔的哲学概括,这里,"外化"与"物性"或"对象性"具有相同的意义。卢卡奇在黑格尔在《精神现象学》这部著作的讨论中,发现了黑格尔将社会视为客观精神的根源,以及一种超越了之前的唯心主义者的历史观。卢卡奇相信,黑格尔经济学理论基础的不足从他将外化的第一种形式与一般意义上的外化相混淆就有所体现。这是因为，卢卡奇认为黑格尔将资本主义与其社会环境混淆了。在外化的第三种形式，即与"物性"或"对象性"具有相同意义的外化形式中，卢卡奇在从同一的主体—客体回到自身的旅途中发现了客体性。

他运用外化来证明马克思与黑格尔相比的高明之处，这就预设了这两个思想家都是用一种相同的、或者说是相似的方式来使用外化这一术语的。但是，如果马克思和黑格尔是以不同的方式、在不同的含义下运用外化这一术语的话，那么他们的思想就是不可比较的了。现在，卢卡奇通过指出他在《历史与阶级意识》中将马克思加以区分的异化与对象化这两个概念相混淆是受到黑格尔的影响，从而呼吁我们关注外化这同一个术语的两个不同指称之间的差别。

事实上，不只是同一术语的指称不同，这两个指称所处的马克思和黑格尔两人的思想也是根本不同的。马克思主要关心的是用人类活动以及人类活动创造出的对象，尤其是劳动去理解社会。马克思的目标是要找出从一种人类由于利润的原因而被异化的社会形态转向另外一种我们每个人都可以作为人自由地发展的社会形态的真实可能性。但是，我们没有理由认为，黑格尔也关心这同一个目标。

马克思和黑格尔的根本目标之间的差别是清晰可见的，这从他们对政治经济学的掌握程度就可见端倪。马克思在思考自由这一理念的发展时，自然与黑格尔有着同样的目标。但是，黑格尔不像马克思那样，拥有从一个经济学优先的视角出发，将自由得以延伸出去的真实条件看做是一个长期奋斗、并且最终取代现代资本主义的功能的目标。即使我们假设卢卡奇从经济学的角度出发认为马克思拥有更为丰富的政治经济学知识这一严格的说法是正确的，也不能由此推断出，从哲学的角度来看，马克思的思想与黑格尔相比具有优越性。毫无疑问，马克思比黑格尔更为熟悉政治经济学。卢卡奇认为，黑格尔从未超越非马克思主义的思想，或者说是所谓的资产阶级政治经济学，尤其是亚当·斯密的思想[52]，并且，他还认为黑格尔没有认识到阶级对抗的重要性[53]，这都是正确的看法。在黑格尔的思想中，没有与马克思对于剩余价值的研究相似的、能够望其项背的内容。但是，只有当我们比较两人的思想是否关心从经济学的角度出发，并且只能用经济学的方法解决的一个问题或多个问题的时候，上述观点才具有重要性。

很显然，卢卡奇在这里对于黑格尔与马克思之间关系的解读，与他之

第七章 黑格尔的客观唯心主义和辩证唯物主义

前写作的《物化和无产阶级意识》这篇论文是有连续性的。在《历史与阶级意识》中，卢卡奇指出，自康德开始的所有德国古典哲学想要解决的问题都被马克思解决了，这一论证在这里的范围缩小到了仅限于黑格尔和马克思两人。然而，他对于两人由于从年代学上是前后相继的，因此在思想上也具有连续性的假设却没有改变。现在，卢卡奇假设，黑格尔所关心的问题也是马克思所关心的问题，而且他还假设，只有马克思解决问题的方法才是正确的。卢卡奇相信，在《精神现象学》中，黑格尔关心的是将资本主义的概念转译为辩证法的语言，但他真正的目标是要将商品关系进行现象学还原。[54]这后一个观点与卢卡奇之前对于物化的分析极其相似。只有当黑格尔以及马克思之后的德国古典哲学传统都关心商品分析的时候，才能说马克思的理论与他们相比具有优越性。只有像马克思所说的，资本主义是建立在商品关系的基础之上的，并且只有黑格尔致力于对经济基础进行分析，卢卡奇的这一描述才是正确的。但是，卢卡奇忽视了一点，这就是，马克思所关心的对于近代工业社会的结构基础的分析，与黑格尔所关心的关于经验的现象学的科学及其相关问题，这二者之间是有区别的。与马克思不同，黑格尔对资本主义的兴趣是有限的[55]，并且他对现代资本主义的长期经济前景并不感兴趣。[56]

卢卡奇这一论证的主要组成部分在于他对于黑格尔思想体系中的外化概念的探讨。他指出，黑格尔把通过研究经济学和历史所找出来的那种客观性提高成哲学的普遍性，在这个发展过程中，"外化"或"异化"这一名词就逐渐取得了黑格尔思想体系的中心地位。[57]我们清楚的是，黑格尔使用了这些术语，但我们不清楚的是，这些术语取得了黑格尔思想体系的中心地位，而卢卡奇也没有对此加以证明。他没有对此加以证明，而只是简单地提出了这个观点，这就是——就像在马克思的《1844年经济学哲学手稿》中，或许也在马克思的其他著作中一样，在黑格尔的《精神现象学》中——与现象、问题以及异化的概念相关的那些术语都占据着他们思想的核心地位。

卢卡奇试图使他对于黑格尔外化概念的描述，成为他对黑格尔思想中的辩证法与经济学之间关系进行研究的理论制高点。但是，他对于黑格尔思想中的外化概念的描述非常简略，尤其是对于外化概念在黑格尔思想体系中的地位的观点就极其简略并极具误导性。卢卡奇习惯于大篇幅地引用，但他在对黑格尔的外化概念进行说明的时候，只从《精神现象学》中引用了很短的一段话。他没能对自己的论证提供更多文本上的依据。或许这并非偶然，因为从黑格尔的文本中很难找出能够证明卢卡奇观点的典型范例。

我们只要考察一下黑格尔的文本就会发现，卢卡奇所定义的外化概念的第三阶段，事实上是黑格尔文本中外化的主要的或许是唯一的阶段。

在《精神现象学》中，黑格尔在分析一系列不同的问题时，都反复提到了外化。[58]或许，从某个单独的篇章，或是某个篇章中的一段来看不是这样，但总的来说，黑格尔在《精神现象学》中所关心的外化，并不是马克思所关心的那种外化，即从生产活动中产生的或者是在生产过程中产生的外化。黑格尔对马克思所关心的那种外化所进行的研究，仅限于《法哲学》这部著作。[59]马克思认为黑格尔没能充分认识到劳动的消极层面，这很可能是正确的。但是，马克思认为，黑格尔对于劳动的探讨是《精神现象学》的核心主题，这是不正确的。当然，卢卡奇比我们都清楚。但实际上，即使他在写作生涯的这一阶段局限于一种严格的正统马克思主义，他继承了马克思的观点仍然是错误的。

卢卡奇把他对《精神现象学》中的外化概念的解释当作是他对唯心主义进行批判的基础。他的批判是对马克思在《1844年经济学哲学手稿》中对黑格尔进行的批判的扩大和重述。[60]卢卡奇对《精神现象学》中的外化概念的解释对于当下讨论的目标来说显然是不够用的。他对于黑格尔的研究应该是长期的[61]、详尽的，但是他对于马克思和马克思主义与黑格尔相比具有优越性的论证，在很大程度上依赖的都是他对于黑格尔外化概念的解读。出于这个原因，如果我们不想简单地假设卢卡奇的观点就是真理，或者说不想对卢卡奇的观点盲目信仰的话，就必须设法对卢卡奇提供给我们的解释进行更为完整的解释。要更为完整地分析，就要对黑格尔的概念进行详细考察，但实际上我们却被要求在没有必要的文本证明的情况下假设卢卡奇对黑格尔的解读是正确的。值得注意的是，卢卡奇只用了不到10页的篇幅来阐述在黑格尔早期著作中已经出现并在《精神现象学》中达到顶峰的概念，但却用了20多页来重新阐述马克思对黑格尔思想的批判并且为其批判进行辩护。

如果我们认识到马克思思想与黑格尔思想之间的差别的话，那么卢卡奇认为马克思在《1844年经济学哲学手稿》结尾处对黑格尔《精神现象学》进行的批判性讨论是构成马克思从黑格尔的思想过渡到自己的思想的一个基本步骤，就是正确的看法。然而，这个小小的正确结论对卢卡奇当前的讨论来说却是不够的，因为它没能证明马克思对黑格尔的批判是否正确。卢卡奇没能说明黑格尔实际上是被误解了，甚至是被其非马克思主义学徒所误解。与此相反，卢卡奇证明的是，黑格尔没有被充分理解，因为黑格尔思想中的一些重要层面，例如外化概念以及他将政治经济学整合进自己思想的努力都被人忽视了。更广泛地说，卢卡奇没能证明，当我们理解真实的黑格尔的时候，马克思、恩格斯、列宁和斯大林对黑格尔的批判都是正确的。[62]

在《青年黑格尔》这部著作中，卢卡奇对于我们对黑格尔的认识作出了重要的贡献。但是他对于唯物主义优于唯心主义的论证却是失败的，因为他没有提供文本依据。我们可以承认卢卡奇提出的与黑格尔相比马克思拥有更多关于经济学和经济现实的知识的说法，但不必接受他由此推出的唯物主义超越了唯心主义的结论。在这里，卢卡奇再次提出了他在《物化和无产阶级意识》这篇论文中反复出现的观点，即尽管唯心主义有自己的成就，但由于资本主义对德国古典哲学的影响，唯心主义最终还是沦为神秘主义这个观点。卢卡奇认为，马克思证明了黑格尔的"非批判性的唯心主义"以及"非批判性的实证主义"必然是从他的社会存在中推导出来的[63]，卢卡奇还进一步指出，资产阶级社会的矛盾在黑格尔的辩证法中达到了顶峰[64]。但是，由于卢卡奇在《青年黑格尔》全书中都坚持认为黑格尔主义的唯心主义具有批判性的特点，因此他现在指控黑格尔在某些层面上是非批判性的，或者完全就是非批判性的，这种或许是前后不一的说法就显得非常奇怪。卢卡奇背负着正统马克思主义的责任，我们只有记住这一点，才能理解卢卡奇的难处。

在卢卡奇对于唯物主义优于唯心主义的信仰中一个更为深层的、更为核心的问题是，他坚信黑格尔的思想是被其产生的环境所歪曲了。就算由于马克思反对黑格尔主义唯心主义的神秘主义前提存在的真实因素，卢卡奇就接受了黑格尔的思想发生了错误这一信念[65]，但不该也不能由此进一步推断出黑格尔的错误来源于其思想与社会环境之间的关系这一结论。卢卡奇只有证明黑格尔的思想是被其产生的环境歪曲了，资本主义使得黑格尔走入了歧途，才能推断出黑格尔的错误来源于其思想与社会环境之间的关系这个结论。由于卢卡奇只是简单地提出这个结论，却没能对此加以证明，因此就不能由此推断出唯物主义优于唯心主义。总之，卢卡奇对于黑格尔思想中经济学与辩证法之间关系的分析对我们非常有帮助，但是，他没能证明黑格尔唯心主义思想最终沦为神秘主义并且最终被马克思的唯物主义所克服。

注释

[1] 在我们的时代中，雷舍尔对于这个观点所做出的解释是最令人信服的。参见 Nicholas Rescher, *The Strife of Systems* (Pittsburgh, Pa.: University of Pittsburgh

Press,1979)。

[2] See Georg Lukács, *History and Class Consciousness: Studies in Marxist Dialectics*, trans. by Rodney Livingston (Cambridge, Mass.: MIT Press, 1971), p. xxiii.

[3] See Georg Lukács, *The Young Hegel. Studies in the Relations between Dialectics and Economics*, trans. by Rodney Livingstone (Cambridge, Mass.: MIT Press, 1975), p. xi.

[4] See Georg Lukács, *The Destruction of Reason*, trans. by P. Palmer (Atlantic Highlands, N. J.: Humanities, 1981).

[5] See Georg Lukács, *Existentialismus oder Marxismus?* (Berlin: Aufbau, 1951).

[6] See Immanuel Kant, *Immanuel Kant's Critique of Pure Reason*, trans. by Norman Kemp Smith (London and New York: Macmillan and St. Martin's, 1961), B xliv, pp. 20–21.

[7] 对于这个观点的讨论,参见 Tom Rockmore, "Idealistic Hermeneutics and the Hermeneutics of Idealism," *Idealistic Studies* 12, no. 2 (1982): 91–102。

[8] See "What Is Orthodox Marxism?" in Lukács, *History and Class Consciousness*, pp. 1–26, esp. p. I.

[9] 很显然,在这一点上,卢卡奇与海德格尔十分相似。海德格尔后来就宣称,他与国家社会主义的全方位妥协完全是战术性的。参见 Martin Heidegger, "The Rectorate: Facts and Thoughts," trans. by Karsten Harries, *Review of Metaphysics* 38 (March 1985): 481–502。

[10] 科拉科夫斯基认为,在这一点上,卢卡奇是一个突出的背叛理性的例子,而科拉科夫斯基的看法是正确的。参见 Leszek Kolakowski, *Main Currents of Marxism*, trans. by P. S. Falla, 3 vols. (Oxford: Clarendon, 1978) vol. 3, p. 307。然而,令人感到遗憾的是,海德格尔、保罗·德曼以及在政治上的辩护者都在持续证明,在这一点上,卢卡奇并不是一个特例。参见 Tom Rockmore, *On Heidegger's Nazism and Philosophy* (Los Angeles: University of California Press, 1991)。

[11] 关于这一点,我们可以参考伊什特万·沃斯(István Eörsi)在卢卡奇的自传中所写的序言。参见 Georg Lukács, *Pensée Vécue, Mémoires Parlés*, trans. by Jean-Marie Argelès and Antonia Fonyi (Paris: l'Arche, 1986), p. 21。

[12] See Georg Lukács, *Pcnsée, Vécue, Mémoires Parlés*, p. 119.

[13] See *ibid.*, p. 141.

[14] See *ibid.*

[15] 令人感到奇怪的是,卢卡奇将黑格尔思想中的方法与体系之间具有矛盾这一观点同时归功于马克思和恩格斯,然而事实上,这个观点是他从拉斯克那里借鉴来的。参见 Lukács, *Young Hegel*, pp. 225, 557。

[16] See István Mészáros, *Marx's Theory of Alienation* (London: Merlin, 1970), p. 93.

［17］See Lukács, *Young Hegel*. p. 562.

［18］See Lukács, *History and Class Consciousness*, p. xxiii.

［19］See G. W. F. Hegel, *Hegel's Philosophy of Right*, trans. with notes by T. M. Knox（London：Oxford University Press, 1967）, p. 11.

［20］See, e. g., Jean Hyppolite, *Studies on Marx and Hegel*, ed. and trans. by John O'Neill（New York：Harper and Row, 1973）, chap. 4："Alienation and Objectification：Commentary on G. Lukács' *The Young Hegel*." See also H. S. Harris, *Hegel's Development I：Towards the Sunlight*（Oxford：Clarendon, 1972）.

［21］See Lukács, *Young Hegle*, p. xiv.

［22］*Ibid*.

［23］*Ibid*.

［24］舒茨一直在通过努力复原谢林的名誉,而试图对德国唯心主义思想家提供一种非黑格尔主义的解读。参见 Walter Schulz, *Die Vollendung des Idealismus in der Spätphilosophie Schellings*（Stuttgart：Kohlhammer, 1955）。

［25］Lukács, *Young Hegel*, p. xiv.

［26］*Ibid*., pp. xiv-xv.

［27］这只是对于海德格尔的纳粹主义思想所进行的长期、复杂的争论的一部分而已。我们已经非常清楚,如果不了解海德格尔在政治上的倾向性,就无法理解他的哲学思想。

［28］Lukács, *Young Hegel*, p. xxxvi.

［29］关于费希特的经济学分析,参见"Der geschlossene Handelsstaat"（1800）, in Johann Gottlieb Fichte, *Fichtes Werke*, ed. by I. H. Fichte（Berlin：W. de Gruyter, 1971）, vol. 3, pp. 386-513。

［30］对于黑格尔政治经济学观点的杰出研究,参见 Norbert Waszek, *The Scottish Enlightenment and Hegel's Account of "Civil Society"*（Dordrecht：Kluwer, 1988）。而对于黑格尔对政治经济学的解读所做的批判,参见 C. J. Arthur, "Hegel's Theory of Value," in *Value, Social Form and the State*, ed. by M. Williams（London：Macmillan, 1988）, pp. 21-41。

［31］Lukács, *Young Hegel*, p. xxvii.

［32］*Ibid*.

［33］恩格斯早期对于经济学的讨论所具有的重要性,为这个颠倒了正统马克思主义的说法的观点进行了辩护,这一观点就是颠倒了将马克思看成是政治经济学家而把恩格斯看成是哲学家的倾向的观点。恩格斯在 1841 作出的贡献对于马克思的影响在《1844 年经济学哲学手稿》中清晰可见。

［34］See Lukács, *Young Hegel*, pp. xxix-xxx.

［35］See Georg Lukács, *Der junge Marx：Seine philosophische Entwicklung von*

1840—1844 (Pfullingen: Neske, 1965).

[36] See Lukács, *Young Hegel*, part I, chap. 2: "What is the meaning of 'positivity' in Hegel's early works?" pp. 18—30; and chap. 6: "The place of 'positivity' in the develpment of Hegel's thought," pp. 74—90.

[37] See *ibid.*, part 2, chap. 8: "Reformulation of the problem of 'positivity'," pp. 225—238.

[38] See *ibid.*, p. 168.

[39] See *ibid.*, p. 361.

[40] See *ibid.*, p. 362.

[41] 用一种粗线条的、还原主义的马克思主义的方式来理解宗教的做法，参见 Karl Kautsky, *Foundations of Christianity: A Study in Christian Origins* (London and New York: Ohrbach and Chambers and International, 1925); 而用一种谨慎的但仍是马克思主义的方式来理解宗教的例子，参见 Alasdair MacIntyre, *Marxism and Christianity* (South Bend, Ind.: University of Notre Dame Press, 1984)。

[42] See G. W. F. Hegel, *Vorlesungen über die Geschichte der Philosophie*, part I, vol. 18 of *Werke in zwanzig Bänden*, en. by Eva Moldenhauer and Karl Markus Michel (Frankfurt: Suhrkamp, 1971), p. 94.

[43] 他对于黑格尔思想中的宗教维度的理解，与著名的科耶夫对于黑格尔的马克思主义解读是不一致的。参见 Alexandre Kojève, *Introduction to the Reading of Hegel*, trans. by James H. Nichols, Jr. (New York: Basic, 1969)。

[44] See Shlomo Avineri, "The Discovery of Hegel's Early Lectures on *The Philosophy of Right*," *Owl of Minerva* 16, no. 2 (Spring, 1985): 202.

[45] 关于马克思的异化理论，参见《卡尔·马克思早期著作选》(*Karl Marx: Early Writings*, New York: McGraw-Hill, 1964, pp. 121—134)，由巴特摩尔 (T. B. Bottomore) 翻译并编辑，并且弗洛姆还为本书写了一个前言。除此之外，还有一部更为重要的著作对于马克思的异化理论进行了专门的研究。对于马克思异化理论的杰出讨论，参见 István Mészáros, *Marx's Concept of Alienation* London: Merlin, 1970。

[46] See Lukács, *Young Hegel*, p. 583.

[47] See *ibid.*, pp. 537—539.

[48] See *ibid.*, p. 99.

[49] See *ibid.*, p. 314.

[50] *Ibid.*, p. 538. 译文已修正。我们要注意，在卢卡奇使用"创造" (schaffen) 这个词汇时，他已经认识到了人类与环境之间的关系从根本上来说是生产性的，而不是创造性的，也就是说，是人类生产出环境，而不是人类创造出环境。

［51］See *ibid*., pp. 539−541.

［52］See *ibid*., p. 334.

［53］See *ibid*., p. 358.

［54］See *ibid*., p. 500.

［55］我们应该要谨慎，不应忽视黑格尔的经济学观点的深刻性。参见 Hegel, *Hegel's Philosophy of Right*, para. 189−208, pp. 126−134。他对于资本主义的研究兴趣可能会导致他得出如下结论，例如，普遍贫穷的可能性。参见 Hegel, *Hegel's Philosophy of Right*, para. 241−242, pp. 148−150。

［56］哈贝马斯试图将黑格尔描述成第一位对现代性进行思考的思想家。但是，他这种说法的问题在于，在黑格尔的思想中并没有关于现代性的特定理论。参见 Jürgen Habermas, *Der Philosophische Diskurs der Moderne* (Frankfurt: Suhrkamp, 1985); 而对于现代性的问题在黑格尔思想和在哈贝马斯思想中的比较研究，参见 Tom Rockmore, "Modernity and reason: Habermas and Hegel," *Man and World* 22 (1989): 232−246。

［57］See Lukács, *Young Hegel*, p. 538.

［58］See Hegel, *Werke in zwanzig Bänden*, vol. 3, para. 257 on *Schädelwissenschaft*, para. 360 on *Bildung*, para. 548 on *Religion*, paras. 575 and 587 on *das absolute Wissen*.

［59］See the famous passage "Das System der Bedürfnisse" (System of Needs), in *Grundlinien der Philosophie des Rechts*, vol. 7 of Hegel, *Werke in zwanzig Bänden*, para. 189−208, pp. 346−360.

［60］关于马克思对黑格尔进行的复杂的、批判性的探讨，参见《马克思恩格斯选集》，2 版，第 1 卷，39～53 页，北京，人民出版社，1995。

［61］译文共有 576 页，而在由弗兰克·本森（Frank Benseler）编辑的《卢卡奇文集》(*Georg Lukács Werke*) 中有 703 页。

［62］See Lukács, *Young Hegel*, p. 564.

［63］See *ibid*., p. 553.

［64］See *ibid*., p. 564.

［65］See *ibid*., p. 553.

第八章
哲学非理性和政治非理性

很显然,《历史与阶级意识》与《青年黑格尔》这两部著作是具有连续性的。卢卡奇用理性与非理性的区别描述出他对于马克思主义与其哲学上的对手之间的差别的理解。他认为,德国古典哲学由于其认识论上的局限性及其与发达工业社会之间的关系,因而不具备认识"自在之物"这样的对象的理性。只有从无产阶级的立场,也就是从马克思主义这唯一一种能够理性地认识其对象的思想立场出发,才能把握现代社会的本质。卢卡奇在其早期著作中指出,德国古典哲学试图理解主体—客体关系的努力在黑格尔所谓的神秘主义的绝对精神中走向了终结。但是,马克思主义发现了作为历史的同一的主体—客体的无产阶级。在卢卡奇后来对黑格尔所做的研究中,他发现黑格尔对于经济学与哲学之间关系的分析由于其唯心主义立场而具有局限性,黑格尔的异化观就是例子。卢卡奇还认为,马克思的异化理论超越了唯心主义,而揭露出现代资本主义的结构。

在卢卡奇对黑格尔进行研究的过程中,他运用康德主义的方法从认识论的角度出发来解读马克思主义。他认为,马克思主义与其他思想之间的区别在于是否具有获得知识的能力。马克思主义通过对本质,也就是"自在之物"的把握而在完整的意义上获得了知识,而与此相对,非马克思主义者却只停留在表象的层面。包括黑格尔思想在内的德国古典哲学都只停留在实证主义的水平,它们的缺陷在于一种只关心错误的表象的理性。马克思主义由于解决了认识论的问题而超越了之前的思想。

卢卡奇从认识论的角度出发来解读马克思主义,这种做法既有趣,又新颖。声称马克思主义在哲学上有所贡献的观点虽然常有人提,却很少有人对其进行详细论证。卢卡奇的早期马克思主义著作,包括他的黑格尔专著,所具有的一个突出优点,就是他在熟知德国古典哲学传统这一基础之上,为我们提供了一个关于马克思主义对知识论作出了贡献这一论点的详细论证。

《青年黑格尔》应该算是卢卡奇在斯大林主义阶段的早期阶段所著的著作。而他在斯大林主义阶段的晚期阶段的著作中,继续发展了他以前提出的关于非马克思主义哲学是非理性这一观点。但是,卢卡奇对于非理性的理解发生了变化。他后来认为非理性包括政治上的非理性主义,这一观点在其早期著作中是没有的。现在,卢卡奇看重的是马克思主义与非马克思主义在认识论上的差别以及二者在政治上的差别。他认为,从非马克思主义试图在唯心主义和唯物主义之外寻找第三条道路的努力,就可以清晰地看出其内在缺陷。因为非马克思主义试图寻找第三条道路实际上是为了避开以恩格斯为代表的正统马克思主义提出的分水岭问题的限制,并且某种特定形式的德国思想还导致了纳粹主义的诞生。

卢卡奇从认识论和政治两个角度出发,对非理性进行了全新的、更为宽广的解读,这种解读是建立在他在早期著作中对于德国古典哲学思想的理解基础之上的。从卢卡奇早期的马克思主义观中已经隐约可以窥见政治的因素。例如,试图对一个完全是理性的主体性与他所理解的黑格尔思想中的神秘主义主体这二者进行区分,他在德国古典思想中发现了对于事实性的认知以及试图构建出一种整体性的体系这二者之间的矛盾。卢卡奇认为,以上这些例子都是证明非马克思主义无法将思维从存在的基础上解放出来从而把握其周围环境的证据。由于对社会环境的理解是思想立场转换的先决条件,因此,卢卡奇对于包括思辨唯心主义在内的德国古典哲学在认识论上的缺陷所进行的批判就是德国古典哲学没有能力发起政治上的变革。

卢卡奇对于政治上的非理性主义所进行的讨论,只是他试图将主观唯心主义与客观唯心主义区分开来的长期努力的延伸罢了。在哲学史上,黑格尔是对于哲学传统进行目的论解释的代表。他认为,哲学史是由对于主客体关系的越来越完善的分析所构成的。卢卡奇借用黑格尔的这个观点来分析近代哲学。他指出,在黑格尔将同时代人划分为主观唯心主义(康德和费希特)与客观唯心主义(谢林、黑格尔)两大阵营之后,近代哲学史就是由对于越来越完善的唯心主义的分析所构成的。[1]黑格尔主义对于之前的哲学思想的解释是不公平的,因为他表明,哲学史在思辨唯心主义哲学中达到了高峰并且走向了终结。在《物化和无产阶级意识》这篇论文以及《青年黑格尔》这篇著作中,卢卡奇都采用了同一个目的论模式,只不过他用马克思的目的论模式取代了黑格尔的目的论模式。在卢卡奇对黑格尔进行研究的时候,他继承了黑格尔的思想,从辩证唯物主义的角度出发,

非理性主义：卢卡奇与马克思主义理性观
Irrationalism: Lukács and the Marxist View of Reason

为黑格尔主义对康德和费希特的主观唯心主义的批判进行辩护。他认为，主观唯心主义不如客观唯心主义，但是客观唯心主义又不如辩证唯物主义。

卢卡奇在研究黑格尔的专著中继承了黑格尔关于物质的观点。他认为主观唯心主义与客观唯心主义之间的差别主要是认识论上的差别。效仿谢林向自然哲学的转向，黑格尔从纯粹的意识转向了真实的外在世界。卢卡奇对主观唯心主义和客观唯心主义这两种唯心主义之间在认识论上的差别所做的过于偏向政治的解读，在其晚期斯大林阶段的著作中得到了进一步的发展。他认为，虽然客观唯心主义不如辩证唯物主义，但客观唯心主义与主观唯心主义相比，仍然是一种进步。他认为，从两个角度来看，主观唯心主义都是非理性的。从认识论的角度来看，主观唯心主义无法适应外在世界，因为它无法认识外在世界。从政治的角度来看，主观唯心主义导致了一种非理性主义的产生，而这种非理性主义又进一步导致了国家社会主义的诞生。

认识论的非理性主义与政治上的非理性主义这二者之间存在着一个重大的差别。如果说一种思想不是唯心主义就是唯物主义，并且只有辩证唯物主义才完全是理性的话，那么从认识论的角度来看，所有形式的唯心主义都不会是理性的。总之，要运用唯心主义，从认识论的角度来看就是非理性的。政治上的划分不在于唯心主义与唯物主义之间的划分，而在于主观唯心主义与客观唯心主义之间的划分。从政治上来看，即使客观唯心主义不是革命性的，也至少是进步的。只有主观唯心主义才是应该在政治上加以斥责的。[2]

卢卡奇对于主观唯心主义与客观唯心主义之间的差别所进行的解释继承的是马克思主义的观点，即思想之间的差别并非与政治无关。卢卡奇在斯大林阶段的晚期著作中构建出了一种斗争性的哲学思想。这种思想关心的是发达工业社会在政治上的转变。在卢卡奇看来，思想要么是政治的进步，要么就是社会的倒退；要么是理性，要么就是非理性。哲学是马克思主义与资产阶级思想进行伟大竞赛的舞台。卢卡奇认为，资产阶级思想或者说唯心主义，是反对政治变革的。马克思主义或者说唯物辩证法的代表则拒斥资产阶级的思想，并且其目标就是推翻资本主义、无产阶级战胜资产阶级以及无产阶级的思想战胜资产阶级的思想。哲学上升为政治斗争，这是因为人类种族的未来取决于在与唯心主义的战斗中赢得胜利。主观唯心主义的问题不仅仅在于它无法获得恰当的知识，并且阻碍政治变革的发生，进一步说，主观唯心主义的问题还在于它导致政治上倒退趋势的激增。

在晚期斯大林主义阶段的两部著作《存在主义还是马克思主义？》和

第八章　哲学非理性和政治非理性

《理性的毁灭》中，卢卡奇进一步发展了他提出的关于非马克思主义哲学或者说是唯心主义哲学的内在非理性这一观点。《存在主义还是马克思主义?》和《理性的毁灭》这两部著作有很大的差异。《存在主义还是马克思主义?》篇幅很短，并且很显然是一部论战性的著作。这本来是卢卡奇在1946年的日内瓦国际会议（Rencontres Internationales de Genève）上所发表的一系列讲座，后来以期刊的形式在法国[3]和匈牙利[4]发表。之后，又以图书的形式在德国[5]和法国[6]出版。德文版《存在主义还是马克思主义?》包括一个后来写就的附录，而法文版《存在主义还是马克思主义?》没有收录这个详细探讨了海德格尔思想的附录。[7]《理性的毁灭》则篇幅很长，是一部更为详细的研究著作。[8]卢卡奇居住在苏联的时候曾经写过两篇文章，即《法西斯哲学是如何在德国兴起的?》（英文译为 How Did Fascist Philosophy Arise in Germany，德文译为 Wie ist die faschistische Philosophie in Deutschland entstanden）[9]和《德国是如何变成反动意识形态的中心?》（英文译为 How Did Germany Become the Center of Reactionary Ideology，德文译为 Wie ist Deutschland zum Zentrum der reaktionären Ideologie geworden）[10]，而《理性的毁灭》正是在这两篇文章的基础上完成的。

《存在主义还是马克思主义?》和《理性的毁灭》这两部著作的侧重点和研究视角各有不同。卢卡奇对理性的分析虽然具有政治性的因素，但很明显，《理性的毁灭》仍然是一部进行详细的历史性研究的著作。相比之下，他的《存在主义还是马克思主义?》就显然是一部政治性著作了。在《理性的毁灭》中，卢卡奇为我们提供了一个内容丰富的、合情合理的、几乎可以说是纯学术性的讨论，这一点与他对黑格尔的研究十分相似。"理性的毁灭"这个题目是哲学上的非理性主义在当代资本主义时代的产生所带来的政治上的后果，而《存在主义还是马克思主义?》主要关心的则是唯心主义与唯物主义之外的第三条道路是否可能这一狭隘的哲学问题。

德国唯心主义中广泛存在的二元论方法，在马克思主义试图将自身描述成与唯心主义相对立的唯物主义这种说法中得到了继承。在德国哲学史上，二元论的例子比比皆是，例如，康德对于先验唯心主义和经验实在论的综合，以及费希特将所有的哲学思想划分为两大类——不是唯心主义就是实在论等等。[11]在《历史与阶级意识》中，卢卡奇只对马克思主义与非马克思主义进行了区分。但是，在《青年黑格尔》中，他又认识到了非马克思主义，或者说是唯心主义内部的一系列差别。卢卡奇后来表明，他在《理性的毁灭》一书中反对所有的近代哲学赖以生存的学说，即唯物主义与唯心主义的对立。[12]但是，在他晚期斯大林阶段的著作中，卢卡奇似乎比以前更为坚持要将唯物主义与所有形式的唯心主义严格区分开来。

卢卡奇用马克思主义对存在主义的前提进行了攻击。但是，他却没有对恩格斯提出的哲学最终只能归结为唯心主义与唯物主义这两种哲学思想这一著名观点进行考察。卢卡奇运用恩格斯的这个观点来对唯物主义与唯心主义加以区分，或者说对小麦和谷壳加以区分。《存在主义还是马克思主义？》这部著作的目的就是要对存在主义学说进行探讨和评价，从而提供一种能够逃避唯心主义与唯物主义之间二分法的、想象中的第三条道路。由于卢卡奇对存在主义进行分析的前提是，他事先不加批判地接受了仅有的两个概念框架（即唯心主义与唯物主义）中的一个概念框架（即唯物主义），因此很显然，他必定会拒绝试图在唯物主义与唯心主义之外寻找第三条道路的做法。

在这个时候，卢卡奇全身心臣服于正统马克思主义。在法文版《存在主义还是马克思主义？》的序言中，他表达了自己对帝国主义的意识形态问题的关心，即"如果扩大开来说，也就是两种思潮的斗争，即黑格尔到马克思这一思潮同（1804年以后的）谢林和克尔凯郭尔的思潮的斗争问题"[13]。卢卡奇在他关于黑格尔的研究专著中，已经对从黑格尔到马克思的这一思潮进行过详细研究，而当他在《存在主义还是马克思主义？》中对从黑格尔到马克思的这一思潮进行研究的时候，又加入了一个新的因素，这就是，他对哲学史上从谢林思想中期到克尔凯郭尔这段时期的哲学传统及其在政治上的后果的关注。

卢卡奇在《存在主义还是马克思主义？》中，进一步从丰富的历史背景出发，发展了他在对黑格尔进行研究的专著中对从谢林思想中期到克尔凯郭尔这段时期的哲学传统的研究。在卢卡奇看来，唯物主义（马克思主义属于唯物主义）是哲学发展中的进步运动所产生的结果。而唯心主义是政治上反对辩证唯物主义或者马克思主义的反动运动。就像客观唯心主义超越了唯心主义的另外一种形式——主观唯心主义一样，唯物主义也超越了任何一种唯心主义。在1848年革命失败之后，人们度过了一段社会平静时期，但是最终，这种平静在帝国主义阶段开始后被打破了。在哲学上，帝国主义的开始导致了一种试图拯救唯心主义哲学的趋势，这一点从所谓的第三条道路的出现就可见端倪。在知识论这个问题上，第三条道路在互相都想要超越对方的唯物主义和唯心主义之间保持中立。卢卡奇认为，存在主义只是一种唯心主义的新形式罢了。

卢卡奇认为，从本质上来说，存在主义与马克思主义是相互对立的。他这种说法我们很难理解，因为判断一个思想家是否是存在主义阵营中的成员并不容易。在《存在主义还是马克思主义?》中,卢卡奇对萨特、西蒙娜·德·波伏娃(Simone de Beauvoir)、梅洛-庞蒂(Maurice Merleau-Ponty)和海德格尔的思想进行了讨论。如果我们对萨特、西蒙娜·德·波伏娃、梅洛-庞蒂和海德格尔的思想加以考察的话,就会发现他们中没有一个人与马克思主义是直接敌对的:梅洛-庞蒂对马克思主义的政治观点给予了广泛关注,只是最终拒斥了其政治观点而已。[14]梅洛-庞蒂对马克思和马克思主义的谨慎评价特别值得我们思考,因为他研究的主要就是马克思和马克思主义的政治观点。萨特后来声称他接受了马克思主义。[15]海德格尔则拒绝为他自己的思想贴上存在主义的标签。[16]虽然他拒斥像形而上学一样的马克思观点,但他还是慷慨地赞扬马克思的思想是唯一一种认真地对待历史的思想。[17]

如果我们像卢卡奇所说的那样,不顾海德格尔本人的反对而将其归入存在主义阵营,那么存在主义与马克思主义之间的关系问题就变得更为复杂了。卢卡奇的弟子戈德曼(Lucien Goldmann)坚持认为,海德格尔写作《存在与时间》是为了反对《历史与阶级意识》,这就假设了海德格尔对卢卡奇的著作有直接的了解。[18]卢卡奇也在假设(海德格尔)对(马克思主义的)某一特定文本有所了解的情况下,提出了一个类似的观点。他认为,客观地说,《存在与时间》是一部论战性的著作,它直接针对的就是马克思主义的拜物教学说及其后果。[19]他的观点是建立在用历史的方法看待德国哲学的基础之上。卢卡奇这种历史性地看待德国哲学的例子包括:他认为,晚期谢林,尤其是克尔凯郭尔反对黑格尔,而黑格尔与马克思主义之间是有联系的。在这个基础上,他认为受到从谢林中期到克尔凯郭尔这段时期的思想影响的思想家们,与声称隶属于从黑格尔到马克思的思潮的思想家们即使不是直接对立的关系,也是根本对立的关系。

卢卡奇认为,存在主义与马克思主义这两大思潮之间的分歧不仅仅是学术上的分歧,而是客观的历史环境造成了它们之间的对立。他定义出三种类型的问题,包括在认识论领域内寻找客观性的问题,在道德领域内维护自由的问题以及需要一种关于历史的哲学来反对唯心主义的问题。这三种类型的问题都可以通过被黑格尔提出、被马克思修正的观点,即社会现实的过渡状态所解决。知识的客观性问题可以通过采用一种关于人类意识的辩证理论而得到解决,这种关于人类意识的辩证理论反映出的是一个独立存在的外在世界。

当卢卡奇处于晚期斯大林阶段的时候,他对马克思和马克思主义的解释变得越来越正统。在《物化和无产阶级意识》这篇论文中,他反对恩格

非理性主义：卢卡奇与马克思主义理性观
Irrationalism: Lukács and the Marxist View of Reason

斯天真的认识论观点，包括关于知识的反映说。而在《存在主义还是马克思主义?》这部著作中，卢卡奇又强调了反映论的重要性，就像他在《历史与阶级意识》中强调历史是人类的产物这种观点一样。所不同的是，他现在将他早期认为是德国古典哲学延伸的马克思主义与希腊哲学联系在了一起。马克思主义提出的关于人类自由的具体、客观的观点，是对存在主义提出的主观自由以及古代哲学思想中已经出现、后来进一步发展的自由观的修正。马克思主义坚持认为，其目标就是要解决哲学史中出现的问题。但是，卢卡奇在一场名为为新民主而斗争的战斗中反对他认为是从存在主义中延伸出来的虚无主义，因为他认为，虚无主义没有能力克服其自身的神学传统，并在社会现实中找到真正的定位。

《存在主义还是马克思主义?》的序言主要有两大任务：第一，要对存在主义与马克思主义之间的对立进行一个简单的、系统的介绍；第二，要坚称只有马克思主义才能为唯物主义和唯心主义的常见问题提供恰当的解决方式。在《存在主义还是马克思主义?》这部著作中，卢卡奇为他的马克思主义观进行了辩护：他的论证开始于对资产阶级哲学的危机的分析（第一章）；随后就是对从现象学到存在主义的转变所进行的详细分析（第二章）；接下来，卢卡奇又讨论了他认为的存在主义道德在萨特、波伏娃和梅洛-庞蒂思想中的破产（第三章）；他的讨论以对列宁的认识论和近代哲学问题的研究而结束（第四章）。而他在附录中，则单独提供了一个关于"海德格尔的复生"的相关描述。

卢卡奇早期马克思主义思想的核心就是阶级意识理论，而阶级意识理论假设思维可以改造我们居住的世界。现在，卢卡奇将这个观点颠倒过来，其部分原因是由于其对正统马克思主义学说的忠诚。他在"资产阶级哲学的危机"这一章[20]中所进行的分析依赖于两大著名的马克思主义观点：第一，存在是先于思维的，社会存在决定社会思维。在这个基础之上，他提出了两个观点。第一个观点是，哲学在帝国主义时代丧失其地位的众多标志中最重要的一个，是法西斯世界观的兴起。第二个观点是，帝国主义的危机在哲学层面上表现为哲学丧失其地位。

一般来说，卢卡奇在这里的主要目的就是要证明，发达工业社会中的社会危机在非马克思主义哲学中有所表现。卢卡奇说："在 1914 年以前，这种危机还是潜在的，而到了 1918 年以后，它便开始表面化了。"[21]他还说："社会决定性的这种极端严酷性的一个具体表现就是法西斯主义。事实上，法西斯主义把帝国主义阶段的哲学的一切'战利品'翻译成了反动的垄断资本的语言，更确切地说，是翻译成了反动的国家社会主义的欺骗性胡说。"[22]他还顺便补充了一点："知识分子这样地脱离社会问题、经济、政治生活问题，在客观上是符合帝国主义资产阶级的阶级要求的，同时也是这个时期知识分子的社会地位所导致的必然结果。"[23]他还说："从认识的角度看来，必须承认前一时期的主观唯心主义在帝国主义阶段仍然构成认识论的基础。这种情况并非偶然。因为，唯心主义构成知识分子自发的甚至自然的思想体系。"[24]他认为，虽然认识论的基础没有改变，然而帝国主义时期的哲学同前一时期相比较，还是有了相当重要的发展，而这种发展的重要特征大致可以概括为以下几点："倾向于客观主义和虚假客观性的产生，反对认识论上的形式主义的斗争（这些是同对于被当作新哲学的新工具的直观的辩护携手并进的），以及放弃前一时期的彻底的不可知论而重新开始研究世界观问题。"[25]在卢卡奇看来，在这一阶段，哲学讨论的社会作用就是将知识分子的注意力从危机转向别的地方，从而防止他们从危机中得出社会结论。[26]

很显然，卢卡奇对于哲学的社会作用的大致诊断，取决于他对一战期间的思想所进行的描述是否准确。他对于这一阶段的哲学思想的大致描述是让人难以接受的。例如，胡塞尔就反对一种倾向于客观性的趋势[27]；而维也纳学派以及后来的分析哲学都进行了反对形式主义的斗争[28]。一般来说，分析哲学并不赞成关于直觉的学说，并且现象学和分析哲学都不愿意思考意识形态的问题。

如果卢卡奇对于这一阶段的哲学描述不正确的话，那么或许他对于（哲学）回到主观唯心主义以及哲学神话的发展的判断是正确的。他坚持认为："不可知论在近代的翻版转向神秘主义，并创造了神话。在这一点上，不能低估尼采对帝国主义时期全部思想发展的决定性影响，甚至可以说，他创造了神话化的模型。"[29]在卢卡奇看来，种族主义意识形态的兴起，近代哲学思想中广泛存在的对于直觉的信任，尤其是在发达资本主义中的人类的条件向社会主义中的人类条件的神秘主义转变，都受到了尼采的影响。[30]

卢卡奇对于尼采的解读——他的解读是常规的解读，但他将尼采描述成一个种族主义者是不正确的——是具有争议的。[31]他夸大了尼采对后世哲学的直接影响。[32]除了后来的萨特，或许还有梅洛-庞蒂以外，一般意义上的存在主义都依赖直觉并拒斥用一种辩证的方法来对待直觉的思维方式。[33]还有，海德格尔也是如此。但是，不能由此推断出，对于直觉的依赖是帝国主义的危机以及种族主义的兴起的普遍特征。如果按照卢卡奇这种逻辑来推断的话，那么非辩证法的、直觉主义思想，例如乔治·摩尔和

非理性主义：卢卡奇与马克思主义理性观
Irrationalism: Lukács and the Marxist View of Reason

卡尔·雅斯贝尔斯的思想就都是种族主义思想了。

卢卡奇对于从现象学到存在主义的转变的描述，开始于他对于存在主义的一个评论。他指出："无疑，在最近的将来，存在主义会成为支配资产阶级知识界的思潮。"[34]他对于存在主义这一思潮的未来前景的乐观看法与存在主义在当前的影响并不相符。除了被卢卡奇不公平地归入存在主义阵营的海德格尔之外，没有一个存在主义哲学家对后世哲学产生了重大的影响。他们的思想在当前的哲学讨论中已经很少被人提及。或许，存在主义哲学是围绕着海德格尔的纳粹主义思想所产生的政治争论的直接受益者。但是总的来说，存在主义思潮没能达到卢卡奇所预期的支配哲学的目标，而是在哲学史中渐渐隐退了。

卢卡奇迅速回顾了存在主义的三个层面：第一，胡塞尔的现象学方法论；第二，无的概念；第三，自由的观念。他认为，现象学的方法不能提供关于现实的知识，因为它忽略了社会条件。[35]他还指出，其造成的结果就是带领我们回到了新康德主义。[36]卢卡奇这一观点从两个角度来看都是不正确的。第一，现象学的方法与其对象之间显然是有差别的；第二，现象学方法已经广泛应用于对社会的认识中去了。海德格尔对于"此在"（Dasein）的分析是他早期基础本体论的一个核心主题。他从人类的角度出发将"此在"理解为存在，这就是一种现象学的分析。[37]从这个角度来看，舒茨提出的关于社会世界的广泛的现象学理论，与胡塞尔提出的"生活世界"（Lebenswelt）概念有着密切的联系。[38]

卢卡奇坚持认为，存在主义哲学中的某些因素对社会具有重要意义。因此，我们不能将这些因素简单地忽略。他反对将"无"这个概念看作对于客观情况的主观反映，或者将对于"无"的偶像崇拜看作虚无主义[39]，将这一"崇拜物"看作"对于一个孤立的、自发的对象所进行的非法假设"[40]。相比较之下，卢卡奇的反对比实证主义对存在主义哲学中的"无"这个概念的解读要委婉得多。实证主义认为，存在主义哲学中的"无"这个概念根本就是毫无意义的。[41]卢卡奇还进一步批判了萨特主义对于作为自我的选择自由的崇拜。[42]但是，卢卡奇的批判是建立在一个范畴错误的基础之上，因为在马克思的思想中，只有当一个无生命的物体具有了人类特征时，"拜物教"才会出现，例如在生产过程中，人类变得依赖于商品时，拜物教就出现了。[43]我们应该注意到，他反对将存在主义的自由仅仅看成是一种折中主义的康德主义[44]，因为这样就会使之无法思考真实的社会关系。[45]然而，这种作为折中主义的康德主义的自由概念被萨特本人采用了。[46]

第八章 哲学非理性和政治非理性

在《存在主义还是马克思主义?》这本著作中，卢卡奇用超过 1/3 的篇幅对"存在主义道德的破产"进行分析。[47]但是，他的讨论比这个词汇所指称的范围要广。他论证的是存在主义与马克思主义之间的根本对立，以及马克思主义与存在主义相比在理论上的优先性。卢卡奇对萨特《存在主义是一种人道主义》(*Existentialism is a Humanism*) 中对于道德的看法进行了一系列评价。在没有任何萨特关于道德的专著的情况下，卢卡奇转而在"萨特与马克思的对立"这一挑衅的标题下对晚期的萨特与马克思的关系进行分析。[48]

我们很难将卢卡奇的这种分析与萨特的思想联系起来，因为他没有引用萨特在某一部特定作品中所写的内容。尽管卢卡奇对萨特的批判表现出的是认为萨特与马克思的思想互不相容这一典型观点，但是值得我们注意的是，在卢卡奇写作《存在主义还是马克思主义?》的时候，萨特正在转向马克思主义。[49]在卢卡奇对萨特进行批判的时候，他提出了三个主要观点：第一，"形而上学的马克思主义"这个术语必须被抛弃，因为马克思主义是一种反对形而上学的辩证思想；[50]第二，存在主义与马克思主义是互不相容的，因为存在主义是一种对单独个体的现象学以及心理学分析，而只有当存在主义结束的时候，马克思主义对于历史的分析才能开始。[51]如果卢卡奇对萨特思想的这种概括性判断正确的话，那么这就与梅洛-庞蒂的理论产生了矛盾；[52]第三，他坚决否认马克思主义没能理解主体性在社会环境以及历史环境之中所起的作用。[53]他认为，这实际上是存在主义的缺点。[54]

总之，卢卡奇认为，萨特没能理解马克思主义。卢卡奇的这一批判对萨特的早期现象学和存在主义阶段来说或许是公正的，因为萨特在那个阶段对马克思主义并不关心。[55]但是，卢卡奇的这一批判对于萨特思想的晚期发展来说就是不公正的了。由于萨特的思想是在卢卡奇写完《存在主义还是马克思主义?》之后才完成的转变，因此卢卡奇也不可能预测得到。如果要对萨特对马克思主义的理解以及贡献进行完整的评价的话，那么就必须要考虑他的一些其他文本，例如《共产主义者与和平》(*Communists and Peace*) 和《唯物主义与革命》(*Materialism and Revolution*) 这两篇文章，以及《家庭白痴》(*The Family Idiot*) 这部著作，还有最重要的《辩证理性批判》(*Critique of Dialectical Reason*)。

卢卡奇对波伏娃认为的自己对马克思主义有更为准确的把握以及她对苏联的关注进行了评价。卢卡奇认为，虽然波伏娃认为自己与萨特相比对马克思主义有更为准确的把握，但实际上她与萨特犯了同一个错误，即他

非理性主义：卢卡奇与马克思主义理性观
Irrationalism: Lukács and the Marxist View of Reason

们都将单独的个体作为出发点[56]，而这纯粹是一种鲁宾逊主义的做法。[57]在一段重要的篇章中，卢卡奇对与存在主义的人类观相对立的马克思主义人类观进行了阐述。他说："因此，这里只强调以下两点：要想正确地适用这种辩证关系，一方面必须具有人本来就完全是社会存在这样一种观点，以及即使是最孤独的个人的主观内部的问题也同样具有社会的一面；另一方面，也要认为人的自由问题同时也是社会的、历史的问题。对于自由，如果不把它当做人们以形形色色的社会形态为中介而对自然界进行的斗争，并根据其社会的、历史的发展过程来理解的话，它就不可能具有具体内容，并将失去它同必然性的具体的辩证关系。因此，自由的、社会的、历史的发展过程必须从人类本来是服从于自然界的支配，以及在同自然界进行斗争的过程中所产生的、可以称为'第二自然界'的种种社会形态来加以说明。"[58]

卢卡奇认为，梅洛-庞蒂对马克思主义的更为准确的把握所造成的结果是他对客体性的关心以及对存在主义原则的不时变化的依恋二者之间的矛盾。[59]卢卡奇注意到，梅洛-庞蒂关注道德的问题以及历史的责任[60]，但卢卡奇批判梅洛-庞蒂对于托洛茨基（Leon Trotsky）的依恋。[61]卢卡奇针对梅洛-庞蒂的思想提出了两点批判：第一，梅洛-庞蒂从形式主义的角度出发认为存在主义与马克思主义之间的妥协是不可能的这种看法无法令人接受。[62]卢卡奇认为，梅洛-庞蒂提出的这个没有具体分析的、完全抽象的观点，虽然与正统马克思主义将近代哲学划分为两大互相对立的阵营相符合，却与马克思对实践的重视不符；第二，卢卡奇认为，梅洛-庞蒂的历史观最终是不成功的，因为它是神秘主义的[63]，或者既是理性的又是偶然的。[64]这是卢卡奇从正统马克思主义提出的非马克思主义是错误的这个观点出发而得出的结论。

卢卡奇在《存在主义还是马克思主义？》这部著作的前三章里，致力于对存在主义的三种主要形式进行批判。在第四章，也是最后一章中，他才提出了用来取代存在主义的正确方法，这就是马克思的理论和马克思主义。卢卡奇最初的马克思主义思想的基础主要是恩格斯和列宁的思想。在《历史与阶级意识》中，他虽然公开宣称为正统马克思主义辩护，但是，从他与恩格斯、卢森堡以及其他的马克思主义者的对话中可以看出，他的马克思主义思想实际上是一种非正统的马克思主义。几乎是在列宁写作于1908年的《唯物主义和经验批判主义》（*Materialism and Empiriocriticism*）于1924年出版德文版的同一时间，卢卡奇发誓要放弃他在《历史与阶级意识》中具有开拓性的、天才般的马克思主义思想。[65]绝大部分正统马克思主义者都仅仅满足于宣称马克思列宁主义的优先性,但是,卢卡奇与其他典型的正统马克思主义者的区别在于,他试图对以上这个只要是忠实于正统马克思主义就必须坚持的观点进行论证。第四章的有趣之处在于,他试图将马克思列宁主义描述成是对于知识问题的解决方法的困难之处。

卢卡奇对马克思列宁主义的辩护,只是他早期马克思主义著作中已经进行过的论证的最新版本罢了。与之前的版本相比,这个新版本的论证的特殊之处在于其严格的、从概念上来看是十分贫瘠的分析。令人感到遗憾的是,这与恩格斯那种简单化的解释十分接近。卢卡奇对马克思主义优越性的最新论证主要有两大特点:第一个特点是,卢卡奇强调历史唯物主义和辩证唯物主义既超越了黑格尔的辩证的客观唯心主义,又超越了非辩证的机械唯物主义。因此,他就对一种辩证的马克思列宁主义进行了辩护。在这里,卢卡奇含蓄地指出,在辩证法与机械论的斗争中,他支持辩证法;[66]第二个特点是,卢卡奇继续强调列宁主义的辩证唯物主义有能力适应近代科学的最新成果。因此,根据卢卡奇的推测,唯心主义与最新的科学就是互不相容的,因此唯心主义也就是错误的;唯物主义与近代科学是兼容的,因此唯物主义就是正确的。

虽然卢卡奇的马克思主义著作经常具有教条的特征,但他的聪明才智还是得到了充分体现。就连他在斯大林阶段所完成的、不幸最具有政治特征的著作都不乏深刻的洞见。卢卡奇在证明马克思列宁主义与唯心主义相比具有认识论的优先性的过程中,提出了许多非常有趣的观点。他再一次依赖于恩格斯将所有可能的哲学观点都划分为唯物主义和唯心主义这一二分的分析。虽然并不存在一种第三条道路,但是,在寻找这样一个想象中的第三条道路的过程中,唯物主义与唯心主义之间古老的战争呈现出一种新的形式。卢卡奇说道:"19世纪中自然科学和社会科学的发展,使哲学上的唯心主义陷入无法解决的各种矛盾之中。但是,处于支配地位的社会的和政治的潮流离不开唯心主义的世界观,因此,这种危机就必然表现为企图发现'第三条道路'的一系列不断的尝试,现代资产阶级认识论认为这是可能扬弃唯心主义与唯物主义的道路。然而,实际上这只不过是为了在世界观方面给唯物主义的斗争提供新的武器,而对唯心主义进行化妆的一种尝试罢了。"[67]

提出唯心主义与近代科学不相容这个论点,比证明这个观点要容易多了。据我们所知,到目前为止还没有一种对这一观点的成功证明。卢卡奇没能引用某一特定的著作来证明唯心主义与近代科学之间的矛盾,或证明它们是互不相容的等等,我们应该注意到这一点,因为这非常重要。哲学

非理性主义：卢卡奇与马克思主义理性观
Irrationalism: Lukács and the Marxist View of Reason

上的第三条道路是不可能的这一经常出现的观点，也同样没有得到证明。因此我们不清楚到底应该如何理解这个观点。[68]唯心主义与唯物主义之间的差别既不是天然的，也不是单一的，或许甚至是不合理的。[69]

马克思主义断然否定在严格对立的唯物主义与唯心主义之外有一种第三条道路的可能性，而卢卡奇赞同马克思主义的这种分析。他注意到，列宁显然就采用了以上恩格斯主义的观点。[70]在引用存在主义观点的时候，他还进一步注意到，在帝国主义时代里，哲学的支配性趋势就是要寻找第三条道路。[71]卢卡奇忽略了这样一个事实，即列宁提出的关于客观实在存在于我们的意识之外这个观点——卢卡奇也引用了这一观点[72]——在哲学上不同形式的唯物主义那里得到了不同程度的支持。由此可以推出，这种试图超越唯物主义与唯心主义的二分法的做法，顶多可以算是一小部分近代思想的特征罢了。

早在卢卡奇写作《历史与阶级意识》并强烈坚持无产阶级立场的优点的时候，认识论就已经是他马克思主义思想中的核心了。在《存在主义还是马克思主义?》中，他通过观察马克思主义知识观提出了三个有趣的观点：第一，本世纪的物理学的危机只导致了机械唯物主义的失败，但却丝毫没有动摇辩证唯物主义。[73]这就为我们放弃机械唯物主义转而为辩证唯物主义辩护提供了理由。他还进一步表明，正统马克思主义内部关于机械唯物主义与辩证唯物主义这两种对立的唯物主义的争辩关系到科学的未来；第二，他悄然放弃了自己之前对反映学说的批判，转而为一种辩证的马克思主义反映学说进行辩护。[74]这种与独立的现实联系更为紧密的知识论与关于科学的哲学的某些实在论观点非常类似；第三，不同于他之前认为的是马克思提供了关于总体性问题的解决方法，现在他认为关于总体性问题的解决方法应该归功于列宁。[75]

卢卡奇用对知识的主体与实践活动之间关系的评论结束了他对马克思主义认识论的探讨。他认为，资产阶级哲学的危机会导致一种非理性的哲学趋势这种观点应该归功于列宁。[76]他还强调，马克思主义知识观实际上是一种人道主义。[77]卢卡奇在《存在主义还是马克思主义?》这部著作的结尾对海德格尔进行了讨论，这对于我们今天重新关注海德格尔的纳粹思想来说具有十分重要的意义。[78]在回顾海德格尔思想的时候，卢卡奇强调，海德格尔在二战之前和之后的思想是具有连续性的。他提出的这个观点非常重要，因为海德格尔的支持者们曾经试图将他思想中的转向解释为他远离了国家社会主义。[79]

几乎是紧接着《存在主义还是马克思主义?》，卢卡奇创作了《理性的

第八章 哲学非理性和政治非理性

毁灭》。他在这部著作中继续分析非马克思主义哲学的内在非理性。但是，他的观点已经发生了重大变化。他在对存在主义进行研究的时候强调试图在唯物主义与唯心主义之外寻找不可能存在的第三条道路这种无用的努力，实际上是向唯心主义的秘密回归。在对理性进行研究的时候，卢卡奇的注意力从在（唯物主义与唯心主义）两种观点中进行选择的需要转向了唯心主义的社会后果。

在《理性的毁灭》中，卢卡奇继承了他在以前的马克思主义著作中的思想，认为唯心主义是一种由于其与产生自身的社会环境之间的关系而没有能力获得真理的理论。而进一步来说，唯心主义在政治上是倒退的，因为它阻止或者至少说阻碍了人们试图发起根本的社会变革的努力。在对理性进行讨论的时候，卢卡奇对于非马克思主义哲学的马克思主义批判又增加了一个新的维度。唯心主义不仅在它不能获得知识以及它阻碍进步这个层面上是有问题的，进一步说，由于至少有一种当前的主观唯心主义促进了德国法西斯主义的产生，因此，从这个层面上来看，唯心主义也是有问题的。总之，说唯心主义是有问题的，不仅仅是因为它没能做到的事情，而且也是因为它已经做到的事情。

即使是以卢卡奇作品的通常篇幅来衡量，他这部关于理性的著作也是一部巨著。[80]由于这部著作的篇幅很长，我们很难用甚至是概括的方式来对其进行简短地探讨。《理性的毁灭》这部专著的目的与卢卡奇写作研究黑格尔的专著以及研究存在主义的专著一样，都是为构建马克思主义哲学史做准备工作。《理性的毁灭》这部著作开始于对哲学与周围的社会环境之间的关系的探讨，接下来就是列宁的党派理论。卢卡奇在这里再次强调，不存在并且也不可能存在一种清白无辜的哲学，也就是说，不可能存在一种在政治上中立、独立于社会环境与历史环境并且也不对社会环境与历史环境产生影响的哲学。[81]哲学思想不是由其他的思想决定的，而是由产生哲学思想的周围环境的发展所决定的。[82]马克思列宁主义的任务就是提供一种内在的批判，而这种内在批判将会证明基本的哲学问题的错误以及歪曲。[83]

在《历史与阶级意识》中，卢卡奇指出不存在政治上中立的哲学思想以及无产阶级立场的优越性。而他在《理性的毁灭》这部著作中也提出了类似的观点。他认为，由于唯心主义与资本主义的社会环境之间的关系，唯心主义是错误的，或者说最终会是错误的。很显然，这个观点在《历史与阶级意识》已经存在了，《历史与阶级意识》与《理性的毁灭》之间的差别只是程度上的差别。在《理性的毁灭》中，卢卡奇更加坚持将一种思想与其周围的社会环境之间的关系当作判断其正确与否的标准,并且更加忽视哲学因素的特殊性。

卢卡奇在《理性的毁灭》中的讨论的创新之处在于,他对非马克思主义思想在实践上的后果进行了思考。在这本著作中,卢卡奇详细思考了非理性这个概念。[84] 就像马克思研究英国的资本主义一样,只有研究德国的非理性的哲学形式才能收到最好的效果。[85] 非理性主义不仅仅是一种哲学上的错误,因为非理性主义已经引发了实践上的后果。每一种哲学上的非理性主义都带来了法西斯主义意识形态的可能性。卢卡奇在《理性的毁灭》中对德国在哲学领域里走到希特勒那里去的道路进行了研究,因为他希望能够借此使德国理解并且因而杜绝法西斯主义复活的可能性。[86]

卢卡奇对主观唯心主义的政治后果进行批判的基础是一个传统哲学命题,即理性的关联性,或者更准确地说是哲学理性的关联性。时至今日,我们已经不能再说一般意义上的哲学是美好生活必不可少的条件了。我们顶多只能说,某种形式的哲学可以被理解成是对社会有用的东西。如果说哲学是与实践有关联的,那么也可以说哲学是与实践没有关联的,甚至可以说哲学是对实践有害的。

我们必须要理解卢卡奇的这个观点,因为这非常重要。他不是想说唯心主义哲学是非理性的,因为他坚持认为唯心主义的非理性主义与唯心主义的理性主义是有差别的。事实上,他只有抛弃他的马克思主义信仰中的一个基本要素,即马克思的思想是对黑格尔思想的颠倒这个信念,才能提出上述观点。实际上,卢卡奇真正想要说的是,所有形式的主观唯心主义都是非理性的,还有,哲学的选择具有并且必然会具有政治上的后果。他通过将哲学思想与社会环境之间的关系说成是相互作用的关系来支持以上观点。这种相互作用的理论有两大根本观点。第一,不是其他的哲学思想,而是社会环境和历史环境决定了在其中产生的哲学思想;第二,在一种社会环境和历史环境中产生的哲学思想反过来会在理论框架之外产生影响。卢卡奇通过论证被他定义为马克思主义对立面的非理性主义会在某种意义上导致法西斯主义而清晰地表明,从某种程度上来说,法西斯主义是没能选择哲学上的唯物主义所造成的后果。但是他的说法并不令人信服。

卢卡奇对以上观点的证明开始于对德国历史的回顾,他想要通过回顾德国历史来证明德国思想与德国社会环境之间的联系。通过对德国历史进行回顾,卢卡奇表明法西斯主义在社会政治方面走向胜利的道路[87] 是由一战之后垄断资本主义的扩张所铺就的。[88] 垄断资本主义的扩张以及与此相应的对改良主义的重视导致了一种新的非理性的诞生[89],并且使得工人阶级变得无助[90]。由此造成的结果一方面是大量的工人转向了马克思主义，实际上，也就是转向了列宁主义，而另一方面则是知识分子和资产阶级变得绝望。[91]以上现象在理论上的后果就是一种关于绝望的哲学[92]，也就是一种从现实走向书斋而不是从书斋走向现实的哲学。[93]在卢卡奇看来，法西斯意识形态的兴起"不过是一个长期的、起初表现为'无辜的'（专业哲学的或至多在世界观上的）过程的顶点：理性的毁灭"[94]。

虽然卢卡奇提出的是一般意义上的观点，但是他的分析主要针对的是德国的情况，因为他认为非理性主义的诞生地是德国。很明显，他对于德国哲学思想与德国社会现实之间关系的理解是有问题的。他用一种还原主义的解释方法，将法西斯意识形态的诞生仅仅还原为经济的因素，而忽略了一系列其他的决定因素。很显然，那些因素是不能用垄断资本主义、甚至不能用经济学的方式来简单地进行解释。在包括其他因素的一份完整的清单上还应该列出以下内容：德国在一战后的失败，德国为此做出的补偿以及由此而产生的民族耻辱感；1929年世界性的经济危机；19世纪以来国家意识形态（Volksideologie）的兴起，包括德国人在世界历史中的任务这个概念在德国民众中的广泛传播、魏玛共和国在政治上的无能、政治上想要在布尔什维克主义和民主的自由主义之外寻找第三条道路的广泛愿望，德国的扩张主义传统在奥托·冯·俾斯麦（Otto von Bismarck）那里初步达到了顶峰；对共产主义的恐惧；等等。

在对德国的非理性主义运动的历史背景进行了一番描述之后，卢卡奇开始思考在1789年革命和1848年革命之间的这个时期的思想背景。卢卡奇的分析对我们理解他将非马克思主义看成是非理性主义这个观点具有非常重要的意义。在卢卡奇对一战后广泛流行的导致非理性主义的观点进行分析的时候，他第一次对他在马克思主义著作中经常出现的非理性主义这个概念进行了说明。

《理性的毁灭》研究的是一种唯心主义在政治上的后果。但是卢卡奇认为，非理性主义从根本上来说是一种认识论。在《历史与阶级意识》中，卢卡奇认为，一般意义上的唯心主义是无法把握其对象的。如果一种可以认知的对象变得不可认知，就像在各种形式的唯心主义那里一样，那么，一般意义上的唯心主义就是非理性的。而与此相对，马克思主义却可以认知"自在之物"。在《理性的毁灭》这部研究理性的专著中，卢卡奇修正了他之前的观点。他仍然认为，从认识论的层面上看，唯心主义不如马克思主义。但是，他现在认为客观唯心主义是一种理性主义的唯心主义，因此，他不再认为客观唯心主义是非理性的了。其结果就是，之前被卢卡

非理性主义：卢卡奇与马克思主义理性观
Irrationalism: Lukács and the Marxist View of Reason

奇解释为唯心主义与马克思主义之间的区分，而后来被解释成非理性主义与理性主义之间的区分，现在则被一种新的区分，即理性主义的唯心主义与非理性主义的唯心主义之间的区分所取代了。

在《物化和无产阶级意识》这篇论文中，卢卡奇借用了拉斯克的观点来定义德国古典哲学的非理性，尤其是在晚期费希特作品中的非理性。现在，他再次强化了这个观点。卢卡奇部分继承了库诺·费舍尔对费希特的看法。他在将费希特与拉斯克联系在一起之前，再次引用了费希特在1804年的《全部知识学的基础》（*Wissenschaftslehre*）中的一段著名的话。费希特在这段话中将"一个被绝对地设置的客体"说成是"非理性的间断的规划"（projectio per hiatum irrationalem）。卢卡奇评价说："费希特所使用的非理性这个术语就像他晚年的全部认识论一样，一般说来对后来的哲学发展并没有什么影响。只是在拉斯克那里，我们才发现费希特晚期思想对他产生了某种程度的影响，而个别法西斯分子却千方百计地企图把费希特的名字写在他们先辈的名单中。"[95]

在卢卡奇对费希特进行评价的时候，他将非理性定义为理性的局限性。卢卡奇认为，之所以说费希特的晚期思想是非理性的，是因为费希特坚持认为主体性与客体性之间的关系是不可知的。卢卡奇引用黑格尔的话表明，非理性主义就是对超出理智范围的不可比性和非理性的认知。[96]就像他在《物化和无产阶级意识》那篇论文中指出的那样，一种没有能力把握现实的思想就是非理性的。他说："现在，非理性主义从这种——必然的、不可避免的、却总是相对的——理智反思和客观原型之间的矛盾开始。这种矛盾的源泉在于它把任务在一定的场合中直接给了思维，只要它仍然是任务，仍然是没有解决的问题，那么它就会出现在这样一种形式中。这种形式首先给人以这样的印象：思维，即构成概念的东西在现实面前崩溃了；和思维对立的现实出现在理性（迄今所运用的概念方法的范畴体系的合理性）的领域之外。"[97]

如果为知识设定限制是非理性的话，那么，认为知识从本质上来说是不受限制的也是非理性的。唯心主义的特点就是善于夸大，因为它将理性扩展到能够合法使用理性的边界之外。如果必要的话，马克思主义是不惜与唯心主义为敌的。马克思主义坚持认为，我们认识社会现实的能力是没有限制的。卢卡奇进一步考察了一个个体是如何选择非理性主义的。这种选择必然是超理性的或者是非理性的。因为拒绝理性就是非理性的表现。众所周知，费希特认为，从根本上来说，一个人接受哪一种哲学是有其哲学基础的。因为他相信，一个人所选择的哲学就是他自己的本性所发挥的作用。[98]卢卡奇认为，在理性与非理性之间的选择从来不是简单的哲学选择，而是在阶级利益的驱使下、被超出哲学范畴的理性所命令的结果。[99]非理性主义表现在布莱士·帕斯卡（Blaise Pascal）远离了哲学问题[100]，表现在雅各比（Jacobi）思想中的认识论和心理学之间的界限的模糊[101]，还表现在一般意义上的现象学之中。[102]

由于卢卡奇认为辩证唯物主义拥有不受限制的知识，因此辩证唯物主义作为非理性主义的对立面还可以被称为"辩证理性主义"。这不仅仅是一个抽象的理论，更是一种试图把握具体的、辩证的社会运动的努力。卢卡奇在对维科、赫尔德（J. G. von Herder）、哈曼（J. G. Hamann）和卢梭的观点进行评价的时候说道："这里，我们的目的甚至可能并不是要简要地概述维科的哲学，更不是要分析赫尔德、哈曼或卢梭的哲学。我们唯一的目的应该是强调基本的辩证趋势。在所有这些作家中，这种基本的辩证趋势的目的在于从人类的自我运动，从人类自身的活动和苦难中发展出人类的历史和人类的社会，并且领悟这个运动背后的理性。"[103]

卢卡奇对理性这个概念的认识论定义隐含着一种社会本体论的思想，一种关于历史的理论。这种社会本体论建立在三个假设前提的基础之上。第一，人类历史在人类的活动中得以发展，并且能够通过人类的活动来把握人类历史；第二，人类的活动以及隐藏在人类历史背后的运动原则从本质上来说都是理性的；第三，人类历史的原则以及作为其结果的人类历史本身都是可知的。但是，即使历史是由人类活动组成的，也不能由此推断出历史是可知的，除非人类活动是可知的。[104]然而，卢卡奇提出的人类历史包含在时间中展开的理性原则这种观点，只是一个方法论上的假设罢了。这一观点并非明摆着的事实，并且也被人用不同的方式反对过，其中有人强调知识与变化之间的不相容[105]，有人否认历史的连续性。[106]

卢卡奇指出，历史从本质上来说是理性的。这种说法是建立在他之前接受了马克思主义用经济学的方式来分析人类活动的做法这一基础之上的。只有当历史是完全可知的，才有可能拒斥任何一种试图建立认识论上的局限性的做法。但是，知识的局限性与非理性这二者之间是有重大区别的。显然，试图为知识设定限制的做法不一定是错误的。因此，一种试图为知识设定限制的理论，例如康德的批判哲学，就不一定是非理性的。遗憾的是，卢卡奇对于辩证唯物主义的看法显然受到了康德的影响，康德断言，所有的人类理性的前提都是接受他的批判哲学。[107]但是，不接受辩证唯物主义或者不接受批判哲学都不等于拒绝理性，而只是拒绝某种形式的哲学罢了。因此，否定理性还拥有其他形式的可能性的做法是非理性的。

非理性主义：卢卡奇与马克思主义理性观
Irrationalism: Lukács and the Marxist View of Reason

在谢林、叔本华以及克尔凯郭尔的思想中都有过对哲学上的非理性主义的兴起的研究。上述人的思想再加上尼采的思想，都被卢卡奇看作是非理性主义在两次革命之间以及帝国主义时期产生的例证。之前，卢卡奇曾在关于黑格尔的专著中探讨过谢林的思想。在《理性的毁灭》中，他对谢林的思想大加赞扬，因为谢林远离了费希特而走向了客观唯心主义。但是，他又因为谢林与黑格尔的争论而批判谢林。卢卡奇相信，近代非理性主义是在19世纪初的社会经济危机中产生的。[108]例证包括谢林对直觉的依赖[109]、他提出的所谓认识论的贵族主义[110]、他对于进化的否定[111]，以及他关于主观的时间的观点。[112]卢卡奇认为，黑格尔在《精神现象学》中对谢林的著名批判就是反对非理性主义的斗争的一部分。[113]

卢卡奇认为，虽然从日期上看叔本华的思想早在晚年谢林登场之前就出现了，然而叔本华的思想却是非理性主义的更高发展阶段的典型表现。其原因"简单地说，因为在叔本华那里，第一次——不仅在德国哲学内，而且也在国际范围内——出现了非理性主义的纯粹资产阶级的变种"[114]。特别是著名的叔本华悲观主义哲学预见到了（悲观主义这种）在1848年革命之后变得重要的趋势。[115]（悲观主义）这种思想是所有政治行为的荒诞性的根本原因[116]，而其结果就是行为被去价值化[117]，以及哲学上的利己主义[118]。叔本华的悲观主义思想是当下将（不合理）的社会环境合理化的复辟时代[119]在意识形态上的反映。卢卡奇说："这样，这个非理性主义便完成了它的中心目标：对资本主义的社会秩序给予一个间接的辩护——至于叔本华本人对这个目标的认识程度怎么样，那倒是无所谓的。"[120]但是，由于卢卡奇断言资本主义在个人没有认识到的情况下通过个人发生作用，因此，他就引发了一种神秘主义的解释原则，也就是他之前在《历史与阶级意识》中在探讨黑格尔的绝对精神概念时加以反对的那种狡猾的马克思主义理性观。

卢卡奇继承黑格尔的说法，认为从谢林到叔本华的转变标志着从客观唯心主义向主观唯心主义的倒退。[121]卢卡奇将叔本华描述为一位反辩证学家。他还部分借用了特伦德伦堡（F. A. Trendelenburg）的说法，将克尔凯郭尔描述成一位主观的、伪辩证的思想家。[122]克尔凯郭尔的伪辩证法表现在他为了形式逻辑而远离辩证逻辑[123]，表现在他在近似法的基础上反对关于知识的理论[124]，还表现在他无社会性的伦理学思想中[125]。卢卡奇用一段极其模糊的话来总结他对于克尔凯郭尔的解读："因此，我们得到了作为一种精神依据的绝望，作为一种内容的非理性，以及与此相关的，人们之间的精神交往在理论上的不可能性，即绝对的隐士。对克尔凯郭尔来说，这不仅描述了美学，而且也描述了宗教的特点。"[126]

在卢卡奇对两次革命之间的这段时期的非理性主义思想的探讨即将结束的时候，他提出了这样一个观点，即哲学上的非理性主义在社会中扮演了一个消极的角色，并且，他考察的三位思想家对社会所产生的特殊影响也是消极的。他说："道德上的间接辩护有一个任务：引导知识分子，有时是反叛的知识分子回到资产阶级反动发展的道路上来，同时又保护他们的所有理智和道德上的要求在这方面处于一种优势地位。在设计这种方法时，叔本华和克尔凯郭尔扮演了先驱者的角色。他们的追随者（当然，尼采并不是其中的一个，因为他坚持那种好战而反动的方向）在根本上并没有发明什么新东西。他们只不过使这种方法适应于帝国主义时期资产阶级日益增长的反动需要。他们日益抛弃了叔本华和克尔凯郭尔有时曾表现过的合乎逻辑和真正信念的残余，而且日益成为腐朽没落的资产阶级的纯粹的辩护士，除此之外，他们一事无成。"[127]

卢卡奇关于尼采是帝国主义时期的非理性主义的创始人的观点，他对尼采才华的欣赏，以及他的正统马克思主义思想是一个三角形的三个边。在经历了巴黎公社以及第一国际的建立之后，资产阶级哲学和科学开始奋起为阶级利益辩护[128]，并且逐渐与社会主义相对立[129]。卢卡奇说："因此，既然我们完全清楚尼采绝没读过马克思和恩格斯的著作，我们又怎么能坚持认为尼采的全部著作都是继续在反对马克思主义和社会主义呢？但是，我们仍然认为这种主张是合理的，因为任何哲学的内容和方法都是由它的时代的阶级斗争所决定了的。"[130]

黑格尔认为，哲学史是一场穿越时间的对话。因此，我们有理由认为，在近代思想家进行普通的对话的时候必然会有持反对意见的人参与到对话之中，因为思想家自身或许并不清楚自身思想的局限性。然而，卢卡奇却反对当代思想是一个不断发展的讨论过程，以及对同一个时代中提出的一些思想来说总有与其直接对立的思想存在的这种一般性主张。卢卡奇认为，与其说同时代的不同思想是对普遍流行的趋势的反映，不如说它们是一些故意与某些思想敌对的思想。卢卡奇将当代思想解读为阶级斗争，这就解释了他在解释尼采与马克思主义之间的关系时，为什么要将二者说成是敌对的关系。

卢卡奇认为，尼采不具备任何真正意义上的经济学知识。[131]尼采思想的核心是对社会主义的抵抗以及试图创造出一个帝国主义德国的努力。[132]在卢卡奇看来，尼采与社会主义之间的敌对关系[133]在于他对利己主义的强调[134]、用种族主义的方式对阶级斗争进行的分析[135]、试图在唯心主义与唯物主义之外寻找第三条道路的努力[136]、对人类平等的反对[137]，以及为了表明资本主义永远不会被超越而通过事物的永恒回归学说反对历史中的新事物[138]这种种现象之中都是清晰可见的。卢卡奇最后总结道：是尼采创造出了为资本主义进行间接辩护的模式。他说："尼采哲学再一次成了反对社会主义人道主义的帝国主义神话。"[139]

卢卡奇对尼采的批判性描述在这部著作中非常具有代表性。关于卢卡奇对尼采的分析，有两点值得我们注意。第一，卢卡奇对尼采的批判是建立在一个假设的基础之上的。这个假设就是哲学思想不仅仅与这个时代的社会问题紧密相关，并且事实上哲学思想就是在这个时代的社会问题中产生的。没有人会否认，哲学思想与产生这种思想的社会环境、政治环境以及思想背景之间是有某种联系的。但是，如果像马克思主义关于意识形态的理论那样将这种联系说成是因果联系的话，这种说法就变得有意思了。而卢卡奇在这里对尼采和其他人进行解释的时候，运用的正是这种因果性的解释方式。但是，这种解释方式非常可疑，因为卢卡奇从来没有对一种哲学思想与其社会环境之间的因果联系加以证明，而只是提出这个断言而已。用休谟的术语来表达这同一个观点的话，就是：卢卡奇呼吁我们关注尼采的思想与这个时代的社会问题之间的"合取"（conjunction），但他却没能对（尼采的思想与这个时代的社会问题之间的）因果联系加以证明。

第二，卢卡奇总是从一个外在观点出发，对某一特定思想进行分析。在《理性的毁灭》这部著作中，卢卡奇从未在一种思想的内部对其进行评价，也就是说，他从未通过对一种思想自身的论证加以研究而对其进行评价；他用来反对某位思想家，例如他反对尼采的方法，总是指出那位思想家的思想与他本人思想的对立。卢卡奇在这部著作中的讨论有一个不变的特征，这就是，他总是假设只要是与自己的思想相异的思想，都是错误的、反动的思想。但是，他经常提出的观点通常都是抽象的、先验的，并且没有通过对这一特定思想的具体分析来证明。换句话说，虽然卢卡奇对其他人的思想都是毫无例外地保持高度批判的态度，但他却几乎不进行自我批判。

在对帝国主义德国的生命哲学（Lebensphilosophie）进行长篇讨论的时候，卢卡奇曾经部分地回应了针对他提出的反对之声。他并不关心某位作家在心理学上的意图如何，他关心的是对发展本身的客观、辩证的分析。[140]他将早在一战之前就已经在德国文化中广泛传播的生命哲学运动描述成是哲学上的非理性主义的更高阶段。[141]卢卡奇指出，由于生命哲学的形态千变万化，因此很难对其进行描述，他只能将其描述成一种退化变质的主观唯心主义："简言之，生命哲学的本质就在于把不可知论变为神秘教义，把主观唯心主义变为神话的假客观性。"[142]

卢卡奇对生命哲学的解释并不令人信服。如果说不可能将关于客观性的观点从其产生的理论中解放出来的话，那么人们就能以客观性为名义将理论定罪了。在关于知识的理论中，有关客观性的观点是很常见的。但是，以非理性主义为例，从非理性主义的角度来看的客观性与一般意义上的客观性之间是有差别的。知识与客观性有关，但是除了从一个有局限性的角度出发，我们不清楚该如何论证知识与客观性之间的关系。而如果认识不到知识与客观性之间的差别的话，就有将一个假设的、但却是未加证明的观点来当作价值的绝对标准的危险。

很显然，我们面临的问题是：为什么一种所谓的非科学的思想能够广泛地流行，尤其是在哲学领域内流行。卢卡奇认为，要解释生命哲学的流行，就不能在它的科学性质内寻找答案，因为它从本质上来讲就不是科学的，而要在它与时代精神之间达成的联盟中寻找答案。卢卡奇说："但是，一种如此缺乏基础和毫不相干的、如此不科学的、如此粗俗不通的'世界观'竟能占有统治地位，那就需要一定的哲学气氛来瓦解对理智和理性的信赖，摧毁对进步的信仰，制造对非理性主义、神话和神秘主义的轻信。生命哲学创造的正是这种哲学气氛。"[143]

卢卡奇以上观点的基础就是这样一个贯穿全书的假设，即思维是被其社会环境所决定的。要定义一种思想与当时的思想背景、社会背景和历史背景之间的关系是一回事，但要以当时的思想背景、社会背景和历史背景为标准来评价这种思想是否是真理就是另一回事了。卢卡奇简单地将生命哲学与其产生的背景之间的联系，与生命哲学在哲学上的价值这两码事当成了同一回事。即使是他试图将生命哲学与当时的时代精神联系在一起的做法也让人生疑。几乎是在生命哲学产生的同一时间，分析哲学和实证主义哲学也诞生了，而分析哲学和实证主义哲学是从两个方面与生命哲学相对立的思想。那么，或者是某种思想，而不是所有思想的产生都可以被理解为是时代精神的作用，或者就是时代精神从本质上来说是多元的，因而在互相对立的哲学思想中都有所反映。

卢卡奇没有兴趣写一部关于生命哲学的历史，他甚至没有兴趣对生命哲学的历史加以概括。他的讨论只局限于生命哲学运动中的某些主要部分，尤其是狄尔泰、西美尔、马克斯·舍勒（Max Scheler）、海德格尔和雅斯贝尔斯的思想。另外，他还对路德维希·克拉格斯（Ludwig Klages）、厄恩斯

非理性主义：卢卡奇与马克思主义理性观
Irrationalism: Lukács and the Marxist View of Reason

特·荣格（Ernst Jünger）、鲍姆勒、伯麦、厄恩斯特·克里克（Ernst Krieck）和阿尔弗雷德·罗森堡（Alfred Rosenberg）这些人的前法西斯主义和法西斯主义生命哲学思想进行了评论。总的来说，卢卡奇对狄尔泰的解释是他在社会背景中对生命哲学进行解读的最佳例证。他认为，狄尔泰就像其他的生命哲学家一样都用直觉来代替理性，并且都没有能力把握生活自身。就像狄尔泰已经认识到的那样，其结果就是在认识的过程中出现一种本质上的非理性因素。

卢卡奇通过对狄尔泰的思想与其产生的历史阶段之间的关系来评价狄尔泰的思想，他在狄尔泰的思想中发现了一种贵族主义的视域。卢卡奇说道："如同我们已经看见的那样，狄尔泰的问题表达了帝国主义时代资产阶级知识分子的深层的思想意识方面的需求，而他提出的问题就必然使直觉取得这种方法论上的中心地位。就像哲学史里经常出现的情况那样，如果在通常没有出路的情境中去寻找这样一条绝望了的出路，并且借助于人们认为是一种可以致命的悬空斛斗竟然找到了，那么，这样一个'解决办法'的现实的认识论的和方法论的前提都是无法考察的。"[144]

在卢卡奇看来，生命哲学是对德国非常困难的客观社会条件所做出的有缺陷的反应，尤其是用严格的、科学的哲学为标准来判断的话更是如此。只有从不影响资产阶级特权的情况下试图寻找一种能够奇迹般地解决社会问题的方法这个角度出发，才能解释人们为什么会转向生命哲学。但是，用一种奇迹思维来当作解释的因素的话，就等于是打开了潘多拉魔盒。由于我们没有理由相信，只能用奇迹思维才能解释生命哲学，而不能用其他的方式——例如生命主义哲学宣称它知道历史的秘密——来解释人们为什么会转向生命哲学，因此，卢卡奇的解释仍然难以令人信服。

在卢卡奇对生命哲学的其他代表人物进行评价的时候，他将那些他认为在转向非理性主义的过程中最为重要的因素挑选了出来。他认为，狄尔泰是一个过渡性的人物，而西美尔已经是帝国主义时代的代表人物了。[145] 卢卡奇强烈反对西美尔试图打磨历史唯物主义的做法。[146] 他对奥斯瓦尔德·斯宾格勒（Oswald Spengler）的批判甚至更加猛烈。因为他认为，斯宾格勒是法西斯主义哲学的直接先驱。[147] 卢卡奇还注意到，斯宾格勒对与理性相对立的直觉的偏见，也就是大家非常熟悉的斯宾格勒提出的与自然科学相对立的极端历史相对论。[148] 在卢卡奇看来，斯宾格勒是在真正的普鲁士社会主义这一概念之中的所谓种族主义差别这一基础之上来反对马克思主义以及马克思主义的社会主义。[149]

卢卡奇在《存在主义还是马克思主义？》这部著作的附录中已经对海

德格尔进行过更为详细的评价,而他在《理性的毁灭》中对海德格尔的一般性评价对于前者来说是一种补充。[150]他将海德格尔对所谓的个体性痛苦的描述与孤独的自我所产生的害怕和焦虑的悲观主义情绪联系在了一起,这对我们的理解非常有帮助。[151]他指出,现象学直觉的方法顶多是一种假客观主义。[152]在进一步对这一观点进行的详细说明中,卢卡奇在对海德格尔的方法的本质局限性进行评价之前,先呼吁我们关注海德格尔所强调的本质和现象之间的区别,这对我们的理解也是非常有帮助的。卢卡奇说道:"因为要从直接现成地、直观直接地认识到的现实中去把握那'隐藏的''本质',这种方法的关键只能是'本质直观'。因此,即使在海德格尔那里,本体论对象的客观性也始终是一种纯粹口头上的;而把它宣布为本体论的客观性就只能导致假客观主义的上升,并且由于使用的是直觉主义的选择原则和标准,这就只能导致这个对象领域的非理性性质(Irrationalitar)的上升。"[153]

卢卡奇对现象学方法的反对将他对海德格尔思想的解读扩展到了整个现象学当中。他的批判性评论忽略了不同的现象学方法之间的差别而将现象学当作一个整体来对待,这是不准确的。例如,胡塞尔经常强调,可重复性是真理的标准。[154]因此,就很难说胡塞尔的理论是一种假客观主义。但海德格尔就不是这样。我们不能否认,海德格尔的现象学具有宣言式的、不可证实的、诺斯替教徒性质的特点。最近的海德格尔支持者倾向于强调不能对他的思想进行哲学判断,尤其是不能对他晚期的思想进行哲学判断。这就等于是简单地抵制了对海德格尔思想的哲学判断。[155]

与卢卡奇对生命哲学和其他形式的非理性主义的解释一样,他同样认为与其说海德格尔的思想是一种哲学论证,不如说他的思想是一种对特定社会阶级的需要的回应。卢卡奇说道:"由于海德格尔的描述涉及的是战后帝国主义的资本主义危机所引起的心灵状况,因此《存在与时间》的影响不仅远远超出了对哲学感兴趣的阶层,而且还反复地毁誉参半地被哲学批评家们提到。海德格尔所描述的是资本主义经济范畴的反面,是主观的资产阶级知识方面的东西。当然这些是以一种极端的唯心主义主观化和歪曲化的形式描写的。"[156]

范围更广的群众的反应甚至部分哲学群体的反应都在一定程度上受制于流行的观点。对萨特来说,早期海德格尔思想的广泛流行是使他能够以哲学的方式重新阐述当前问题的重要原因。[157]但是,萨特的思想仍然引起了人们的兴趣,因为它具有不同寻常的穿透性。而萨特思想正是以这种穿透的方法来开辟了一条全新的探讨道路。卢卡奇简单地忽视了海德格尔思

非理性主义：卢卡奇与马克思主义理性观
Irrationalism: Lukács and the Marxist View of Reason

想中特殊的哲学层面，而将其还原为自己所支持的学说。与他通常的做法相同，卢卡奇在一个简单化的基础上拒斥海德格尔的思想。即因为海德格尔的思想与马克思列宁主义相矛盾，因此海德格尔的思想就必然是错误的。

卢卡奇用辩证法来解释马克思与黑格尔之间的关系，这为他对黑格尔和新黑格尔主义的评论增色不少。新黑格尔主义，尤其是狄尔泰对黑格尔提出了一些批评，而卢卡奇针对这些批评为黑格尔进行辩护。他指出，包括狄尔泰在内的那些新黑格尔主义者没能认识到黑格尔的思想在时间推移中的统一性，关于这一点卢卡奇是正确的。[158]虽然卢卡奇对黑格尔的思想非常了解，但令人吃惊的是，他竟然没能理解黑格尔思想中的体系的重要性，却为了为辩证法进行辩护而简单地拒斥了黑格尔思想中的体系。卢卡奇说道："虽然黑格尔反动的体系倾向在一个极端上从公开的哲学中消失了，但是他的哲学中的生动的、指引前进的和进步的辩证方法却上升到一个更高的世界观之中，即上升到辩证唯物主义之中。"[159]

令人感到遗憾的是，我们有以下五个理由来反对卢卡奇对马克思与黑格尔之间关系的描述。第一，"体系"这个概念早在资本主义之前就存在了，在哲学史中，它至少可以追溯到亚里士多德。在卢卡奇看来，"进步"和"倒退"这两个术语在近代工业社会中具有政治上的含义。但是，他既没有证明也没有想要证明黑格尔的体系观与资本主义之间是有联系的。除非黑格尔提出的"体系"概念有特殊的政治内涵，否则，卢卡奇将黑格尔的体系观说成是反动的就是错误的；第二，卢卡奇（对马克思与黑格尔之间关系）的描述表现出一种范畴错误，因为他将哲学学说与其政治上的含义混为一谈。"系统化"这个概念代表着一个哲学上的判断，而不是有可能因此产生的政治后果，不应将两者混淆；第三，根据马克思主义学说，马克思的思想是黑格尔思想的颠倒。但是，体系是思辨唯心主义的核心。如果说马克思的思想是黑格尔思想的颠倒的话，那么马克思的思想就不可能拒斥黑格尔思想中的核心因素。如果马克思的思想真是黑格尔思想的颠倒，那么马克思的思想一定会依赖于黑格尔思想中的某个特定因素；第四，马克思自己的思想就是体系化的。因此，卢卡奇一方面声称马克思保留了黑格尔主义的辩证法，另一方面又声称马克思拒斥黑格尔所谓的体系化倾向，这就是不准确的说法；第五，考虑到黑格尔对康德的批判[160]，我们很难相信黑格尔具有或者说应该具有一种方法。黑格尔对康德的批判依赖于这样一个前提，即他认为方法不能从内容中独立出来。但是批判哲学的理论前提就是方法能从内容中独立出来这个假设。

卢卡奇之所以对新黑格尔主义进行评价，是为了揭示出新黑格尔主义与非理性主义之间的联系。卢卡奇不同意将黑格尔的思想描述成是对康德思想的完成[161],他同样也反对强调德国唯心主义具有单一的特征[162]。卢卡奇还对像理查德·克罗纳（Richard Kroner）和海曼·格罗克纳（Hermann Glockner）这样试图将相互敌对的思想综合起来的新黑格尔主义者提出了批判。[163]卢卡奇认为,由于新黑格尔主义者混淆了主观唯心主义与客观唯心主义之间的界限[164],因此,他们误解了黑格尔并促成了最为极端的非理性主义——"生命哲学",也就是国家社会主义哲学的胜利。[165]但是,卢卡奇提出的国家社会主义哲学是生命哲学的继续（例如在狄尔泰思想中）,或者说是生命哲学的延伸,这一观点是否公正还很难说。

卢卡奇对德国新黑格尔主义者进行的评价中包含着他对德国哲学的直接思考。卢卡奇现在开始对德国社会学,也就是被列宁以来的马克思主义者称为帝国主义时代的东西进行思考。[166]他注意到,社会学是在古典政治经济学衰落之后作为一门独立的学科兴起的。这门新学科的标志就是它用非经济学的方法来探讨社会问题。卢卡奇说道:"社会学,其所以成为一门独立的学科是因为它在探讨社会问题时撇开社会的经济基础。所以,把社会问题脱离经济问题而独立处理是社会学的方法论的出发点。"[167]实际上,社会学的目标是要以自然科学为基础取代政治经济学。卢卡奇接着说道:"有人说,社会学刚开始出现时也曾想成为社会的普遍科学（如在孔德和斯宾塞那里）,这个说法当然也是对的。它为此目的曾试图找出一种自然科学的基础来代替经济学中的根据。"[168]

卢卡奇在对斐迪南·托尼斯（Ferdinand Toennies）、马克斯·韦伯、阿尔伯特·韦伯（Albert Weber）、卡尔·曼海姆（Karl Mannheim）和汉斯·弗里尔（Hans Freyer）的思想进行评价的时候强调,社会学所使用的这种方法既没有考虑到社会的经济维度,又没能理解社会环境。卢卡奇认为,社会学是在古典经济学理论瓦解之后出现的,这是正确的观点。但是,并不能由此推断出,总的来说,社会学家们都没有进行经济分析,或者说社会学家们都对经济分析不感兴趣。我们就先说说马克斯·韦伯。在他的思想中,我们就能够找到很多反例,因为他这位社会学家就致力于将社会学理论与经济学理论综合在一起。[169]

卢卡奇本人对马克斯·韦伯的思想非常熟悉,并且还深受其影响。因此,卢卡奇对马克斯·韦伯思想的评论非常深刻,对此我们一点也不感到吃惊。但是,他对马克斯·韦伯思想的评论仍然表现出他在这一阶段的严格的马克思主义形式。卢卡奇指出,马克斯·韦伯之所以会反对历史唯物主义,是因为历史唯物主义证明了经济学因素的优先性。[170]之前,卢卡奇

非理性主义：卢卡奇与马克思主义理性观
Irrationalism: Lukács and the Marxist View of Reason

对马克斯·韦伯的思想非常依赖，而现在，卢卡奇则试图与马克斯·韦伯保持距离。他表明，马克斯·韦伯用一种对资本主义的非经济学分析来取代对资本主义的经济学分析。卢卡奇说道："从前的人认为，只要是金钱积累就是资本主义。韦伯一反前人的看法，竭力要找出现代资本主义的特殊本质来，并把这种特殊本质之所以出现于欧洲同东西方在宗教伦理发展上的差异联系起来。为此，首先，资本主义的本质就被非经济化和'精神化'了。在他看来，资本主义的本质就是经济社会生活的合理化（Rationalisierung），就是一切现象的合理的可计算性。"[171]

不论怎样，韦伯绝不是一个非理性的思想家。但是对于接受了经济学因素优先性的卢卡奇来说，任何一种非经济学的、还原论式的分析最终都是非理性的。卢卡奇指出，马克斯·韦伯通过强调宗教因素在不涉及价值的社会学中的重要性[172]以及神授权威的领袖这个概念等等[173]，而无意识地开启了通向非理性主义的大门[174]。因此，卢卡奇表明，马克斯·韦伯对一些倾向于非理性主义或者甚至是法西斯主义的思想家产生了影响，这是很有可能的。但是，任何一位阅读过马克斯·韦伯著作的人都知道，马克斯·韦伯对于用一种非经济学的分析来取代经济学的分析不感兴趣。令他感兴趣的是，通过对其他的、非经济学因素的探讨而将一种经济学的视域补充完整。[175]

在《理性的毁灭》的最后一章，卢卡奇对社会达尔文主义、种族主义与法西斯主义进行了探讨。他在这一章中为他在整篇著作中都暗示过的结论进行了强烈辩护。这个结论就是：为理性进行辩护还是毁灭理性，这不仅仅是一个学术上的选择，也不仅仅关系到学者的兴趣，还关系到生活中产生的问题的性质。而这些性质稍后就会渗透到哲学之中去，并且最终会表现为社会主义与垄断资本主义之间的竞争。卢卡奇说道："但我们试图指出，一切这类问题（包括最抽象的问题）如何从社会生活中产生出来，并成为社会生活发展的并非不重要的环节。没有未来的远景，就没有了如指掌的并有益于当代的历史；没有透彻阐明的历史，就没有民族的具体的未来远景。"[176]

卢卡奇得出这一结论的前提是他对于发展的连续性的判断。一方面，卢卡奇认为，由哥比诺（Arthur Gobineau）和张伯伦（H. S. Chamberlain）提出的关于种族劣势和种族优势的生物学理论随后被重新整合进国家社会主义意识形态之中。没有人会否认关于种族劣势和种族优势的生物学理论与国家社会主义意识形态这二者之间是有联系的。另一方面，卢卡奇还认为，从谢林的中期思想开始的主观唯心主义与种族主义之间也是有连续性的。他的这一判断我们就更难理解了。在卢卡奇看来,向德国古典哲学的回归还隐含着一种趋势,这种趋势就是将其最为反动的因素合法化。他说:"这样,康德在唯物主义与唯心主义之间的动摇(列宁语)被彻底'清除'了;这样,李凯尔特的反动的新康德学派把晚期费希特的非理性主义用作新康德主义的深造课程;这样,爱德华·封·哈特曼把晚期谢林的哲学复活了,并且在以后克尔凯郭尔的影响中,这一哲学的反动性质还更强大更富影响地表现出来;这样,黑格尔对普鲁士现实所作的调和被新黑格尔主义用来把黑格尔说成俾斯麦的先驱,而黑格尔的哲学——被彻底地'清除'了任何的辩证法——则被改造为为德国的落后状况作辩护的世界观,改造为一切反动倾向的大杂烩。同时,产生了一批究其根本倾向来说是反动的思想家,如叔本华、浪漫派(首先是亚当·缪勒、格雷斯等)和尼采。法西斯主义继承了德国反动派发展的全部遗产,并用于向内和向外去建立凶残的帝国主义。"[177]

卢卡奇这一解读的前提是一个脆弱的联系,这就是一个天才思想家及其学徒之间的联系。很显然,一种思想不能解释自身,也无法决定未来人们是否接受这种思想。通常来说,我们不能将创造了某一种重要思想的人与后来对这种思想进行解释的人完全区分开来。海德格尔却是一个特例,因为他非常积极地试图影响人们对纳粹主义与自己思想之间联系的理解。[178]但是,总的来说,一个天才思想家不能决定未来的人们对其思想的解读。马克思就不能为马克思主义负责,同样地,黑格尔也不能为黑格尔主义负责。

接下来,卢卡奇进一步论证,法西斯意识形态兴起的理论根基是反动的哲学。他提出了三个理由来证明他的观点。第一,1918年德国在一战战败后,德国民众对于强加给德国的和平条款普遍感到怨恨和失望;[179]第二,反动的力量之所以会靠向希特勒及其同党,是因为希特勒及其同党通过鼓吹一种反动的意识形态而满足了他们反对社会主义的需要;[180]第三,希特勒对客观真理的漠不关心以及他对客观性的反对受到了德国思想中的非理性主义趋势的支持。卢卡奇分析道:"然而,这有力而粗俗的广告技术与帝国主义生命哲学的成果,即与这一时期最'精良'的知识分子的世界观会合了。因为不可知论的反理性主义在德国曾经历了从尼采、狄尔泰、西美尔直到克拉格斯、海德格尔、雅斯贝尔斯的发展,其结局是同样坚决地放弃客观真理,就像希特勒出于其他动机并以其他论证所干过的那样。因此,在生命哲学的非理性主义与法西斯主义的'世界观'的接触中,事情并不涉及认识论的个别结果,因为这些结果就其深奥而言只属于知识分子的小

非理性主义：卢卡奇与马克思主义理性观
Irrationalism: Lukács and the Marxist View of Reason

圈子；而是涉及彻底怀疑客观认识的可能性这样一种普遍的思想气氛，涉及彻底怀疑理性与理智的价值，涉及对直觉主义的、非理性主义的、违反理性和理智的'宣告'的盲目信仰，一句话，涉及歇斯底里的轻易迷信的气氛。这里，反对客观真理、反对理智和理性斗争中的蒙昧主义表现为现代科学即'最先进的'认识论的最后结局。"[181]

我们并不怀疑一战给德国的社会和文化产生了诸多影响。国家社会主义不是、并且人们也不认为国家社会主义仅仅是一个小团体的反动利益的表现。因为令人感到遗憾的是，希特勒是通过大众投票而掌权的。即使像卢卡奇所说，在从中期谢林开始一直到叔本华、克尔凯郭尔和尼采的哲学思想，与纳粹主义意识形态这二者之间存在一个因果联系的话，那么这种因果联系也是非常隐晦的。当然，纳粹主义意识形态出于自己的目的而利用了德国哲学思想。但是，并不能由此推断出，那些思想经常被人滥用的德国哲学思想家——尼采就是最好的例子——就是理性的敌人，或者说他们就是非理性的代表。不能像卢卡奇那样，因为一种思想不符合一种趋势，例如是由于其不可能与理性相悖而被卢卡奇认定是真理的马克思主义这种特定趋势，就说这种思想是非理性的；只有当一种思想拒绝理性的时候，才能说它是非理性的。但是，卢卡奇与康德一样，都不同意只存在一种可能的理性观。没有理性的论证可以证明，存在并且只存在一种可能的理性观。

卢卡奇为客观真理着想而为传统哲学辩护。但是，对于客观真理的怀疑与所谓的"对直觉主义的、非理性主义的、违反理性和理智的'宣告'的盲目信仰，一句话，涉及歇斯底里的轻易迷信"这二者之间是有重大区别的。进一步说，客观性这个概念与一种导致客观真理的分析这二者之间也是有差别的。在近代哲学史中，在宣称客观真理的断言背后隐藏着的主要认识论策略就是基础主义。现在，从由于无法理解任何一种基础主义而出现的、对于某种认识论上的相对主义的论证可以清晰地看出，一种明显的反基础主义趋势正在日益增长。[182]与此相反，如果认为传统哲学中的客观真理这个概念缺乏令人满意的论证的话，那才是非理性的。如果基础主义已经失败，那么抛弃传统的客观真理概念，转而采用一种较弱的真理观，就是理性的做法。

在这一章的结尾处，我们可以进行一个简短的、比较性的评论。卢卡奇所做的《理性的毁灭》这部关于理性的专著内容详细并且是一部学术性的著作。但是，其哲学兴趣主要在于对特定的思想进行主观评论。从哲学的角度来看，与《理性的毁灭》这部著作相比，《存在主义还是马克思主义?》这部篇幅较短，也更加具有论战性特征的著作更为有趣。因为在《存在主义还是马克思主义?》中，卢卡奇对一些相互对立的思想进行了阐述，并且对马克思主义的优先性进行了论证。卢卡奇在关于非理性主义的讨论中，经常把马克思主义的优先性当作预设前提，但他在对非理性主义进行讨论的时候，却从未对马克思主义的优先性进行证明。因此，在他对非理性主义进行讨论的时候，马克思主义的优先性只是一个未经检验的假设，而这种独断论式的假设通常会损害一部在哲学上非常有趣的著作在哲学上的价值。

注释

[1] 黑格尔将与他同时代的思想家的思想划分成几种不同的唯心主义，而这种划分对黑格尔自身思想发展具有至关重要的作用。参见 G. W. F. Hegel, *The Difference Between Fichte's and Schelling's System of Philosophy*, ed. by H. S. Harris and Walter Cerf（Albany: State University of New York Press, 1977）。在黑格尔晚期的著作中，他重复了自己早期提出的观点并将其进一步发展，但他的基本观点从未改变，而这个基本观点是他所有晚期思想中的核心主题。

[2] 卢卡奇在《理性的毁灭》中，正确地指出了几种政治上的非理性之间的差别。但是，他没有说明自己一直坚持宣称的唯心主义在认识论上的非理性，或者说资产阶级思想在认识论上的非理性。参见 Georg Lukács, *Pensée Vécue, Mémoires Parlés*, trans. by Jean-Marie Argelès and Antonis Fonyi（Paris: Arche, 1986）, p. 141。

[3] See *La Nef*, November, 1946.

[4] See *Forum*, 1946, no. 4.

[5] Georg Lukács, *Existentialismus oder Marxismus?*（Berlin: Aufbau, 1951）.

[6] See Georg Lukács, *Existentialisme ou Marxisme?*, trans. by E. Kelemen（Paris: Editions Nagel, 1948, reprinted 1961）.

[7] See "Anhang: Heidegger Redivivus," in Lukács, *Existentialismus oder Marxismus?*, pp. 161—183.

[8] See Georg Lukács, *Die Zerstörung der Vernunft*, vol. 9 of *Georg Lukács Werke*, ed. by György Markus and Frank Benseler（Darmstadt and Neuwied: Luchterhand, 1962）。《理性的毁灭》这部著作最早于 1954 年在匈牙利布达佩斯由 Akadémiai Kiadó 出版社出版，与此同时也在柏林由 Aufbau Verlag 出版社出版。英文版《理性的毁灭》(*The Destruction of Reason*) 是于 1981 年在匈牙利版本的基础上翻译过来的。

[9] Budapest: Lukács Archives, 1982.

[10] Budapest: Lukács Archives, 1982.

[11] 一个很明显的特例是黑格尔坚定的一元论。对于这个问题的讨论，参见

Denise Souche-Dagues, *Hégélianisme et Dualisme: Réflexions sur le Phénomène* (Paris: Vrin, 1990)。

[12] See Lukács, *Pensée, Vécue, Mémoires Parlés*, p. 120.

[13] See Lukács, *Existentialisme ou Marxisme?*, p. 13. 德文版《存在主义还是马克思主义?》的序言与法文版不同，并且不像法文版那样为我们说明了卢卡奇的写作目的。另外，这部著作的德文版与法文版还有一些其他的细微的差别，其部分原因在于德文版《存在主义还是马克思主义?》是卢卡奇本人写作的，而法文版是根据匈牙利版翻译过来的。

[14] See Maurice Merleau-Ponty, *Humanism and Terror*, trans. by John O'Neill (Boston: Beacon, 1969), and Maurice Merleau-Ponty, *Les Aventures de la dialectique* (Paris: Gallimard, 1955).

[15] See Jean-Paul Sartre, *Critique de La Raison Dialectique* (Paris: Gallimard, 1960)。

[16] 海德格尔坚决反对给自己的思想贴上存在主义的标签，他一直试图澄清自己的思想与萨特的思想之间的纠结关系。参见 Martin Heidegger, "Letter on Humanism," in Martin Heidegger, *Basic Writings*, ed. by David Farrell Krell (New York: Harper and Row, 1977), pp. 189-242, esp. p. 213。

[17] See *ibid.*, p. 219.

[18] See Lucien Goldmann, *Lukács and Heidegger: Towards a New Philosophy*, trans. by William Q. Boelhower (London: Routledge and Kegan Paul, 1977). For discussion of this thesis, see Tom Rockmore, "Review of Goldmann, *Lukács and Heidegger: Towards a New Philosophy*," *Studies in Soviet Thought* 23 (1982): 342-346.

[19] Lukács, *Existentialismus oder Marxismus?*, pp. 61-62.

[20] *Ibid.*, chap. I, pp. 7-32.

[21] See *ibid.*, p. 10.

[22] See *ibid.*, pp. 14-15.

[23] See *ibid.*, p. 15.

[24] See *ibid.*, p. 17.

[25] See *ibid.*, p. 18.

[26] See *ibid.*, p. 20.

[27] 这是胡塞尔在他最后一部未完成的著作中写作探讨客观主义那篇著名文章的意图。参见 Edmund Husserl, *The Crisis of European Sciences and Transcendental Phenomenology: An Introduction to Phenomenological Philosophy*, trans. with an intro. by David Carr (Evanston, Ill.: Northwestern University Press, 1970), para. 14: "Precursory characterization of objectivism and transcendentalism. The struggle between these two ideas as the sense of modern spiritual history," pp. 68-70.

[28] 对于维也纳学派强调形式主义的讨论，参见 Victor Kraft, *Der Wiener Kreis: Der Ursprung des Neopositivismus, Ein Kapitel der Jüngsten Philosophiegeschichte* (Vienna and New York: Springer, 1968)。

[29] See Lukács, *Existentialismus oder Marxismus?*, p. 23.

[30] *Ibid.*, pp. 28—29.

[31] 关于这个观点，参见 Walter Kaufmann, *Nietzsche: Philosopher, Psychologist, Antichrist* (Princeton, N. J.: Princeton University Press, 1950)。

[32] 在最近对于尼采思想的讨论中，海德格尔对尼采的讨论是最为知名的例子。参见 Martin Heidegger, *Nietzsche*, 2 vols. (Pfullingen: Neske, 1961)。海德格尔对尼采的讨论开始于海德格尔试图把握尼采的思想的努力。有关人们对于尼采的接受程度，参见"Anhang: Zur Geschichte der Nietzsche-Deutung (1894—1954)," in Karl. Lowith, *Nietzsches Philosophie des ewigen Wiederkehr des Gleichen* (Stuttgart: Kohlhammer, 1956), pp. 199—225。

[33] See Lukács, *Existentialismus oder Marxismus?*, pp. 29.

[34] See *ibid.*, p. 33.

[35] See *ibid.*, p. 37.

[36] See *ibid.*, p. 39.

[37] 关于海德格尔对于此在的看法，参见 Martin Heidegger, *Being and Time*, trans. by John Macquarrie and Edward Robinson (New York: Harper and Row, 1962), para. 4, pp. 32—35。

[38] See Alfred Schutz, *Der sinnhafte Aufbau der sozialen Welt: Eine Einleitung in die vevstehende Soziologie* (Frankfurt: Suhrkamp, 1974).

[39] See Lukács, *Existentialismus oder Marxismus?*, p. 44.

[40] See *ibid.*, pp. 44—45.

[41] 关于卡纳普对海德格尔的著名批判，参见 Rudolf Carnap, "The Elimination of Metaphysics through Logical Analysis of Language," in *Logical Positivism*, eb. by A. J. Ayer (Glencoe, Ill.: Free Press, 1959)。

[42] See Lukács, *Existentialismus oder Marxismus*, "Die Freiheit in einer fetischisierten Welt und der Fetisch der Freiheit," pp. 49—57.

[43] 参见《马克思恩格斯全集》，中文 2 版，第 44 卷，北京，人民出版社，2001。

[44] See Lukács, *Existentialismus oder Marxismus?*, p. 53.

[45] See *ibid.*, p. 55.

[46] See Jean-Paul Sartre, "Sartre par Sartre," in *Nouvel Observateur* January 26, 1969.

[47] 在德文中，"道德"这个词最为常见的两种表达方式是"Moralität"和

"Sittlichkeit", 而在这里, 卢卡奇用来表达"道德"是这第三个词汇"Ethik"。

[48] "萨特与马克思的对立"这一节在法文版《存在主义还是马克思主义?》中的题目为"Sartre contre Marx"。参见 Lukács, *Existentialisme ou Marxisme?*, pp. 133–150; 而这一节在德文版《存在主义还是马克思主义?》中的题目为"Wieder einmal wird Marx getötet", 参见 Lukács, *Marxismus oder Existentialismus?*, pp. 69–78。

[49] 很显然, 在萨特转向马克思主义的过程中, 卢卡奇对他产生了很大的影响。这一影响在萨特的《辩证理性批判》的序言中表现得尤为明显。这篇序言后来在 1957 年以《方法的问题》(*Questions de Méthode*) 单独出版。这篇序言收录在《辩证理性批判》中的第 15~111 页。法文版《方法的问题》被译作英文后, 书名为《对一种方法的追求》(*Search for a Method*)。参见萨特:《对一种方法的追求》(*Search for a Method*, New York: Vintage, 1968), 由黑泽尔·巴恩斯 (Hazel Barnes) 翻译并为本书撰写了一个导言。

[50] See Lukács, *Existentialismus oder Marxismus?*, pp. 70–71. 实际上, 卢卡奇在这里针对的是海德格尔对马克思主义的形而上学性质的看法。

[51] See *ibid*., p. 74.

[52] See Maurice Merleau-Ponty, *Phénoménologie de la perception* (Paris: Gallimard, 1945).

[53] See Lukács, *Existentialismus oder Marxismus?*, p. 74.

[54] See *ibid*., p. 78.

[55] 但也有例外, 例如, 萨特在《自我的超越性———一种现象学描述初探》(*The Transcendance of the Ego*) 的结论中, 曾经试图将历史唯物主义与形而上学的唯物主义区分开来。参见 Jean-Paul Sartre, *La Transcendance de l'égo: Esquisse d'une description phénoménologique* (Paris: Vrin, 1966), pp. 85–87。

[56] See *ibid*., p. 90.

[57] See *ibid*., p. 92.

[58] *Ibid*., p. 91 (my translation—T. R.).

[59] See *ibid*., p. 99 and p. 113.

[60] See *ibid*., p. 103.

[61] See *ibid*., p. 99 and p. 117.

[62] See *ibid*., pp. 101–102 and pp. 105–106.

[63] See *ibid*., pp. 104–105.

[64] See *ibid*., p. 107.

[65] 卢卡奇迅速调整了他自己对于列宁思想的看法。参见 Georg Lukács, *Lenin: Studie über den Zusammenhang seiner Gedanken* (Berlin: Malik, 1924)。

[66] 关于这一争论, 参见 Nikolai Bucharin and Abram Deborin. *Kontroversen über*

dialektischen und mechanistischen Materialismus, ed. by Oskar Negt (Frankfurt: Suhrkamp, 1969)。

[67] Lukács, *Existentialismus oder Marxismus?*, p. 128.

[68] 这一观点的最初阐述很可能对恩格斯的马克思主义思想方法的形成产生了影响,而这一观点最早是由费希特提出来的。参见 "First Introduction to the Science of Knowledge," in Johann Gottlieb Fichte, *Fichte: Science of Knowledge (Wissenschaftslehre) with the First and Second Introductions*, ed. and trans. by Peter Heath and John Lachs (New York: Appleton-Century-Crofts, 1970)。

[69] 对于这一区别的探讨,参见 Tom Rockmore, *Fichte, Marx and German Philosophy* (Cardondale and London: Southern Illinois University Press, 1980), pp. 101-107。

[70] See Lukács, *Existentialismus oder Marxismus?*, p. 132.

[71] See *ibid*.

[72] See *ibid*., p. 135.

[73] See *ibid*., pp. 143-144.

[74] See *ibid*., pp. 144-145.

[75] See *ibid*., p. 150.

[76] See *ibid*., p. 155.

[77] See *ibid*., pp. 159-160. 除了试图将自身思想与萨特的思想区分开来这个愿望,海德格尔对马克思思想中的人类学因素的认识很可能是大家非常熟悉的海德格尔的反人道主义思想中的重要因素。参见 Martin Heidegger, "Letter on Humanism," in Heidegger, *Basic Writings*, pp. 189-242。

[78] See, e.g., Victor Farias, *Heidegger and Nazism*, ed. by Joseph Margolis and Tom Rockmore (Philadelphia: Temple University Press, 1989). See also *The Heidegger Case: Politics/Philosophy*, ed. by Tom Rockmore and Joseph Margolis (Philadelphia: Temple University Press, 1991)。

[79] 对于转向这个概念的理解,参见 Heidegger, "Letter on Humanism," in Heidegger, *Basic Writings*, p. 208。而雅克·德里达认为,海德格尔晚期的思想是与国家社会主义相独立甚至是与之相对立的思想,参见 Jacques Derrida *De l'esprit: Heidegger et la question* (Paris: Editions Galilée, 1987), Philippe Lacoue-Labarthe, *La Fiction du politique: Heidegger, l'art et la politique* (Paris: C. Bourgois, 1987), Silvio Viette, *Heideggers Kritik am Nationalsozialismus und an der Technik* (Tübingen: M. Niemeyer, 1989). 对海德格尔这种解读的批判,参见 Tom Rockmore, *On Heidegger's Nazism and Philosophy* (Los Angeles: University of California Press, 1991)。

[80] 英文版译文共有 865 页。

[81] See Lukács, *Destruction of Reason*, p. 5.

［82］See *ibid.*, p. 3.

［83］See *ibid.*, p. 5.

［84］他在这部著作中提出的非理性概念并没有引起广泛关注。举例来说，我们可以参考 H. A. Hodges "Lukács on Irrationalism," in *Georg Lukács: The Man, His Work, and His Ideas*, ed. by G. H. R. Parkinson（New York: Vintage, 1970）。我们要注意，这只是一个对卢卡奇《理性的毁灭》的评论，而不是对非理性的一般性探讨。

［85］See Lukács, *Destruction of Reason*, p. 33.

［86］See *ibid.*, p. 4.

［87］See *ibid.*, p. 77.

［88］See *ibid.*, p. 78.

［89］See *ibid.*, p. 81.

［90］See *ibid.*

［91］See *ibid.*, p. 82.

［92］See *ibid.*, p. 84.

［93］See *ibid.*, p. 88.

［94］*Ibid.*, p. 89.

［95］*Ibid.*, p. 96.

［96］*Ibid.*, p. 97.

［97］*Ibid.*, pp. 99−100.

［98］See Johann Gottlieb Fichte, *Fichtes Werke*, edited by I. H. Fichte（Berlin: W. de Gruyter, 1971）, vol. I, p. 434.

［99］See Lukács, *Destruction of Reason*, p. 100.

［100］See *ibid.*, p. 115.

［101］See *ibid.*, p. 120.

［102］See *ibid.*

［103］*Ibid.*, p. 128.

［104］萨特在研究福楼拜（Flaubert）的时候指出，人类的行为从本质上来说是理性的。参见 Jean-Paul Sartre, *L'Idiot de la famille: Gustave Flaubert*, 3 vols.（Paris: Gallimard, 1971）。

［105］列维-斯特劳斯的结构主义人类学就是这一观点的最佳例证。参见 Claude Lévi-Strauss, *Anthropologie structurale*（Paris: Plon, 1958）。

［106］关于这种方法的例子，我们可以参考 Michel Foucault, *L'Archéologie du savoir*（Paris: Gallimard, 1969）。

［107］See Immanuel Kant, *Immanuel Kant's Critique of Pure Reason*, trans. by Norman Kemp Smith（London and New York: Macmillan and St. Martin's, 1962）, B xxxviii−

xxxix, pp. 33—35.

[108] See Lukács, *Destruction of Reason*, p. 129.

[109] See *ibid.*, p. 145.

[110] See *ibid.*, p. 147.

[111] See *ibid.*, pp. 176—177.

[112] See *ibid.*, p. 189.

[113] See *ibid.*, p. 162.

[114] *Ibid.*, p. 192.

[115] See *ibid.*, p. 197.

[116] See *ibid.*, p. 203.

[117] See *ibid.*, p. 204.

[118] See *ibid.*, p. 205.

[119] See *ibid.*

[120] *Ibid.*, p. 243.

[121] See *ibid.*, p. 221.

[122] See *ibid.*, p. 250.

[123] See *ibid.*, p. 253.

[124] See *ibid.*, p. 262.

[125] See *ibid.*, p. 274.

[126] *Ibid.*, p. 280.

[127] *Ibid.*, p. 296.

[128] See *ibid.*, p. 312.

[129] See *ibid.*, p. 310.

[130] *Ibid.*, p. 313.

[131] See *ibid.*, p. 319.

[132] See *ibid.*, p. 324.

[133] See *ibid.*, pp. 341, 381, and 385.

[134] See *ibid.*, pp. 345 and 346.

[135] See *ibid.*, p. 355.

[136] See *ibid.*, p. 362.

[137] See *ibid.*, p. 360.

[138] See *ibid.*, p. 389.

[139] *Ibid.*, p. 394.

[140] See *ibid.*, p. 417.

[141] See *ibid.*, p. 403.

[142] *Ibid.*, p. 414.

［143］ *Ibid.* , p. 416； translation modified.

［144］ *Ibid.* , p. 426.

［145］ See *ibid.* , p. 442.

［146］ See *ibid.* , p. 452.

［147］ See *ibid.* , p. 461.

［148］ See *ibid.* , pp. 464−465.

［149］ See *ibid.* , p. 474.

［150］关于卢卡奇与海德格尔之间的关系，参见 Costanzo Preve, "Lukács e Heidegger. Dal destino della tecnica al rifiuto dell gabbia d'accio," in *Tramonto dell'occidente?*, ed. by Gian Mario Cazzaniga et al. (Naples： Edizioni Quattro Venti, 1989), pp. 149−163。

［151］ See Lukács, *Destruction of Reason*, pp. 489−490.

［152］ See *ibid.* , p. 495.

［153］ *Ibid.* , pp. 495−496.

［154］ See Edmund Husserl, *Logische Untersuchungen* (Tübingen： M. Niemeyer, 1968), vol. 2, sec. 31, pp. 99−100.

［155］参见 e. g. , Gerald L. Bruns, *Heidegger's Language, Truth and Poetry： Estrangements in the Later Writings* (New Haven, Conn. ： Yale University Press, 1989), 而对于杰拉德·L·布伦斯这部著作的探讨，参见 Tom Rockmore, "Review of Bruns, Heidegger's Language, Truth and Poetry", *Review of Metaphysics* 44 (Sept. , 1990)： 132−134。

［156］ Lukács, *Destruction of Reason*, pp. 500−501.

［157］ See Karl Löwith *Heidegger—Denker in dürtiger Zeit* (Frankfurt： S. Fischer, 1953).

［158］ See Lukács, *Destruction of Reason*, pp. 565−566.

［159］ *Ibid.* , p. 547.

［160］举例来说，黑格尔对康德的批判，可以参见 *Hegel's Logic, Being Part One of the Encyclopedia of the Philosophical Sciences* (1830), trans. by William Wallace (Oxford： Clarendon, 1975), para. 10, pp. 14−15。

［161］ See Lukács, *Destruction of Reason*, pp. 551 and 553.

［162］ See *ibid.* , p. 552.

［163］ See *ibid.* , pp. 560 and 561.

［164］ See *ibid.* , pp. 566−567.

［165］ See *ibid.* , p. 576.

［166］关于列宁的帝国主义观，参见 V. I. Lenin, "Imperialism： The Highest Stage of Capitalism," in *Ten Classics of Marxism* (New York： International, 1940)。

[167] Lukács, *Destruction of Reason*, p. 585.
[168] *Ibid.*, p. 586.
[169] 举例来说，我们可以参考肯尼斯·博尔丁（Kenneth Boulding）的著作，或者是 C·赖特·米尔斯（C. Wright Mills）的著作。
[170] See Lukács, *Destruction of Reason*, p. 604.
[171] *Ibid.*, p. 606.
[172] See *ibid.*, p. 616.
[173] See *ibid.*, pp. 619 and 629.
[174] See *ibid.*, p. 614.
[175] See, e.g., Max Weber. *The Protestant Ethic and the Spirit of Capitalism*, trans. by Talcott Parsons with an intro. by Anthony Giddens (London: Allen and Unwin, 1987).
[176] Lukács, *Destruction of Reason*, pp. 756–757.
[177] *Ibid.*, p. 715.
[178] 在海德格尔的思想体系中，他在很多文本中都表达了他对于自己与政治之间关系的看法，这些颇有影响力的文本包括《事实与思想》（Facts and Thoughts）、《关于人道主义的信》（Letter on Humanism）以及《海德格尔在〈明镜〉杂志的访谈》（the *Spiegel* interview）。参见 "Facts and Thoughts. The Rectorate 1933/34," trans. by Karsten Harries, *Review of* Metaphysics 38 (March 1985): 481–502; "Only a God Can Save Us: *Der Spiegel's* Interview with Martin Heidegger," *Philosophy Today*, Winter 1976, pp. 267–284, and "Letter on Humanism," in Heidegger, *Basic Writings*, pp. 189–242。
[179] See Lukács, *Destruction of Reason*, p. 720.
[180] See *ibid.*, pp. 720–721.
[181] *Ibid.*, pp. 726–727.
[182] 关于一种反基础主义的讨论，参见 Michael Williams, *Ungrounded Belief* (Oxford: Blackwell, 1977)。

第九章
卢卡奇的社会本体论

恩格斯之后的马克思主义总是宣称两个观点：第一，马克思主义与德国古典哲学是有差别的，甚至可以说马克思主义与所有的哲学都是有差别的；第二，马克思主义与德国古典哲学相比，具有绝对的优势地位。卢卡奇接受了以上说法，而他的创新之处在于，他试图在一种马克思主义理性观的基础上对马克思主义所宣称的优越性进行论证。卢卡奇在新康德主义对理性与非理性所进行的区分的基础之上，用二分法对两种互不相容的观点进行了分析，这两种观点就是：理性的马克思主义与非理性的非马克思主义。马克思主义的理性在于它解决了知识的问题，并且其政治立场是进步的；而非马克思主义的非理性则表现在它没有能力解决认识论的问题以及它在政治上的反动本性。非马克思主义的非理性还清晰地表现在它反对社会变革，以及退化变质的主观唯心主义在国家社会主义意识形态的兴起中所起的作用。

在之前的章节中，我们已经研究了卢卡奇对马克思主义的唯物主义的论证以对唯心主义的批判的性质及其晚期发展。到目前为止，（卢卡奇思想的）三大阶段都与他最初提出的开创性的马克思主义思想有关，即他虽然宣称自己是正统马克思主义者，但实际上却是非正统的马克思主义（这主要表现在《历史与阶级意识》这部著作中），他在早期斯大林主义阶段对黑格尔的分析（这主要表现在《青年黑格尔》这部著作中），以及他在晚期斯大林主义阶段对存在主义（这主要表现在《存在主义还是马克思主义？》这部著作中）和非理性主义（这主要表现在《理性的毁灭》这部著作中）的研究。在开始的阶段，卢卡奇认为，马克思主义能够解决德国古典哲学所无法解决的问题。他还认为，马克思主义与德国古典哲学之间的本质差别在于马克思主义对于政治经济学的理解。在第二个阶段，卢卡奇调整了上述说法，认为马克思主义与德国古典哲学之间的本质差别在于马克思主义对于政治经济学的深刻理解。黑格尔对政治经济学的理解非常有限，因为他无法克服英国古典政治经济学方法的局限性。在第三个阶段，卢卡奇进一步对上述观点从两个方面进行了重新阐述：首先，他指出，马克思列宁主义的优越性在于辩证的反映论这一认识论上的优点。在这里，卢卡奇收回了他早期对反映论的批判；其次，他在讨论非理性主义的时候指出，主观唯心主义要对国家社会主义的产生负责。

卢卡奇一直想证明，与非马克思主义尤其是德国古典哲学相比，马克思主义具有本质上的优越性，或者说马克思列宁主义具有本质上的优越性。当他处于马克思主义阶段的时候，虽然他的思想随着时间的流逝而产生了些许变化，但是，他对于马克思主义是唯一一种令人满意的、解决哲学问题尤其是知识问题的方法这一观点的坚持始终没有改变。卢卡奇的马克思主义思想的发展就是对以上这一基本观点的不同阐述。在他思想的最后一个阶段，卢卡奇构建出了一种令人感到兴奋的、新形式的马克思主义。他最终将他之前一直强调的马克思主义与非马克思主义之间严格的二元对立弱化了，或者说将之前那种严格的二元对立相对化了。卢卡奇在他思想的最后一个阶段的论证主要是对本体论进行的研究，而他研究的内容主要体现在《关于社会存在的本体论》这部在他死后才得以发表的著作中。[1]这部著作构成了卢卡奇的马克思主义思想中的一个全新而重要的部分。

《历史与阶级意识》一直被当成是卢卡奇在马克思主义思想阶段中最富影响力的著作。《历史与阶级意识》对马克思主义的讨论产生了重大影响，并且在将来还会继续对后世的马克思主义讨论产生重大影响。但是，后世之人也有可能认为卢卡奇最大的贡献在于他在马克思主义美学这个领域中所作出的贡献。无论如何，在卢卡奇去世后才发表的《关于社会存在的本体论》这部研究本体论的著作是其马克思主义思想的重要组成部分，并且也理所应当是卢卡奇最为重要的马克思主义著作之一。本体论是本世纪最为重要的哲学话题之一，而马克思本人在其著作中却没有给我们留下任何关于本体论的理论。在卢卡奇进入最后的思想阶段之前还处于马克思主义思想阶段，此时，他主要关心的是美学、认识论以及从马克思主义角度出发的政治学。而在他思想的最后一个阶段，也是一个全新的阶段里，他为一种特殊的关于社会本体论的马克思主义理论奠定了基础。

虽然《关于社会存在的本体论》这部研究本体论的著作是在卢卡奇去世后才出版的，但是在卢卡奇生前，他对本体论进行研究的这部著作已经以片段的形式得以发表，只是当他在1971年6月去世的时候，《关于社会存在的本体论》这部著作还没有完全完成。根据编者的话，我们可以看

非理性主义：卢卡奇与马克思主义理性观
Irrationalism: Lukács and the Marxist View of Reason

出，卢卡奇最早是在距离他去世不到十年的1961年9月19日所写的一封通信中提到了这部著作。一开始，卢卡奇是打算在进行美学研究的《审美文化》这部著作完成之后，为了给马克思主义的伦理学研究写个序言才写作了《关于社会存在的本体论》中的内容。[2]虽然他打算用对于本体论的讨论当作序言的这部研究伦理学的著作从来都没有写出来，但是，在他准备写作这部研究伦理学的著作的过程中所写的序言中的内容，后来却进一步发展成了卢卡奇的主要研究对象。[3]

《关于社会存在的本体论》这部著作被划分为三个主要部分，包括一个名为《一种今天已经有可能形成的本体论的若干原则问题》的长达324页的序言。这个长篇序言在匈牙利语版本中被放在了最后，而在德文版中被放在了开头。卢卡奇在这篇序言中所写的内容就是对这部著作中最后一部分内容的研究。[4]全书共有八章（这八章的篇幅都很长），包括对当代的问题（Problemlage）状况进行研究的四个历史性的章节，以及对"若干最重要的综合问题"进行研究的四个章节。卢卡奇对本体论的全部研究长达1 457页，这是一部极其复杂、篇幅又长得令人咋舌的大部头著作。迄今为止，这部著作只有一些片段被译成了英文。考虑到这部著作的篇幅以及英语世界对本体论研究越来越缺乏兴趣，很可能卢卡奇的这部著作永远也无法被完整地译成英文了。

卢卡奇没有时间为了这部著作的出版而完成对手稿的整理。但是，整部手稿在卢卡奇去世的时候已经快要完成了，因此，我们可以对这部著作的重要性及其在卢卡奇思想中的地位进行评价。这部著作象征着卢卡奇思想中的一个新的阶段，这个阶段与之前那个长期的斯大林主义阶段以及最早的、更为人们所熟知的那个开创性的马克思主义阶段都不相同。卢卡奇在《关于社会存在的本体论》这部著作中所进行的研究，由于其题目、内在质量以及对马克思主义的理解的修正而成为卢卡奇的马克思主义思想阶段的至高点。这篇著作由于其篇幅过长以及相关译文仍然不足等原因，到目前为止还不被人们所熟悉，而且也不太可能在短时间内被人们广泛熟知。甚至连马克思主义者都对其知之甚少，大概只有研究卢卡奇的专家才对这部著作稍有了解。[5]因此，我们有必要用简略的语言对《关于社会存在的本体论》这部研究本体论的著作的特征进行阐述。由于我们已经对卢卡奇之前的马克思主义著作有所了解，因此，现在再阐述这部著作中的内容就容易得多了。

这部著作作为一个整体与这部著作中的序言之间的差别是值得一提的。这部著作中的序言卢卡奇是最后才写的，而这个序言中的内容与书中其他部分的内容大相径庭。虽然这个长篇序言作为一个部分最终构成了这部书的整体，但是，这篇序言的创作完全是偶然的。根据编者的话，卢卡奇写作这篇序言只是为了回应他的朋友们以及研究他书中其余内容的人对他提出的批评。其结果就是，卢卡奇的这篇序言只是对这部卢卡奇没能完成的、也许也是无法完成的著作的一个长篇介绍。[6]这部著作的编辑正确地指出，这篇序言与书中其他内容的差别在于其回避了这部著作中的历史性章节以及体系化章节中严格的二元论特征。[7]从这篇序言中我们还可以看出一种在卢卡奇早期的马克思主义著作中前所未有的有益趋势，这就是，卢卡奇正逐步从正统马克思主义中解放出来，例如，他开始对包括列宁在内的所有典型马克思主义者进行批判。[8]

通常来讲，要对一部重要的哲学著作进行描述本来就是很困难的，而要描述卢卡奇的《关于社会存在的本体论》这部著作就更加困难，因为他在这部长篇著作中探讨的问题数目之多令人咋舌。很显然，卢卡奇的马克思主义思想的不同阶段反映出从1918年底开始转向马克思主义到1971年去世这长达50多年的时间里，卢卡奇的思想发生了一些重大的变化。与许多杰出的思想家一样，（虽然卢卡奇的思想发生了一些变化，但是）他的思想也存在着连续性，而这个连续性是包括其马克思主义思想在内的卢卡奇思想中非常重要的元素。卢卡奇思想中持续存在的一个主题就是他对马克思主义正统性坚定不移的信念，这种信念一直贯穿在《历史与阶级意识》以及他所有的晚期著作之中。虽然在卢卡奇不同的马克思主义思想阶段中，他对于正统马克思主义的理解发生了变化，但是对于正统性这一原则的忠诚却始终没有改变。从他最后一部马克思主义著作中我们可以看出，卢卡奇对于马克思主义的理解发生了很多变化。或许，最为重大的改变就是，卢卡奇虽然没有明说，但是很明显，他已经脱离了正统马克思主义。

在他一生的学术生涯快要结束的时候，卢卡奇再次对他在最初的马克思主义阶段中研究过的问题进行了探讨。但我们可以明显看出，他此时的探讨已经不再是一种对正统马克思主义的探讨。如果我们用正统性为标准衡量其作品的价值的话，那么我们至少可以说卢卡奇在他人生最后阶段的马克思主义观点是非正统的，甚至可以说是异端的。由于卢卡奇在最后的阶段脱离了任何一种形式的正统马克思主义，其结果就是他的思想呈现为一种令人感到惊奇的、自由的马克思主义。而他此时自由的马克思主义思想与他以前一直遵守的许多马克思主义教条都是背道而驰的。

对于卢卡奇早期的马克思主义思想来说，有三个马克思主义教条具有非常重要的意义：第一个马克思主义教条是一种将马克思主义者提出的主要是或者说只是政治上的观点赋予哲学上的重要意义的趋势;第二个马克思主义教条是仅仅出于政治上的原因而简单地否定非马克思主义思想家的趋势;第三个马克思主义教条是不加批判地为"马克思的思想从本质来说或者说完全就是经济学"这种马克思主义教条进行辩护的趋势。以上所说的三种趋势都是通过否定非马克思主义的价值来为正统马克思主义进行辩护的。

由于卢卡奇抛弃了以上这些正统马克思主义的教条,因此他对于马克思、马克思主义以及非马克思主义哲学的理解能力发生了重大改变。虽然我们不应过分夸大卢卡奇的早期马克思主义思想与其晚期马克思主义思想之间的差别(因为这二者之间有着深层的连续性),但是,如果我们说由于卢卡奇在其思想的最后阶段静静地抛弃了正统马克思主义,因此他对于马克思、马克思主义与德国唯心主义这三者之间关系的理解发生了重大改变的话,那也并不过分。

卢卡奇在整个马克思主义阶段中,时常引用经典马克思主义的作品,并将其当作权威的源头。而我们可以明显地看出,在他对本体论进行研究的《关于社会存在的本体论》这部著作中,他对于主要的马克思主义著作的运用发生了改变。在《历史与阶级意识》之后写作的一些著作中,卢卡奇经常在没有进行标准的哲学论证的情况下为包括斯大林在内的马克思主义者提出的论点赋予哲学上的重要意义。然而,在他对社会本体论进行研究的时候,他对经典马克思主义作家的态度发生了变化,他虽然仍然尊重他们,但却开始对其进行批判。在这个时候,卢卡奇对斯大林和斯大林主义作家的批评尤其猛烈。他从哲学和政治的角度出发,对他们进行了持续的批判。卢卡奇表面上仍然宣称自己在哲学上忠实于马克思主义,但是,我们可以清晰地看出,他此时已经不再认为他需要通过引用经典马克思主义作家的话来证明自己的观点,也不再认为他还需要对马克思主义运动中的政治领袖提出的任何观点或所有观点提供支持了。

在我们之前所进行的讨论中,卢卡奇的马克思主义仍然遵循着一种马克思主义的教条,即坚持宣称马克思主义与其他思想之间有着本质上的差别。很显然,他所遵循的这种马克思主义教条阻碍了或者甚至可以说不允许他接受任何一种非马克思主义思想。因为从本质上来说,任何一种非马克思主义思想都会并且必然会不符合马克思主义所设定的标准。这一从根本上使得他无法认识到任何一位非马克思主义思想家所作出的永久性贡献的马克思主义教条的立场,在他对本体论进行研究的时候被一扫而空。由于卢卡奇开始对一些主要的正统马克思主义的代表人物采取批判的态度,这就使得他不但能够认识到非马克思主义观点的价值,甚至还可以接受非马克思主义的观点。

从卢卡奇对黑格尔的分析就可以看出,他对非马克思主义者的态度发生了改变。无论从任何一个角度来看,卢卡奇都是一位重要的黑格尔学家。黑格尔的思想作为一个重要的主题一直贯穿在卢卡奇的整个马克思主义思想阶段之中。在他写作《关于社会存在的本体论》这部著作之前,他总是从唯物主义与唯心主义的对立这个角度出发对黑格尔主义的唯心主义进行批判。但是,在《关于社会存在的本体论》这部关于本体论的专著中,卢卡奇已经很少提到唯物主义与唯心主义的差别了。更加值得我们重视的是,在这部著作的第一部分研究中,卢卡奇用了很长的篇幅对尼古拉·哈特曼(Nicolai Hartmann)这位显然是非马克思主义思想家的观点进行了积极的评价。卢卡奇在对哈特曼进行评价的时候似乎暂时忘记了黑格尔的存在,他指出,哈特曼是唯一一位拥有积极的辩证法观点的非马克思主义思想家。[9]

卢卡奇改变了对非马克思主义思想的态度而对其大加赞赏这一变化,还进一步在他对马克思与黑格尔之间关系所进行的解释中得以表现出来。而对马克思与黑格尔之间关系的解释对于马克思主义的自我理解来说一向是非常重要的。在之前的马克思主义著作中,卢卡奇一向遵循将马克思的思想说成是对黑格尔思想的颠倒这个标准的马克思主义观点。在卢卡奇前期的马克思主义著作中,他主要用了两种方式来解释马克思与黑格尔思想之间的差别:对马克思与黑格尔思想之间的差别所进行的更为早期的、也是更为宽泛的解释是一种方法论上的解释(代表著作为《历史与阶级意识》),从哲学的角度出发来探讨马克思主义与德国古典哲学是否有区别,或者是通过是否从经济学的视角来认识社会现实这一标准来区分马克思的思想与黑格尔的思想;更为晚期的、也是更为狭隘的解释实际上是对恩格斯观点的重新阐述,在唯心主义与唯物主义之间的严格对立这一基础之上来解释马克思的思想与黑格尔的思想之间的差别。通常来说,如果用以上两种方式对马克思的思想与黑格尔的思想之间的差别进行解释的话,都会得出这样一个结论:与之前的哲学相比,马克思的思想发生了根本的转变。

但是,用马克思的思想发生了根本的转变来解释马克思的思想与黑格尔的思想之间的关系,这种解释是模棱两可的。这种解释符合马克思与德国古典哲学分道扬镳这一传统的马克思主义观点,也符合在同一个哲学传统中的不同思想虽然有着不同的概念上的创新之处,但这些思想之间也有着一种本质上的联系这种观点。马克思的思想与黑格尔的思想是两种重要的哲学思想,虽然它们之间有着本质的差别,但它们都从属于同一个不断进行着的哲学讨论(即德国哲学)。上面所说的第二种解释方法就是对马克思与黑格尔之间关系的黑格尔主义解读,是卢卡奇早期马克思主义思想中的一个核心主题,这就是,马克思的思想解决了德国古典哲学无法解决的问题。现在,当卢卡奇对本体论进行研究的时候,他从后一个认为马克思的思想与黑格尔的思想分道扬镳的观点,回到了前一个认为他们两人的思想具有内在的连续性这个观点中去。现在,卢卡奇已经不再认为我们需要将马克思的思想解释成是一种与之前的哲学思想的彻底决裂;相反,我们可以像列宁建议的那样——这或许是无意识地借用了黑格尔对于哲学史的看法——来理解马克思的思想,这就是,马克思的思想保留了之前哲学思想中有价值的东西,但马克思却进一步超越了之前所有的思想家。卢卡奇说道:"我们不应像斯大林和日丹诺夫时期所宣称的那样,单单把马克思主义局限为同资产阶级哲学的某些形而上学的和唯心主义的倾向作彻底的决裂,而是应该像列宁所说的那样,把马克思主义归结为'吸收和改造了两千多年来人类思想和文化发展中一切有价值的东西'。"[10]

从上面这段话中,我们可以清晰地看出两种截然不同的甚至是相互对立的马克思主义观之间的差别:第一种马克思主义观是斯大林主义的马克思主义观。这种马克思主义观认为,马克思主义与资产阶级哲学彻底决裂,马克思主义只是简单地抛弃了资产阶级哲学;而与第一种马克思主义观不同,并且与其互不相容的第二种马克思主义观——卢卡奇的这种马克思主义观显然有黑格尔主义的基础,但他在这里却将这种马克思主义观归功于列宁——认为马克思主义吸收了之前哲学中积极的、有价值的因素,并且进一步对其进行了发展。很显然,这两种马克思主义观之间的矛盾是不可调和的。马克思主义要么是与之前的哲学严格划清界限并抛弃了之前的哲学,要么就是进一步发展了之前哲学中积极的因素。但是,马克思主义不可能既与之前的哲学严格划清界限并抛弃了之前的哲学,又进一步发展了之前哲学中的积极因素。

卢卡奇在研究本体论的时候,他的思想还发生了另外一个变化,这就是,在他的马克思主义阶段中,他第一次不再对马克思的思想进行强烈的经济学解读。自恩格斯以来,对马克思的思想进行经济学解读一直是马克思主义的核心要素:在《历史与阶级意识》中,卢卡奇表明,马克思的思想与德国古典哲学之间的方法论区别就在于马克思的商品分析学;他后来又表明,与其说马克思与德国古典哲学之间的本质区别是他对政治经济学的关注,不如说他们的本质区别在于马克思对经济现象的特殊理解。如果说对政治经济学的关注或者对经济现象的特殊理解具有至关重要的作用,那么由此就会推断出,只有当马克思放弃了他在青年时期对哲学的兴趣的时候，他才真正成为一位成熟的思想家。但是，卢卡奇或是马克思本人都从未得出过这样一个结论。以上结论是阿尔都塞提出来的，并且导致了许多次生文献对这一结论的讨论。[11]

也许是考虑到阿尔都塞提出的这个结论，现在，卢卡奇开始对马克思的思想有可能前后不一这种说法进行反击。他坚定地认为，随着时间的流逝，马克思的思想一直是一个统一体。卢卡奇用以下两个观点进行反击：第一，他否认马克思在后来的著作中抛弃了早期著作中的观点，并且他通过否定以上观点来为所谓的连续性观点，也就是认为马克思一生的思想都是连续的这个观点辩护；[12]第二，他回到了他早期马克思主义阶段中的核心主题，即"异化"这个概念中去。为了论证马克思的思想，或者说马克思主义思想，或者说唯物主义思想与德国唯心主义之间的差别，卢卡奇表明，在《1844年经济学哲学手稿》之后，马克思就抛弃了"异化"这个概念。在《关于社会存在的本体论》这部关于社会本体论的专著的最后一章中，卢卡奇否定了对马克思思想的上述理解。[13]

即使从以上这些简短的评述中，我们仍然可以清晰地看出，卢卡奇对社会本体论的讨论标志着卢卡奇的马克思主义思想中一个重要的崭新阶段。现在，我们有必要来说一说卢卡奇《关于社会存在的本体论》的写作目标了。首先，我们可以参考一下卢卡奇在去世前几个星期接受的一系列采访中对自己的这部著作发表的评论。这些评论被部分收录在《关于社会存在的本体论》的编后记中。[14]卢卡奇提出的以下两个观点，为我们提供了一条理解他对本体论进行研究的这部复杂的马克思主义著作的清晰而简洁的路径。

在卢卡奇被要求对其最后一部著作进行评价的时候，他说："跟随着马克思的脚步，我将本体论想象成是一种以历史为基础的真正的哲学。现在，从历史性的角度来看，我们已经不再怀疑无机体最初是从——至于究竟是怎样产生的我们并不清楚，但是我们大概知道是在什么时候——有机体中产生的，并且准确地说是在植物和动物之中产生的。从这个生物学的角度出发，我们知道，被我们称之为'人类'的物种是在经历了一系列转变之后才产生的，而一向是被神学所规定的人类的本质实际上就是'劳动'。'劳动'这一至关重要的崭新范畴将一切东西都包含在自身之中。"[15]当卢卡奇进一步被要求说明马克思在哪个特定的文本中对以上观点进行说明的时候，他回答道："我个人认为，在马克思提出的所有观点之中，一个最为重要的部分就是每一种存在都是历史性的这个观点。在《1844年经济学哲学手稿》中，马克思说过，我们仅仅知道一门唯一的科学，即历史科学。

并且他还补充说道,非客观性的本质就不是本质。这就意味着,不存在一种没有范畴特性的事实。因此,存在就意味着,每一个范畴都以一种特定的方式表现在客观性之中,而每一种客观性的本质都隶属于这个范畴。本体论正是在这一点上与旧哲学严格地区分开来。"[16]

卢卡奇的以上两个观点清晰地表明了他写作《关于社会存在的本体论》这部著作的意图。总的来说,他写作《关于社会存在的本体论》这部著作的目标就是要在马克思的思想,尤其是马克思的早期思想的基础之上,构建出一种关于社会存在的本体论。从表面上看卢卡奇是遵循着马克思思想的足迹,认为由于对历史的理解不同,本体论是一种与旧哲学不同的哲学。这种马克思主义的社会本体论与旧哲学之间的差别在于它在哲学上的创新,而不是它抛弃了哲学。[17]从本体论的角度出发而得出的人类历史的概念预设了一个三重区分,这就是,先于有机体而存在、因此是优先于有机体的无机体,与像植物和动物这样的有机体以及社会存在或者说是人类这三者之间的区分。

卢卡奇认为,人类这种社会存在的本质在于神学上的规定(teleologische Setzung)。在《关于社会存在的本体论》这部长篇著作中,卢卡奇经常引用"神学上的规定"这个术语,却从未对其进行考察。很显然,卢卡奇在这里使用这个术语与哲学史中的早期思想有着紧密的联系。在哲学史中,柏拉图最先提出一个工匠,例如一个木匠,需要先在脑海中构建出一个他将要做出的东西的蓝图,有了这个蓝图他才能做出东西来,而费希特提出的"设定"(Setzen)[18]这个术语以及在现象学中占据支配地位的"意向性"这个概念,都与卢卡奇所使用的这个术语有关。在卢卡奇看来,劳动(Arbeit)是人的规定性特征,因为我们在付诸行动之前,先构建出了一个关于我们想要达成的事情的理念。卢卡奇提出这种关于人类的看法是为了取代其他的将男人和女人看作社会性的存在的理论,以及离我们更为切近的(海德格尔)将存在解释成是"此在"的观点等等。[19]

"劳动"这个只是在最近的哲学思想中才出现的范畴,作为所有其他的社会范畴的基础起着至关重要的核心作用。其他作者也预见到了"劳动"这个概念,例如亚里士多德和黑格尔。卢卡奇指出,马克思致力于用范畴方法去解释社会存在和社会,他对"劳动"这个概念进行了具体的思考;而黑格尔所探讨的"劳动"只是一个抽象的概念。用范畴的方法去理解现实的一般做法至少可以追溯到亚里士多德。马克思的思想与德国古典哲学思想的差别在于,它强调在观察着的思维当中表现出来并且在社会环境中发挥作用的范畴的内在性。[20]事物不会自己发生改变,也不会自己改变自己;事物的改变是为了达成某种目标而设定的思维所造成的结果。我们可以通过"神学的规定性"这个概念来理解人类社会,或者更确切地说,我们应该通过以目标为导向的行为而达成某种价值。

在回答社会本体论在马克思那里的基础这个问题的时候,从卢卡奇的回答中,我们可以看出三个层面上的变革。第一个层面是,他在阐述他认为是马克思思想中最为重要的部分的时候,打破了将马克思和马克思主义天衣无缝地联系在一起这一基本的马克思主义教条。具有各种各样不同思想的马克思主义信徒——就如同康德及其信徒,或者说像所有伟大的思想家及其信徒(所谓信徒就是指除了这位思想家的学说之外,不相信任何其他学说的人)——都是被同一个信念团结在一起,这个信念就是,他们这些马克思主义者的观点,无论他们的观点是相容还是不相容,都保留了马克思思想的本质。以前,卢卡奇在《历史与阶级意识》中甚至是在对恩格斯的正统马克思主义进行批判的时候,仍然接受认为马克思与马克思主义之间具有根本的连续性这一马克思主义观点。

据我所知,卢卡奇在之前的马克思主义著作中,从来没有承认过马克思与马克思主义之间是有差别的。但是,在《关于社会存在的本体论》这部著作中,他承认了马克思与马克思主义之间的差别。我们刚才提到过,在卢卡奇接受采访的时候,只提到了马克思的思想(而没有提到马克思主义思想),这就巧妙地暗示出,他认为马克思与马克思主义之间是有差别的。卢卡奇含蓄地表明,马克思的思想是一个独立的理论实体,这就意味着马克思不应混同于马克思主义。由此,卢卡奇对官方马克思主义的基本观点提出了挑战,并且,他还进一步破坏了他之前的马克思主义信仰中的一个核心要素。

从卢卡奇的回答中,我们还可以看出第二个层面的变革。卢卡奇在回答提问时指出,马克思首先表明,社会存在的基本范畴具有历史性的特征。这就表明,他写作《关于社会存在的本体论》这部研究社会本体论的专著的目标,就是要通过把握其精神来对马克思思想进行进一步的发展和完善进而超越马克思的个别字句。卢卡奇认为马克思的思想不够完整,需要我们对其进行补充完善。现在,卢卡奇已经不再用一种理论是否忠实于另一种理论——例如马克思的理论——为标准,来判断这种理论是否可以被接受。现在,卢卡奇在写作《关于社会存在的本体论》这部著作的时候认为,之所以说马克思的思想最终是一种有趣的思想,是因为它是使得一种社会本体论得以发展的源头(虽然马克思只是指向了这样一种社会本体论)。

非理性主义：卢卡奇与马克思主义理性观
Irrationalism: Lukács and the Marxist View of Reason

从卢卡奇的回答中，我们还可以看出第三个层面的变革，这就是他对于马克思的核心洞见进行了一种全新的解释：他试图将马克思的这种核心洞见与旧哲学区分开来。自恩格斯以来，马克思主义经常强调其对于政治经济学的洞察是其规定性的特征。在卢卡奇之前的著作中，他对马克思的特殊贡献进行了各种各样不同版本的解释，例如，单单在《历史与阶级意识》这一部著作中，他就曾经将马克思的特殊贡献解释为：商品分析、方法论、整体观，无产阶级的立场以及用实践取代哲学理论。在更近一些的关于理性的著作《理性的毁灭》中，他又将马克思的核心洞见描述为对追求体系的唯心主义的拒斥以及对辩证法进行唯物主义的解释。用简单一些的语言来说，卢卡奇的上述观点就是认为马克思的思想是黑格尔思想的颠倒这个马克思主义观点的翻版。

我们很难将卢卡奇对于马克思的基础贡献的不同理解融合在一起，因为他对于马克思的基础贡献的不同理解，不是用不同的术语来表达相同的、相似的甚至是相容的观点。虽然卢卡奇没有明确地表达出来，但是，他对于马克思的基础贡献的不同解读分享着同一个传统的马克思主义观点，或者说，卢卡奇在他的著作中，以不同的方式表达出同一个信念，即马克思对于政治经济学的理解具有至关重要的意义。早在卢卡奇提到马克思的商品分析的时候，就已经强调了这个认为马克思对于政治经济学的理解具有重要意义的马克思主义信念。后来，在他强调马克思超越了资产阶级政治经济学的时候，以及更后来他对韦伯运用非经济学的方法来研究社会问题的做法进行批判的时候，卢卡奇都反复强调了马克思对于政治经济学的理解具有重要意义这个马克思主义信念。在采访中，卢卡奇将历史性说成是马克思的基本洞见，这就不再是对于同一个观点的不同解读了。虽然卢卡奇没有放弃经济学因素的重要性，或者说没有将经济学因素的重要性贬值，但是，他现在将经济学因素融入了一个更为宽广的框架之中，这个框架就是：社会存在的历史性特征。由于他修正了自己对马克思思想的理解，因此，他能够对马克思的思想进行更为丰富的、非还原论的分析，也就是说，他可以在一个更为宽广的社会过程之中来理解政治经济学的维度。[21] 通过这种方式，卢卡奇在他的学术生涯接近终点的时候，回归到了他早期对于思维与存在的斯宾诺莎式的理解中。早期的卢卡奇认为，思维与存在是同一个过程的不同层面，而现在的卢卡奇认为，思维与存在是同一个历史性过程的不同层面。[22] 卢卡奇还进一步在马克思的思想中辨认出，或者说发掘出了一种非常现代的观点，即本体论是以历史为基础的这个观点。不用我再次强调，大家也能想到，在海德格尔的基础主义的形而上学中，他也以不同的方式提出了与卢卡奇的观点非常类似的观点，即基础主义的形而上学的基础（是历史）。[23]

卢卡奇通过引用《1844年经济学哲学手稿》中的话来表明，他对马克思的思想进行解读的基础是一种新哲学，而这种新哲学是以历史为基础的。在《1844年经济学哲学手稿》中，马克思说过，我们仅仅知道一门唯一的科学，即历史科学。并且他还补充说道，非客观性的本质就不是本质。很显然，卢卡奇引用这段话的目的是要用马克思的思想来担保所有的科学最终都是从历史科学中产生的，并且所有的科学最终都要依赖于历史科学。卢卡奇认为，所谓的"历史科学"就是指"从暂时这个视角出发，用'劳动'这个术语，或者用带有目的的活动来对社会存在进行范畴性的解释"。

卢卡奇通过对马克思对于本质的探讨——本质需要客观性，或者说客观的存在——进行解释来强调在社会现实中对社会现实进行解释的范畴的内在性。通过这种方式，卢卡奇含蓄地将范畴的内在性与一种实在论的视角联系在了一起。现在，他认为，他这种实在论的视角与之前的本体论有着本质的区别。值得我们注意的是，现在，卢卡奇不再通过他在之前的著作中一直强调的唯物主义与唯心主义之间的差别或者是无产阶级思想与资产阶级思想之间的差别来为马克思的思想进行辩护，而是用一种基础的实在论为马克思的思想进行辩护。卢卡奇现在同样变得非常谨慎，他不再宣称他这种历史性的观点是前无古人的。因为他已经认识到，在之前的一些范畴体系中也同样包括历史性的范畴，而马克思的思想与其他思想的不同之处在于洞察到了历史就是范畴改变的历史，就像马克思强调的那样，由此可以推断出，即使是范畴也随着时间的流逝而经历变化。[24]

如果说，所有存在着的事物都是范畴，那么很显然，不是范畴的东西就不能存在。在卢卡奇看来，马克思主义就是以这种方式与之前的哲学区分开来的。因为之前的哲学将"存在"看作一个基础的范畴，认为存在的范畴是在存在中产生的。卢卡奇引用了一个莱布尼茨使用过的例子，但是他没有明确表明他借用的是之前哪位哲学家的思想。很显然，他借用的正是黑格尔的思想。我们还记得，黑格尔是从一个普遍的但却是非历史性的存在这个概念中推导出了现实的范畴，并且，他还将历史性的范畴也包含在这个普遍的但却是非历史性的存在概念之中。

通过以上分析，我们要关注卢卡奇提出的他认为马克思的思想与德国古典哲学思想，尤其是黑格尔唯心主义思想相比具有独创性这个观点。卢卡奇想要说明的，不是马克思的思想或者马克思主义思想的独到之处在于它们从一个范畴性的视角出发对历史的关注；卢卡奇想要表明的是，唯物

非理性主义：卢卡奇与马克思主义理性观
Irrationalism: Lukács and the Marxist View of Reason

主义与唯心主义之间的差别在于唯物主义坚决地将历史性维度延伸到了范畴框架当中去。范畴框架不再像康德主义或是费希特主义所说的那样，是一个先于认识对象而存在的，并且是独立于认识对象的不变的概念网络；与此相反，可变的框架是内在于认识对象之中的。总之，卢卡奇在这个观点上紧跟马克思的步伐，将马克思思想向历史的转向解释为在德国古典哲学中表现出来的、用范畴的方法去获得知识的做法在马克思的思想中呈现出一种全新的、从历史性的角度来看是相对的形式，这就是一种全新的历史实在论。

在之前的著作中，卢卡奇经常通过对哲学史中的不同思想进行详细的探讨来发展他自己的体系化思想。而在《关于社会存在的本体论》这部著作中，卢卡奇依然保留了这种做法。在之前的著作中，马克思主义是真理而非马克思主义则不是这个信念意味着：非马克思主义不可能为真；只有在非马克思主义为马克思主义的兴起作出了贡献以及它作出贡献的程度这个意义上来说，非马克思主义才有可能为真。如果认为卢卡奇完全抛弃了以上说法的话，那就大错特错了，因为在卢卡奇的讨论中，我们仍然可以看到，他提出与非马克思主义相比，马克思主义更为优越，并且是从本质上来说更为优越这样的观点。但是，总的来说，最令我们感到吃惊的是，从卢卡奇能够对非马克思主义思想进行更为深刻也是更加成体系的分析这一最新的变化来看，我们可以看出卢卡奇将理性与非理性之间的差别相对化了。

从卢卡奇对尼古拉·哈特曼、黑格尔和马克思的思想所进行的描述中可以看出，他对之前哲学的重视程度与日俱增。在《关于社会存在的本体论》这部研究本体论的长篇著作中，我们可以以卢卡奇对尼古拉·哈特曼和黑格尔二人思想的阐述为例，来考察一下他是如何研究非马克思主义思想的。考虑到卢卡奇之前对非马克思主义的一概拒绝，即使是他给讨论哈特曼的这一章所起的题目"尼古拉·哈特曼向真本体论的突进"都具有非常重要的意义。[25]很显然，由于卢卡奇赞扬哈特曼的思想是"向真本体论的突进"，我们可以看出，他已经静静地抛弃了阶级的立场，或者说无产阶级的立场；而之前在《历史与阶级意识》中，他还把无产阶级的立场当作最重要的标准来衡量一种哲学是否是真理。

卢卡奇对于哈特曼的本体论思想的分析分为两个部分：在第一个部分中，卢卡奇探讨了哈特曼本体论结构的原则；在第二个部分中，他对哈特曼的本体论进行了批判。但是最重要的是，卢卡奇被哈特曼试图构建一种真本体论的努力所震撼。他指出，由于哈特曼的思想是内在性的，因此就避免了任何神学的空谈,并且还进一步抵制了将本体论转化为认识论的倾向。[26]在卢卡奇看来,哈特曼的本体论的创新之处在于他致力于将范畴框架补充完整。[27]然而,卢卡奇还认为,从两个层面上来看,哈特曼的思想都是有缺陷的:第一,哈特曼没有能够构建出一种社会的本体论,他顶多对于社会的本体论有着模糊的理解;[28]第二,哈特曼也没有能够真正地掌握辩证法。[29]

从两个层面上来看,卢卡奇在《关于社会存在的本体论》这部著作中对于黑格尔的探讨都具有非常重要的意义:第一,卢卡奇在第一部分的第三章中对于"黑格尔的真假本体论"(Hegels falsche und echte Ontologie)的探讨,是他在整个马克思主义阶段中最后一次对黑格尔的思想进行探讨,因此这种探讨具有非常重要的意义;第二,对哈特曼、黑格尔的思想所进行的探讨,是他试图从马克思主义的角度来构建一种社会本体论这个整体努力之中不可或缺的部分,因此他对黑格尔思想的探讨具有非常重要的意义。除了对马克思的探讨之外,卢卡奇对黑格尔的探讨是最为详细的了,他对黑格尔的评论比他对(除马克思以外的)任何一位哲学家的评论都要更为细致。他用来探讨黑格尔的那一章几乎已经是一篇专著的篇幅,并且"黑格尔的真假本体论"这一章中的内容看起来也像是一部单独的著作。但即使是这样,卢卡奇在《关于社会存在的本体论》这部著作中对于黑格尔的探讨还是被严重地压缩了。

由于卢卡奇一直强调,黑格尔的重要性在于增进了自己对于马克思的理解,因此,他一直没能充分认识到黑格尔的唯心主义思想的重要意义。卢卡奇在解读黑格尔思想的时候仍然受制于他所接受的那个马克思主义观点,即马克思的唯物主义思想是对黑格尔的唯心主义思想的颠倒,因此,黑格尔的唯心主义思想的重要性在于,它为马克思的唯物主义思想这种与黑格尔的唯心主义思想截然不同的甚至是根本对立的思想的构建起到了促进作用。卢卡奇在对黑格尔进行分析的时候,一方面,他对于非马克思主义的重视程度与日俱增,但另一方面,他仍然是从一种正统马克思主义的角度出发来理解黑格尔的思想。卢卡奇思想中的正统马克思主义残余在很多地方都清晰可见,尤其是从他在批判甚至只是在描述黑格尔思想的时候都迅速向马克思和马克思主义求援,就是他思想中的正统马克思主义残余的表现。但令人感到震惊,也让人感到好奇的一个结果是,卢卡奇对于黑格尔哲学的探讨竟然是非常深刻的。一方面,与《关于社会存在的本体论》这部著作中的其他内容相比,他在研究黑格尔的时候所表现出来的正统马克思主义残余最为明显,但另一方面,他却对于黑格尔的唯心主义越来越保持一种开放的态度。

卢卡奇在《关于社会存在的本体论》这部著作中对于黑格尔的研究是他对《历史与阶级意识》中所著内容的回顾。我们还记得，他在《物化和无产阶级意识》这篇论文中，用一种类似康德主义的方法来阐述德国古典哲学思想由于其没有能力理解历史的真正主体而产生的二律背反。在转而研究本体论的时候，卢卡奇对证明德国古典哲学的二律背反这一特征失去了兴趣，但是，他对证明黑格尔思想中的二律背反的性质仍然非常感兴趣。

卢卡奇在"黑格尔的真假本体论"这一标题下对黑格尔思想进行了探讨。[30]卢卡奇认为，继赫拉克利特之后，黑格尔是第一位将矛盾这一概念看作终极本体论原则的思想家。[31]但是，马克思主义者很快发现，在黑格尔的思想中，他只是在表面上将理性与现实统一在一起。为了证明马克思主义者的以上观点，卢卡奇指出，黑格尔的思想是一种泛逻辑主义。如果我们在今天仍然想要依赖黑格尔的思想的话，那么我们只能在一条已经被马克思主义思想家穿过的路上走得更远。借用马克思评价李嘉图的一句不大文雅的话，卢卡奇指出，我们需要认识到，黑格尔思想的创新性就表现在矛盾的肥料（Dünger der Widersprüche）之中。[32]

卢卡奇并不是想用"矛盾的肥料"这个非同寻常的甚至有些刺耳的术语来笼统地概括黑格尔思想。在之前的很多著作中，卢卡奇对于黑格尔思想的理解都是非常积极的，在《关于社会存在的本体论》这部著作中也是一样。卢卡奇已经认识到，黑格尔对于当前现实中的矛盾特性的分析具有非常重要的意义。卢卡奇说道："在黑格尔那里，这种'矛盾的肥料'首先表现为对于现实的矛盾性质的认识。它不仅表现为思维的问题，同时也表现为现实自身的问题，表现为首先是本体论方面的问题。但是，由于这个问题被理解为全部现实的充满活力的基础，因而也被理解为人们对现实进行的任何一种理性的本体论思维的基础，所以这个问题远远超出了当时那个时代。"[33]在黑格尔看来，当前的现实是辩证的社会进程所造成的结果，而其基础在于无机自然的辩证过程之中。黑格尔的这种看法被卢卡奇说成是"辩证次序和真实历史性的第一次统一"[34]。其结果就是黑格尔的深刻洞见，即他将现实看作一个更为宽广的过程中的一个瞬间，而这个更为宽广的过程的另外两个维度是过去和未来。

黑格尔试图把握真实世界的基础是"矛盾"这个概念，而"矛盾"这个概念也是黑格尔思想的致命弱点的源头。卢卡奇认为，从原则上来说，黑格尔的逻辑是自相矛盾的。因为黑格尔没有意识到两种完全不同的甚至是互相对立的本体论同时发生在他的思想之中，这就造成了多重矛盾。[35]

这两种本体论的其中一种就是假的本体论，而卢卡奇对黑格尔思想中表现出假的本体论的那一部分进行了批判。卢卡奇认为，真的本体论关系从黑格尔的假本体论之中，以逻辑学范畴的形式首次获得了恰当的概念表达，而在另外一种也就是所谓的真正的本体论中，逻辑学范畴不再被理解为是纯粹的思维规定，而是被理解为现实自身的本质运动中动态的组成部分。卢卡奇说道："一方面，在黑格尔那里，真正的本体论只能以逻辑学范畴的形式才能获得它们恰当的思想表现；另一方面，这些逻辑学范畴又必须把它理解为现实自身的本质运动的生动的组成部分，作为精神自我实现的通道上的阶段和阶梯。因而原则上的自相矛盾——我们已经指明并且在后面仍将指明——起源于两种本体论的冲突，这两种本体论在黑格尔的体系中隐蔽地存在着并且经常相互作用。"[36]

卢卡奇对黑格尔思想中没有解决的二元论的批判，是一个重要的革新。之前，卢卡奇试图通过黑格尔的思想来理解马克思的思想的做法总是建立在这样一个基础之上，即他将马克思的思想看作对黑格尔思想的颠倒。在《青年黑格尔》中，卢卡奇根据马克思在《1844年经济学哲学手稿》中对黑格尔的《精神现象学》的评价，认为黑格尔的错误在于黑格尔是从思维出发（来思考问题），而马克思的正确性在于马克思是从社会现实出发（来思考问题）。但实际上，马克思与黑格尔之间的关系比马克思主义者所描述的——而卢卡奇也是这样理解的——要复杂得多。[37] 在之前的著作中，卢卡奇只是简单地将马克思与黑格尔之间的关系理解为马克思的思想是对黑格尔思想的颠倒。以前，卢卡奇认为，黑格尔的思想中包含着两个相互矛盾的观点：一方面，卢卡奇以前从马克思主义角度出发对其加以否定的方法论就是范畴先于存在的这种方法论；另一方面，一种关于从存在中产生的、内在地发展的范畴的理论，而现在，卢卡奇将这种理论归功于马克思。

卢卡奇对于黑格尔的批判是前后一致的，因为他现在依然强调马克思的思想中的具体范畴的重要性。如果说马克思的思想是对黑格尔思想的颠倒，并且，黑格尔的思想中包含着两个相互矛盾的本体论的话，那么黑格尔思想中的这两个本体论必定有一个为真，而另一个为假，这样，就便于卢卡奇将马克思的思想描述成是与黑格尔思想（其中那个真的本体论）相一致的了。马克思的思想虽然是从黑格尔思想中产生的，但却进一步克服了思辨的唯心主义的内在矛盾。这样说来，黑格尔思想的局限性就不再是其唯心主义特征，甚至也不再是同一的主体—客体这个神秘主义的概念，而是黑格尔思想中那个未得到解决的二元论。

非理性主义：卢卡奇与马克思主义理性观
Irrationalism: Lukács and the Marxist View of Reason

卢卡奇对黑格尔的批判再一次强调了那个传统的马克思主义观点，即存在是先于思维的。在这里，卢卡奇将这种马克思主义观点阐述为一种关于社会存在的实在论思想。在《关于社会存在的本体论》全书中，卢卡奇一直在强调，认为存在是关于存在的思维的附属的思想从本质上来说是错误的。现在，卢卡奇指出，虽然黑格尔已经尽了全力，但是他还是没能展现出一种统一的理论，也就是说，黑格尔主义的唯心主义最终是一种二元论。众所周知，黑格尔看重的是一元论，而对除一元论以外的理论持批判的态度。例如，他对康德就持批判的态度[38]，因为黑格尔认为康德没有能力克服二元论。现在，卢卡奇请出了二元论的幽灵来对付黑格尔，运用黑格尔评价（包括康德在内的）其他人的标准来评价黑格尔的思想。

从一种实在论的角度出发，卢卡奇否定了第一种黑格尔的本体论，而接受了第二种黑格尔的本体论。他在被他认为是第二种黑格尔的本体论的基础之上来解释马克思与黑格尔之间的关系，并且，他还以第二种黑格尔的本体论为基础来构建他自己的社会本体论思想。恩格斯提出过这样一个经典的马克思主义观点，即他将所有的近代哲学都划分为两大阵营（唯物主义与唯心主义）。而卢卡奇效仿恩格斯的说法对马克思与黑格尔之间的关系进行了解释，也就是，他用一种简单的，或许是过分简单化的观点，将二人的关系解释为是唯物主义与唯心主义之间的截然对立。现在，卢卡奇指出，在黑格尔思想中共同存在的两种本体论思想都是对黑格尔提出的关于如何在后革命的时代中实现理性这个基本问题的回答。[39] 其结果就是，卢卡奇将唯物主义与唯心主义之间的对立这个经典马克思主义引以为基础的观点，移植到了黑格尔的思想之中。就像黑格尔的思想既是唯物主义也是唯心主义一样，也可以说黑格尔的思想既不是唯物主义也不是唯心主义，然而，无论如何，黑格尔的思想仍然是马克思借以将之前的哲学转化进自身思想的基础。

卢卡奇对黑格尔本体论的二元论解读，破坏了他一直将黑格尔看作一个唯心主义者的观点。如果说黑格尔既是一个唯物主义者又是一个唯心主义者，或者说两种本体论在黑格尔思想中同时存在，或者说两种本体论在黑格尔思想中隐秘地同时存在的话，那么我们所熟悉的马克思主义对于黑格尔的批判，即马克思主义者从唯物主义的角度出发批评黑格尔的思想是一种唯心主义的说法就不再有效了。由此可以推断出，那种所谓的马克思的思想是对黑格尔思想的颠倒的说法，不应该被理解为马克思只是将黑格尔的思想简单地颠倒过来，而应该理解为马克思否定黑格尔思想中的一个层面，而支持他思想中的另外一个层面，其结果就是对思辨唯心主义的恢复。如果说黑格尔的思想不是错误的话，那么我们也就不需要将他的思想颠倒过来了。卢卡奇认为，由于真假本体论在黑格尔的思想中混合在一起，因此黑格尔的思想是有问题的。由此可见，我们必须剥去黑格尔思想的外壳，从而揭露出其思想的有效内核。因此我们得出结论，卢卡奇的社会本体论思想、他借以建立社会本体论思想的马克思的思想以及作为马克思思想源头的黑格尔的思想这三者之间是有直接联系的。卢卡奇的马克思主义社会本体论并非与黑格尔的思想分道扬镳，而是对其思想的进一步发展。

以前，卢卡奇总是强调要将唯物主义与唯心主义区分开来，而现在，卢卡奇策略性地决定放弃对唯物主义与唯心主义的区分，这就是他开始脱离马克思主义而走近马克思的表现。因为对于唯物主义与唯心主义的区分是马克思主义的基本教义，我们必须要认识到这一点，因为这对卢卡奇来说具有非常重要的意义。我们可以预料到，卢卡奇并没有弱化马克思具有优越性这个观点。对于他继续坚持马克思与黑格尔之间差别的重要性，我们也并不感到奇怪，因为认识到二者之间的差别对于理解黑格尔的思想以及构建他自己的社会本体论思想来说都具有至关重要的意义。卢卡奇说道："接下来的对黑格尔的考察是在马克思的意义上进行的。提出他的本体论，特别是他的社会存在本体论，有助于在两位伟大思想家的密切联系和本质差异甚至对立中更好地阐明他们的态度。"[40]

随着卢卡奇对非马克思主义的关注与日俱增，他对于马克思的思想也逐渐产生了新的认识。现在，卢卡奇在解读马克思思想的时候认为马克思对于黑格尔的批判是本体论的批判；他还认为，从本质上来说，马克思的思想是一种本体论的思想，而在马克思的这种本体论思想当中，马克思将人类理解为人类实践（Praxis）。[41]卢卡奇认为，从马克思最早创作的著作中就可以看出马克思这种新本体论的端倪。他这种新本体论思想是在与黑格尔思想的双重关系中产生的：第一重关系是马克思对黑格尔的逻辑主义的批判；第二重关系是马克思进一步发展了黑格尔对社会存在的看法，将社会存在看成是一个历史过程[42]，卢卡奇尤其关注的是经济维度在社会现实中所起到的本体论意义上的基础作用[43]。因此，一边是马克思否定黑格尔思想中的一个层面而支持另外一个层面，另一边是我们非常熟悉的、卢卡奇对于思辨唯心主义中未解决的二元论的批判。卢卡奇在解释马克思与黑格尔之间关系时所运用的二元论思想，在他探讨黑格尔的思想时再次出现。

卢卡奇对马克思思想的分析出现了一些新的特征。这些新特征包括，他修正了之前对黑格尔思想的解读，因此，也修正了他对于马克思与黑格

非理性主义：卢卡奇与马克思主义理性观
Irrationalism: Lukács and the Marxist View of Reason

尔之间关系的解读，并且对马克思思想中的本体论特征给予了特别的关注。众所周知，列宁认为，大多数马克思主义者都没能正确地理解马克思的思想，因为他们对黑格尔的思想，尤其是黑格尔的逻辑学并不熟悉。卢卡奇也有类似的观点。他坚决地表示继列宁之后的马克思主义者都没能认识到马克思的本体论思想的真正特征。现在，他的主要任务就是呼吁人们关注马克思思想的真正特征，这不仅是为了更好地理解马克思的思想，更是为了以一种既不依靠神学也不依靠某种乌托邦式的思想而促进人类的发展。卢卡奇说道："我们在这里稍稍离题是有必要的。因为我要证明，在今天，马克思主义者的任务只能是重新唤醒真正的马克思的本体论，而且，要在马克思去世以后，使得借助这种真正的马克思的本体论来对历史性的发展进行真正的、历史性的分析变得具有科学上的可能性（而时至今日这种可能性几乎不存在），还有，是为了理解存在，并且将存在解释为一个整体，借用马克思的话来说就是将存在理解为一种本质性的历史过程。只有这样，这种理论才能恢复超越了内在于世俗之中的、无论是在理论上还是在实践上都最大程度地消失了的对于实践的感情。马克思已经具有这种感情，而在马克思之后，从列宁的过渡思想中也可以部分地抽象出这种感情。"[44]

从两个角度来看，以上这段话都是非常有意思的。第一，从以上这段话中可以看出，卢卡奇强调的不是马克思对世界革命的贡献，而是马克思对哲学的贡献。在马克思主义在东欧遭遇失败之后，强调马克思主义是一种革命性的社会主义似乎已经为时晚矣，但是，强调马克思思想中的哲学内涵还为时未晚。我们可以认为，卢卡奇预见到了从马克思主义政治学转变到马克思主义哲学的必要性；第二，卢卡奇为了缓和他最近将马克思解释成一位哲学家的这种做法，而不断强调他自己思想中的马克思主义因素。考虑到卢卡奇之前的正统马克思主义立场以及他在《历史与阶级意识》之后对自己用来解释列宁思想的马克思主义思想所进行的调整，卢卡奇在《关于社会存在的本体论》这部著作中对于列宁的评价是非常值得我们关注的。因为，在这部著作中，卢卡奇表明列宁的思想不够清晰。这就等于表明，卢卡奇认为，即使是对最为重要的马克思主义领袖人物，我们也应该保持批判性的态度。这样，他重新找回了思想的自由。而相比较之下，卢卡奇在最初的突破性的马克思主义思想阶段中很少有这种思想上的自由。

卢卡奇指出，在当今时代，我们需要重新发掘出马克思的本体论思想的三大真正特征。[45]第一，我们需要对当今的资产阶级意识形态进行根本的批判，尤其是要对新实证主义进行批判；第二，我们也需要对斯大林主义的马克思主义进行本质上的批判，这是一个必要的前提条件。在这里，卢卡奇公开表明，他摆脱了自他最初创作马克思主义著作以来一直都对其哲学著作产生影响的政治观点。第三，从卢卡奇对黑格尔的评价中，我们可以清晰地看出，卢卡奇认为我们必须对马克思主义之中的黑格尔思想的残余进行研究。

卢卡奇犹抱琵琶半遮面地对马克思进行了批评，这尚属首次。马克思主义一直强调，马克思的思想是独一无二的（sui generis），因此，马克思的思想与所有其他的思想都是不相同的，甚至是相互对立的。此时此刻，虽然卢卡奇的思想已经发生了重大的变革，但是，他对于马克思主义的忠诚依然不减，或者说他对于马克思主义的信仰仍然不减，并且，他使用的术语依然是马克思主义的术语。但是，虽然他现在依然忠实于马克思主义，他却已经开始对马克思进行一种实在论的解读。因为卢卡奇已经认识到，马克思的思想没有将哲学终结。虽然马克思的思想有许多革新的特征，但仍然是哲学传统中的一种哲学思想，因此，我们仍然需要对马克思的哲学思想进行评价。就这样，卢卡奇开始用标准的对待哲学的方法对待马克思的思想。这种通过比较来论证一种哲学思想与其他哲学思想相比具有优越性的做法是非常常见的。因此，在卢卡奇的最后一部著作中，他也对马克思的本体论思想的优越性进行了类似的论证。

我们之前所进行的一系列简短的评论，并不是要对卢卡奇对于社会本体论的研究进行描述，甚至不是要对其进行概括性的描述。事实上，我们进行以上评论的目的，只是要对卢卡奇在其思想的最后阶段，在其马克思主义理性观的发展中对马克思主义的论证以及对非马克思主义的批判进行评价。在很大程度上，马克思主义是在其对所谓的资产阶级思想的批判中产生的。在其思想的最后阶段以前写作的著作中，卢卡奇遵循着马克思主义的传统观点，认为马克思主义与非马克思主义之间的差别不是程度上的差别，而是本质上的差别。他用新康德主义的方式对上述马克思主义观点进行了重新阐述。他表明，马克思主义是理性的，而非马克思主义是非理性的，这与他对于马克思与黑格尔之间关系的解读非常类似（即他认为马克思的思想是理性的，而黑格尔的思想是非理性的）。以前，卢卡奇认为，马克思主义与非马克思主义之间的差别是绝对的，而这种看法贯穿在卢卡奇以前的整个马克思主义思想阶段之中，并且是他理解马克思主义与所有形式的资产阶级哲学之间关系的前提条件。但是现在，卢卡奇对从前的绝对差别重新进行了解释，他认为，他以前所坚信的绝对差别不过是程度上的差别罢了。

从前，卢卡奇是在绝对差别的基础上来论证马克思主义唯物主义与德

非理性主义：卢卡奇与马克思主义理性观
Irrationalism: Lukács and the Marxist View of Reason

国唯心主义相比所具有的优越性的，而现在，他对于绝对差别进行了重新解释，将从前那种绝对的差别相对化了。这对于他现在论证这个观点的方式产生了影响，甚至可以说，这对他现在是否还能对以上观点进行论证产生了影响。很显然，卢卡奇仍然是一位马克思主义者，并且，没有对马克思的基本忠诚的马克思主义是不可想象的，但是，同样很明显的是，只有认为马克思主义与非马克思主义哲学之间的差别是本质上的差别，才有可能宣称马克思主义与非马克思主义相比具有绝对的优越性。由于卢卡奇现在对他之前所依赖的马克思主义与非马克思主义之间的差别重新进行了相对化的解释，因此，他已经无法再宣称唯物主义与唯心主义相比具有绝对的优越性了，他顶多能够宣称（他现在确实也是这样宣称）马克思主义与非马克思主义相比具有相对的优越性。

卢卡奇依然将非马克思主义说成是资产阶级思想，但现在，卢卡奇更多的是用"资产阶级"这个术语来表示一位作者所从属的经济阶层，而不再用这个术语来表明这位作者的思想是不可能为真的。此时此刻，卢卡奇很显然是用各种各样不同的方式将马克思主义与非马克思主义之间的差别相对化了。最明显的例子就是，他在我们之前引用的那段话中史无前例地承认了马克思主义与之前的哲学传统之间的本质联系。对一个马克思主义者来说，对于马克思主义与之前的哲学之间关系的理解，或者甚至对于马克思主义是否具有哲学上的特征的看法，都是爆炸性的话题。因此，尽管卢卡奇与正统马克思主义之间的紧密联系已经有所松动，但他仍然小心翼翼地将以上观点归结为列宁的观点，对此我们并不感到吃惊。

如果将马克思主义与非马克思主义之间的差别相对化的话，那么就不能再用新康德主义的区分方法将马克思主义与非马克思主义之间的差别描述成理性与非理性之间的差别了。在卢卡奇的早期著作中，他从认识论和政治学的意义上将马克思主义与非马克思主义区分开来，这是为了证明，马克思主义有能力获得知识，并且马克思主义是具有社会效用的理论。但是，在《理性的毁灭》中，也就是卢卡奇最具有斯大林主义倾向的阶段里，他意识到了客观唯心主义的内在理性，这就损害了他之前对于马克思主义与非马克思主义的区分，这是非常矛盾的。在《关于社会存在的本体论》这部著作中，卢卡奇不再用唯物主义与唯心主义、理性与非理性之间的差别来区分马克思主义与非马克思主义，尽管他此时还没有完全放弃这种二元论的差别。他在《关于社会存在的本体论》这部研究社会本体论的著作中表明，在希特勒政权中表现出来的各种各样的非理性是不受任何思想的阻碍的[46]，并且这种非理性还表现在对理性在本体论上的关联性进行浪漫主义的否定[47]。

卢卡奇还进一步对马克思主义理性观进行了重新思考。他认为，马克思主义理性观是一种社会理性，而这种社会理性的前提是对作为社会生活的基础范畴的神学规定。因此，马克思主义理性不同于那种普遍的形而上学理性。[48]在《历史与阶级意识》之后的著作中，卢卡奇一直在论证资本主义从本质上来说是非理性的，并且从所谓的资产阶级视角出发是无法认识资本主义的本质的。现在，卢卡奇返回他最初的马克思主义视角，反对一种认为社会现象从本质上来说是非理性的，并且从其内在本性上来说是不可知的观点。[49]从后见之明的角度出发，从事后来看的话，历史事件中的内在理性总是可知的。黑格尔主义为了反对类似的康德主义观点，用康德主义的术语指出，"自在之物"从来都不是不可认知的。

一种关于社会理性的理论就是关于哲学的理论。[50]但是，在卢卡奇的著作中，马克思的理论的性质总是模糊不清的。从《历史与阶级意识》开始，卢卡奇就以各种各样不同的方式对马克思的思想进行了解释。有时，他将马克思的思想解释为一种杰出的哲学思想，有时，又将其解释为一种政治经济学，因此，是一种超越了哲学甚至可以取代哲学的思想。在《关于社会存在的本体论》这部研究社会本体论的著作中，卢卡奇比以往任何一部著作中都更加看重马克思思想及其自身思想的哲学层面。在《尼各马可伦理学》（*Nicomachean Ethics*）中，亚里士多德表明，他的目标不仅仅是要对伦理学进行描述，而且是要找出伦理行为的动机。与亚里士多德的说法相类似，卢卡奇现在也对哲学的社会关联性，尤其是对他进一步发展的马克思思想的社会关联性进行辩护。卢卡奇说道："可见，这是向作为人的各种实践和各种真实思想的无法扬弃的基础的社会存在本身的复归，它将标志着人们在各个生活领域为摆脱控制而进行的解放运动的特征。这种基本趋势本身是可以靠哲学而加以预见的。我们虽然原则上不能用哲学手段预先确定这样产生的运动的具体的此时此地的定在，但这并不意味着马克思主义思想在现实过程的这种具体特征面前是无能为力的。恰恰相反，正因为马克思主义能够同时从各种不同的角度去认识那种构成原则的运动本质，既抓住这种运动的一般性，又抓住它的一次性的过程的特殊性，所以，马克思主义能够相应地把握住这样的过程是如何被人们意识到的，并且能够具体地推动这种意识进程……我这部著作的用意，就在于努力提供一些可能具有指导性的启示，促使人们能够掌握马克思所指的这种说明的方法。"[51]

卢卡奇在其思想的最后阶段，认识到如同其他的哲学与其哲学前辈之间具有联系一样，马克思的思想与之前的哲学思想也是有联系的。这对于他对马克思思想的理解来说具有至关重要的意义。如果说之前的哲学只有在其对马克思产生了影响这个层面上来看才具有重要性，而不是其本身具有重要性，那么，就可以说马克思的思想是独一无二的，是不可比较的，并且——如同马克思的思想与之前的哲学思想之间的关系一样——从本质上来说是难以理解的。但是，如果我们认为马克思的思想与其他的哲学思想相比，只具有相对的优越性，而没有绝对的优越性的话，那么马克思的思想以及马克思的思想与之前的哲学思想之间的关系就都是前后一致的了。由于卢卡奇承认，马克思从未与德国古典哲学分道扬镳，因此，这就使得他有可能将马克思的思想理解为是哲学思想发展中的另外一个更为高级的阶段。由此，他也就有可能用哲学史中用来理解其他的原创性哲学家之间关系的方法去理解马克思与其哲学前辈之间的关系了。

但是，承认一种理论，或者说任何一种理论与其历史性前提之间的关系是一回事，而承认体系化这个概念是另一回事，这两者之间是有差别的。现在，卢卡奇承认，马克思的思想与哲学史中其他哲学家的思想之间是有联系的，但是，他依然拒绝"体系"这个概念。从卢卡奇将黑格尔的思想解读为一种二元论就可以清晰地看出，他不愿意承认"体系"这个概念与历史观是可以相容的。黑格尔关于"体系"的观点是在一种泛逻辑主义的、抽象的本体论的基础上形成的。这与他对于真正的历史过程的内在条件所进行的本体论分析是相互矛盾的。卢卡奇认为，由于马克思的思想是在黑格尔的第二个本体论的基础之上发展出来的，因此，马克思的思想与"体系"的概念是相互矛盾的。他分析道："体系作为哲学综合的理想，特别是包含了完成和封闭性的原则，一开始就与一种存在的本体论上的历史性无法统一，这些思想在黑格尔本人那里已经造成了不可解决的二律背反。"[52]总之，尽管卢卡奇最终能够认识到马克思主义与之前的哲学思想之间是有连续性的，但是，他仍然没有认识到马克思和马克思主义之中具有体系的关联性。

注释

[1] Georg Lukács, *Zur Ontologie des gesellschaftlichen Seins*, vols. 13 and 14 *of Georg Lukács Werke*, ed. by Frank Benseler (Darmstadt and Newvied: Luchterhand, 1984 and 1986). 关于另外一个卢卡奇思想中明显与他对于本体论的研究有关的有趣部分，参见 Lukács' posthumously published book, *Demokratisierung Heute und Morgen*, ed. by Laszlo Sziklai (Budapest: Akademiai Kiado, 1985)。

［2］ *Zur Ontologie*, vol. 14, p. 731.

［3］ See *ibid*.

［4］ See *ibid*., pp. 740－741.

［5］关于将劳动作为一个整体进行研究的专著，参见 Nicolas Tertulian, "Lukács's Ontology," in *Lukács Today*: *Essays in Marxist Philosophy*, ed. with an intro. by Tom Rockmore (Boston and Dordrecht: D. Reidel, 1988), pp. 243－273. See also Ernst Joós, *Lukács's Last Autocriticism*: *The Ontology* (Atlantic Highlands, N. J.: Humanities, 1983)。关于这部著作与卢卡奇的其他著作之间关系的探讨，参见 Werner Jung, *Lukács* (Stuttgart: Metzler, 1989)。

［6］ See *Zur Ontologie*, vol. 14, p. 737.

［7］ See *ibid*.

［8］关于卢卡奇对列宁和卢森堡的批评，即他批评二人没能理解根本的经济范畴，参见 *Zur Ontologie*, vol. 13, pp. 234－235。

［9］ See *Zur Ontologie*, vol. 13, chap. 2, pp. 421－467: "Nikolai Hartmanns Vorstoss zu einer echten Ontologie."

［10］德文原文为："Die Erinnerung an die bedeutendsten Vorläufer scheint uns dennoch nutzlich zu sein, schon weil aus ihr sichtbar wird, dass dir Bedeutung des Marxismus nicht auf seinen radikalen Bruch mit bestimmten metaphysischen und idealistischen Tendenzen der bürgerlichen Philosophie beschränkrt werden darf, wie das die Periode Stalin-Schdanow verkündete, sondern um Lenins Ausdruck zu gebrauchen, darauf, dass er 'sich alles Wertvolle der mehr als zweitausendjahrigen Entwicklung des menschlichen Denkens und der menschlichen Kultur aneignete und verarbeitete." *Zur Ontologie*, vol. 14, p. 397. 由于《关于社会存在的本体论》这部著作还没有完整的或标准的英文译文面市，因此我将在文中提供我自己的英文翻译，而将德文原文摘录在注文中。

［11］代表性的著作，参见 Louis Althusser and Étienne Balibar, *Reading Capital*, trans. by Ben Brewster, 2 vols. (New York: Pantheon, 1970)。

［12］ See *Zur Ontologie*, vol. 13, pp. 301, 566－567, 606n., 639.

［13］参见 *Zur Ontologie*, vol. 14, chap. 4, pp. 500－730: "Die Entfremdung"。关于马克思对于贯穿自己整个思想的异化的持续思考的证明，参见 István Mészáros, *Marx's Theory of Alienation* (London: Merlin, 1970)。

［14］ See I. Eörsi, *Gelebtes Denken*: *Eine Autobiographie im Dialog* (Frankfurt: Suhrkamp, 1981)。上文中所引用的段落在本书 235 页。

［15］德文原文为："Nach Marx stelle ich mir die Ontologie als die eigentliche Philosophie vor, die auf der Geschichte basiert. Nun ist es aber historisch nicht zweifelhaft, dass das anorganische Sein zuerst ist, und daraus—wie, was wissen wir nicht, aber wann, das wissen wir ungefähr—geht das organische Sein hervor, und zwar in dessen pflanzlichen und tierischen Formen. Und aus diesem biologischen Zustand geht dann später durch ausserordentlich viele Übergänge das hervor, was wir als menschliches gesellschaftliches Sein bezeichnen, dessen Wesen die teleologische Setzung der Menschen ist, das heisst die Arbeit. Das ist die entscheidentste neue Kategorie, weil sie alles in sich fasst." *Zur Ontologie*, vol. 14, p. 739.

[16] 德文原文为: "Marx hat vor allem ausgearbeitet, und das halte ich für den wichtigsten Teil der Marxschen Theorie, dass es die grundlegende Kategorie des gesellschaftlichen Seins ist, und das steht für jedes Sein, dass es geschichtlich ist. In den Pariser Manuskripten sagt Marx, dass es nur eine einzige Wissenschaft gibt, nämlich die Geschichte und er fügt noch hinzu: 'Ein ungegenständliches Wesen ist ein Unwesen.' Das heisst, eine Sache, die keine kategoriale Eigenschaft besitzt, kann nicht existieren. Existenz bedeutet also, dass etwas in einer Gegenständlichkeit von bestimmter Form existiert, dass heisst, die Gegenständlichkeit von bestimmer Form macht jene Kategorie aus, zu der das betreffende Wesen gehört. Hier trennt sich die Ontologie scharf von der alten Philosophie." *Zur Ontologie*, vol. 14, pp. 739−740.

[17] 在这一点上,卢卡奇与海德格尔有着共同的愿望,这就是,他们都希望构建出一种以历史为基础的理论。但是,与卢卡奇版本的马克思主义社会本体论相比,海德格尔的晚期思想更为激进,因为海德格尔在晚期宣称,他为了构建出一种所谓的新思想要抛弃哲学。关于海德格尔对马克思主义历史观的理解,以及他本人对于超越哲学的思考这个概念的理解,参见 Martin Heidegger, *Basic Writings*, ed. by David Farrell Krell (New York: Harper and Row, 1977), pp. 189−242, "Letter on Humanism"。关于海德格尔对于超越哲学的思考这个概念的详细阐述,参见 Martin Heidegger, *Beiträge zur Philosophie (Vom Ereignis)*, ed. by Friedrich-Wilhelm von Herrmann (Frankfurt: V. Klostermann, 1989)。

[18] "Setzen"(设定)这个德文词比较难译,我在此处暂且将"Setzen"这个德文词译作"positing"这个英文词。"Setzen"这个德文词是希腊文"tithemi"的同义语。卢卡奇已经意识到,"Setzen"这个术语是费希特思想中一个技术性的术语。对于费希特思想中的这个术语的多重含义的讨论,参见 Tom Rockmore, *Fichte, Marx, and the German Philosophical Tradition* (Carbondale and London: Southern Illinois University Press, 1980), pp. 13ff。

[19] 海德格尔提出"此在"的理论,是想用这个理论来取代之前关于人类的理论,参见 Martin Heidegger, *Being and Time*, trans. by John Macquarrie and Edward Robinson (New York: Harper and Row, 1962), para. 5, pp. 32−35。

[20] 在这里,卢卡奇继承了马克思对于范畴的作用的看法。参见《马克思恩格斯选集》,2 版,第 2 卷,17~26 页,北京,人民出版社,1995。

[21] 这种非还原主义的方法与恩格斯晚期的观点非常接近。参见《马克思恩

格斯选集》，2 版，第 4 卷，695~698 页，北京，人民出版社，1995。

[22] 关于卢卡奇早期的、未成熟的、类似于斯宾诺莎主义的马克思主义观，参见 Georg Lukács, *History and Class Consciousness*, trans. by Rodney Livingstone (Cambridge, Mass.: MIT Press, 1971), p. 204。

[23] See Martin Heidegger, *Being and Time*, part 2, chap. 5: "Temporality and Historicality," pp. 424—455.

[24] 参见《马克思恩格斯选集》，2 版，第 2 卷，17~26 页，北京，人民出版社，1995。

[25] 我们可以看出，卢卡奇对尼古拉·哈特曼如此感兴趣，是由于哈特曼对德国古典哲学进行了长篇的、同情性的分析，并且对黑格尔进行了详细的研究。参见 Nicolar Hartmann, *Die Philosophie des deutschen Idealismus* (Berlin: W. de Gruyter, 1929), vol. 2: *Hegel*。

[26] See *Zur Ontologie*, vol. 13, p. 424.

[27] See *ibid*., p. 438.

[28] See *ibid*., pp. 450—451.

[29] See *ibid*., p. 467. 值得我们注意的是，卢卡奇在这里收回了他之前对于将辩证法运用到社会中去的局限性的看法，这是他在《历史与阶级意识》中对恩格斯进行批判的一部分。参见 *Zur Ontologie*, vol. 13, pp. 7 and 38。

[30] See *ibid*., chap. 3, pp. 468—558.

[31] See *ibid*., p. 469.

[32] *Ibid*.

[33] 德文原文为："Dieser 'Dünger der Widersprüche' erscheint bei Hegel vorerst als die Erkenntnis der Widersprüchlichkeit der Gegenwart, als Problem nicht nur des Denkens, sondern zugleich als das der Wirklichkeit selbst, als primär ontologisches Problem, das aber weit über die Gegenwart hinausweist, indem es als dynamische Grundlage der gesamten Wirklichkeit gefasst wird und als ihr Fundament darum als das eines jeden rational ontologischen Denkens über diese." *Ibid*.

[34] 德文原文为："Die erste Vereinigung von dialektischer Abfolge und realer Geschichtlichkeit." *Ibid*., p. 470.

[35] See *ibid*., p. 475.

[36] 德文原文为："Einerseits erhalten bei Hegel die echten ontologischen Zusammenhänge ihren angemessenen gedanklichen Ausdruck erst in den Formen von logischen Kategorien, andererseits werden die logischen Kategorien nicht also blosse Denkbestimmungen gefasst, sonder müssen als dynamische Bestandteile der wesentlichen Bewegung der Wirklichkeit selbst, als Stufen, als Etappen auf dem Wege der Sichselbsterreichens des Geistes verstanden werden. Die prinzipiellen Antinomien also, die sich uns

bisjetzt gezeigt haben und im folgenden zeigen werden, entspringen aus dem Zusammenstoss zweier Ontologien, die im bewusst vorgetragenen System von Hegel unerkannt vorhanden sind und vielfach gegeneinander wirksam werden." *Ibid.*, p. 483.

[37] *Ibid.*, p. 503.

[38] 关于他对康德未解决的二元论的批判，参见 *Enzyklopädie der philosophischen Wissenschaften*, vol. 8 of G. W. F. Hegel, *Werke in zwanzig Bänden*, ed. by Eva Moldenhauer and Karl Markus Michel (Frankfur: Suhrkamp, 1971), para. 60, p. 83. 德文原文为："In jedem dualistischen System, insbesondere aber im Kantischen, gibt sich sein Grundmangel durch dir Inkonsequenz, das zu *vereinen*, was einen Augenblick vorher als selbständig, somit als *unvereinbar* erklärt worden ist, zu erkennen."

[39] See *Zur Ontologie*, vol. 13, p. 485.

[40] 德文原文为："Die folgenden Betrachtungen über Hegel stehen also im Zeichen von Marx: Das Herausarbeiten seiner Ontologie, von allem der des gesellschaftlichen Seins, dient dazu, um in intimen Zusammenhang und qualitativer Verschiedenheit, ja Engegengesetztheit, die Stellungnahme beider grossen Denker besser zu beleuchten." *Ibid.*, p. 513.

[41] See *ibid.*, pp. 37 and 87.

[42] See *ibid.*, p. 107.

[43] See *ibid.*, p. 109.

[44] 德文原文为："Deiser Exkurs musste gemacht werden, um zu zeigen, dass die heutige Aufgabe der Marxisten nur sein kann: die echte Methode, die echte Ontologie von Marx wieder zum Leben zu erwecken, vor allem um mit ihrer Hilfe nicht nur eine historische getreue Analyse der gesellschaftlichen Entwicklung seit Marx' Tod, die heute noch so gutwie völlig fehlt, wissenschaftlich möglich zu machen, sondern auch um das gesamte Sein, im Sinne von Marx, als in seinen Grundlagen historischen (irreversiblen) Prozess zu begreifen und darzustellen. Das ist der einzige theoretisch gangbare Weg, den Prozess des Menschwerdens des Menschen, das Werden des Menschengeschlechts ohne jede Tranzendenz, ohne jede Utopie gedanklich darzustellen. Nur so kann diese Theorie jenes stets irdisch-immanent bleibende praktische Pathos wiedererhalten, dass sie bei Marx selbst hatte und das später—teilwiese vom Leninschen Zwischenspiel abgesehen—theoretisch wie praktisch weitgehendst verloren ging." *Ibid.*, p. 112.

[45] See *ibid.*, pp. 112–113.

[46] See *ibid.*, vol. 14, pp. 694–695.

[47] See *ibid.*, vol. 13, p. 468.

[48] See *ibid.*, pp. 637–638.

[49] 在这里，卢卡奇继承了黑格尔提出的知觉的多元性依赖于观察者的思维

这个观点。黑格尔在《精神现象学》中,以"事物和幻觉"(Die Wahrnehmung oder das Ding und die Täuschung)为标题对知觉进行了探讨。参见 *Phänomenologie des Geistes*, vol. 3 of G. W. F. Hegel, *Werke in zwanzig Bänden*, pp. 93−107, esp. p. 99。

[50]哈贝马斯在将自己的思想描述成是一种社会理论的时候指出,社会理性与哲学之间是有差别的。参见 Jürgen Habermas, *Theory and Practice*, trans. by John Viertel (Boston: Beacon, 1973), pp. 1−41: "Introduction: Some Difficulties in the Attempt to Link Theoty and Praxis"。

[51]德文原文为:"Es ist also die Rückwendung zum gesellschaftlichen Sein selbst, als zur unaufhebbaren Grundlage einer jeden menschlichen Praxis, eines deren wahren Gedankens, die die Befreiungsbewegung von der Manipulation auf allen Gebieten des Lebens charakterisieren wird. Diese Grundtendenz ds solche kann philosophisch voraussehbar sein. Die prinzipielle Unmöglichkeit, das kondrete Geradesosein so entstehender Bewegungen mit den Mitteln der Philosophie in voraus zu bestimmen, bedeutet allerdings nicht eine Ohnmacht des marxistischen Denkens solchen konkreten Qualitäten realer Prozesse gegenüber. Im Gegenteil. Gerade weil der Marxismus imstande sein kann, das prinzipbildende Wesen einer Bewegung auch inn ihrer Allgemeinheit simultan, aber aus verschiedener Sicht, mitder Eigenart einmaliger Prozesse zu erkennen, kann er das Bewusstwerden solcher Prozesse adäquat erfassen und konkret fördern.... Für das Erwecken einer solchen Methode, die ein derartiges Erklären erst möglich macht, erstrebt diese Schrift einige, ein Wegweisen ermöglichende Anregungen zu bieten." *Zur Ontologie*, vol. 14, p. 730.

[52]德文原文为:"So enthält das System als Ideal der philosophischen Gedanken, die mit der ontologischen Geschichtlichkeit eines Seins von vornherein unvereinbar sind und schon bei Hegel selbst unlösbare Antinomien hervorriefen." *Ibid.*, vol. 13, p. 572.

结论
一种马克思主义理性观？

在这本书中，我们已经考察了卢卡奇的马克思主义理性观。理性的性质和用处一直是哲学史中的核心主题。马克思主义所关心的总是一种对社会有责任的理性，这种理性是我们获得一种更好的生活的条件。在马克思的早期著作中，马克思对黑格尔和黑格尔主义哲学进行了批判，因为马克思认为黑格尔和黑格尔主义哲学是与人类无关的，而马克思试图通过发展自己的思想来取而代之。马克思主义继承了马克思的思想，进一步试图发展出一种与传统哲学不同的哲学，并用它来取代传统哲学。在当今时代，马克思主义的这一目标在一群新马克思主义者那里表现得最为明显。所谓的新马克思主义者包括在霍克海默对传统理论和批判理论的早期区分基础上建立起来的法兰克福学派。[1]根据霍克海默的观点，传统理论关心的是传统意义上的知识，而这种传统意义上的知识是与社会无关的，只有抛弃了旧有知识观的批判理论才是与社会有关的理论。

以上观点在法兰克福学派的大量文献中得到了反复的阐述。然而，法兰克福学派的第一代思想家们，例如马尔库塞、霍克海默、阿多诺和本雅明（Walter Benjamin）等，他们之中却没有一人对这种新知识观进行过明确的阐述，所谓的新知识观，也就是对社会负有责任的理性的概念。霍克海默和阿多诺对启蒙的失败进行了分析，并且，马尔库塞在回答文明的问题时提出了"爱欲"的概念。[2]然而，他们的思想论调普遍都是消极的，因为他们的思想都是由一系列批判组成的。这些批判包括对之前的哲学以及哲学史的批判、对启蒙运动中的现代性的批判，还有对弗洛伊德提出的需要用"性欲"来解释现代文明中各种各样的性变态这一观点的批判。

马克思主义理性观在哈贝马斯的著作中被彻底破坏了，因为哈贝马斯试图复活马克思主义极力反对的康德主义的传统观点。哈贝马斯在他的著作中使用了很多卢卡奇的观点。他回到了卢卡奇在前马克思主义阶段的、

结论 一种马克思主义理性观?

只在认识论的意义上是批判的理性观。哈贝马斯开创性地提出了交往行为理论,而他的交往行为理论有一个假设前提,这个假设前提是一种理想化的状态,即一种思想从没有被烙上产生这种思想的社会环境的印记,但是这种思想却造成了社会上的重大后果。与哈贝马斯的看法相反,卢卡奇对于传统理性观与马克思主义理性观之间的特殊差别进行了更为详细的分析。他的分析从学术上来看也是更为有力的,并且,他还从马克思主义理性观这一全新的角度出发对哲学史进行了更为详细的阐述。

卢卡奇在对无法解决知识问题的、不对社会负责的理性观进行批判的时候,对马克思主义提出的对社会负有责任的理性的概念进行了阐述。卢卡奇被认为是黑格尔主义的马克思主义的创始人。所谓黑格尔主义的马克思主义,就是从马克思的思想与黑格尔的思想之间的关系出发来解释马克思思想的方法。但矛盾的是,卢卡奇自己的思想是在他从康德主义的角度出发,对德国古典哲学进行新康德主义批判的时候形成的。其结果就是,他对正统理性观的天才性的批判被理解为一种与马克思主义结合在一起的认识论,因为其目的就是要解决认识论的问题,并且最终改变社会现实。

由于马克思主义总是通过否定传统思想,通过马克思主义与非马克思主义、唯物主义与唯心主义以及无产阶级思想与资产阶级思想之间的一系列对立来理解自身的思想,因此,卢卡奇将以上观点重新阐述为非理性主义哲学(或者说传统哲学)与理性主义哲学(或者说非传统哲学)之间的对立。柏拉图认为,纯粹的哲学对于社会来说是不可或缺的。与此相类似,卢卡奇也认为,马克思主义解决知识问题的方法为我们提供了一把解决当前所有社会问题的钥匙。与胡塞尔一样,卢卡奇也对一种对实践来说是不可或缺的纯粹理论,也就是对社会有用的理性具有无限的忠诚。在卢卡奇50多年的马克思主义思想阶段中,理性一直是贯穿其中的主线。无论是在对马克思和黑格尔之间的差别进行分析的时候,还是在他在存在主义和马克思主义之间进行选择的时候,抑或他在对因主观唯心主义而产生的理性的毁灭进行阐述的时候,卢卡奇的目标都是要找到一种方法,并用这种方法来有效地证明马克思主义是一种在认识论上成功的思想,而所有其他的思想都是在认识论上失败的思想。

在卢卡奇看来,用两个标准来衡量(除了马克思的思想之外)所有其他的思想都是非理性的:第一个标准是,这种思想是否能够认识存在,尤其是表现为"自在之物"的社会存在;第二个标准是,这种思想是否对以纳粹主义的兴起为标志的社会非理性作出了贡献。由此可见,卢卡奇对海德格尔最为严苛,这也就不足为奇了。因为卢卡奇认为,海德格尔的反理性主义思想就是毁灭理性、毁灭社会的反社会思想兴起的萌芽,而卢卡奇这种看法是正确的。因此,卢卡奇一方面对海德格尔转向国家社会主义进行正义的批判,另一方面又无限地忠实于布尔什维克主义,这是具有讽刺意义的。我们可以借用马尔库塞对海德格尔的评价来评价卢卡奇这种马克思主义思想:"存在主义瓦解的时候,就是其政治理论实现的时候。存在主义从属的极权主义国家中的所有真理都是谎言。"[3] 但是,这种主导的观念,也就是对于一种对社会有用的、确实是不可或缺的理性概念的忠诚,却没有因为其在实践中的失败而被人们拒绝,也没有失去人们的信任。

就像理性是卢卡奇思想中的核心主题一样,对于理性的关心也贯穿了整个哲学史。卢卡奇理性主义的马克思主义思想依赖于一种对社会负有责任的理性观。虽然随着时间的推移,卢卡奇的思想发生了改变,但是他的思想仍然具有一个相对稳定的核心主题,而相比较之下,卢卡奇思想中的这个核心主题还是最接近马克思的思想。

通过对卢卡奇的马克思主义思想中的不同阶段进行比较,我们发现了一些相互之间很难调和的甚至是相互对立的因素,例如,他之前对恩格斯的思想进行了批判,后来又收回了这种批判;他之前提出了同一的主体—客体这个概念,后来又否定了这个概念;他后来迅速抛弃了他之前提出的关于无产阶级的观点;他之前对唯物主义与唯心主义进行了区分,而他最终又将这种区分相对化了。如果认为卢卡奇的理性观是不变的、前后连贯的,那就大错特错了。但是,如果仅仅因为卢卡奇的理性观发生了变化就将其当作一种前后不一致的思想而加以摒弃,那也同样是错误的做法。在一种思想的发展过程中,通常会为了真理而牺牲连贯性,有时这是必需的。如果仅仅以连贯性为标准来衡量一种思想是否有价值的话,那么就没有几种思想是值得我们思考的了。

虽然随着时间的流逝,卢卡奇的理性观发生了改变,但是,他的理性观中有一个核心主题、一个通常的观点,而这个主题是前后一致的,也是相对稳定的。并且令人感到惊奇的是,这个主题还是与马克思的思想非常接近的。从传统哲学的角度来看,卢卡奇的理性观强调实践,强调整体主义,强调用一种范畴的方法来分析知识,并且,卢卡奇的理性观还是一种还原主义,是一种反体系化的倾向,并且具有历史性的特征。卢卡奇的理性观重视实践,尤其重视理性在政治上的后果。他的理性观既不是与实践相脱离的理论,也不仅仅是一种实践。卢卡奇进一步关注的是实践与支配着所有德国唯心主义的理论相比所具有的优先性。由于他关心理论在实践上的后果,因此,他拒绝了纯粹理论或者说一般意义上的理性都具有社

结论 一种马克思主义理性观？

关联性这种传统观点，例如，康德主义理性观必然与人类的目的有关这个传统观点。

卢卡奇的整体主义继承了黑格尔提出的真理是一个整体这种说法。黑格尔的整体主义来源于他对于用笛卡儿主义表述出来的基础主义的反对。所谓用笛卡儿主义表述出来的基础主义，就是指任何一种关于知识的理论都必然是从作为这种知识论的基础的那个固定观点中产生的看法。显然，这与一种前后一致的真理观有关。在一种前后一致的真理观中，各种因素的相互作用的观点取代了那种与一个独立的实体相对应的观点。在卢卡奇的思想中，整体主义，或者说对于整体性的关注指的就是一种与"作为一个总过程中的一部分的思维与存在之间的辩证的相互作用"相类似的东西。真理不再是简单的一一对应的结果。

卢卡奇所使用的这种范畴的方法进一步保持了德国唯心主义的主要趋势：在经验主义之中仍然存在的理性主义者对于直接知识的强调，在对于经验的直接直觉被否定之前就已经失败了。卢卡奇所使用的范畴方法与德国古典唯心主义所使用的范畴方法主要有以下三点不同之处：

第一，康德开创了一种推断出单一的范畴框架的方法，费希特和黑格尔进一步发展了康德开创的这种方法，但卢卡奇却与这种方法分道扬镳了。一个先于经验并且与经验相独立的、推断出的范畴无法认识经验；反过来，可以认识经验的范畴必然是从经验中产生的，因此这种范畴的内容会随着经验的改变而改变。与黑格尔一样，卢卡奇也认为，哲学扎根于产生这种哲学的时代，因为范畴框架并非恒久不变，而是依赖于经验。

卢卡奇所使用的范畴方法与德国古典唯心主义所使用的范畴方法之间的第二个不同之处在于，卢卡奇坚持范畴框架的相对性，并且抛弃了存在一种中立观点的看法。那种所谓不具有主观倾向性的分析，例如笛卡儿主义的天使之眼（Cartesian angel's eye）或是黑格尔的体系，自称囊括了所有的观点，因此并不代表某一种特定的观点，卢卡奇认为这只是一种虚构出来的想象。我们可以从不同的视角出发对经验进行分析，但是，一种最恰当的视角也是最宽广的视角既包括只关注现象，或者说只关注错误的表象的错误视角，也包括从表象联系到本质的正确视角。

卢卡奇所使用的范畴方法与德国古典唯心主义所使用的范畴方法之间的第三个不同之处在于，他强调的实际上是一种相对主义。在这里，我们可以将卢卡奇的这种相对主义理解为，他抛弃了任何一种传统的、从范畴上来看是独立的认识论。康德的范畴推演的目标就是要将具有客观性的观点从一个特定的范畴中解放出来。如果将康德主义的范畴当成是唯一可能的范畴框架的话，那么康德主义的范畴就是必要的了。虽然思辨唯心主义与批判哲学之间有诸多不同之处，但是黑格尔与康德却有着相同的目标。与以上观点相反，如果存在不止一种可能的范畴框架的话，那么一种观点就与得出这种观点的角度有关了。如果"知识"的含义是"与主体性无关的客观真理"的话，从经验中产生的范畴可以对经验进行解释，但是却不一定会导致"知识"。知识依赖于范畴框架，不能把知识从范畴框架中解放出来。

卢卡奇的理性观是一种还原主义。现在，从混乱被还原为秩序这个明显的、琐碎的意义上来说，一般性的解释也是还原主义的。举个例子来说，以前，一种物理规律被说成是独立存在的，而现在，我们认为物理规律是与事物相关联的。与以上那种琐碎的还原主义不同，还存在一种更强的还原主义。例如，通过物理学规律来重新对生物学规律进行恰当的解释而将生物学还原为物理学。所有的马克思主义以及一些其他的思想都通过运用政治经济学而表现出这种还原主义的解释方式。各种形式的马克思主义，包括卢卡奇的马克思主义，都是还原主义的，因为他们都运用社会中的经济因素来解释其他的社会现象以及文化现象，例如生产过程中的个体之间的关系，或者是大学中的个体之间的关系。在卢卡奇的思想中，经济的因素从来都不足以"还原"其他的现象，但是，在解释社会的时候，与其他因素相比，经济因素总是占据着一个更为重要的位置。

卢卡奇的理性观是反体系化的。由于对体系进行理性化的思考，德国唯心主义哲学逐渐开始以总体的体系为目标，而对于总体的体系这一目标的追求在黑格尔的思想中达到了顶峰。体系与抽象的范畴分析是可以相容的，但与对现实的过程性质的认识是不相容的。在德国古典哲学中，与对现实的认识结合在一起的、对于体系的不一致的追求，既不能被还原为范畴，也不能从范畴中推断出来。理性只能在范畴分析中形成，而对于现实的认识很可能要求理性放弃体系性。

理性的历史性特征来源于其对象的特征。与马克思一样，卢卡奇也认为所有的科学最终都是历史性的，因为所有的知识所涉及的对象最终都会发生改变。如果能够获得知识的思维依赖于存在，而存在又是历史性的，那么思维也同样是历史性的。马克思主义作为一种理性观，将德国唯心主义通过历史观而对知识进行的思考补充完整了。如果说知识的对象是历史性的，那么知识就不会是永恒的或是不变的，而是暂时的、变化的。总之，卢卡奇将马克思主义解释为德国古典哲学的终结，解释为一种历史观以及一种关于历史性理性的思想。由此可以清晰地看出，卢卡奇的马克思主义依赖于新康德主义对历史性的知识的可能性所进行的分析。

卢卡奇的马克思主义理性观在马克思主义讨论、对马克思主义的当代争论以及卢卡奇自身思想中都占据着非常重要的位置。在马克思主义的讨论中，卢卡奇的著作得到了广泛的重视，因为他对于非马克思主义，尤其是黑格尔和德国古典哲学的详细了解是非常罕见的。在马克思主义当中有一种广泛流行的趋势，即在对非马克思主义哲学没有充分了解的情况下，就不分青红皂白地对所有的非马克思主义哲学进行反驳，只将在其他哲学中占据支配地位的要素进行插入性的说明。相反，卢卡奇对德国唯心主义进行了详细的探讨，并且他对德国唯心主义的理解是非常深刻的。卢卡奇的杰出之处在于，他一直试图对其他马克思主义者只是将其作为观点提出而未对其加以论证的观点进行论证。这个观点就是：马克思主义是真理，而非马克思主义不是。即使不考虑别的因素，单单从卢卡奇试图对马克思主义理性观进行解释这一前所未有的壮举来看，卢卡奇的思想已经具有非常重要的意义。从卢卡奇的思想可以看出，他愿意参与到与其他思想的学术斗争中去，愿意参与到被雷舍尔称之为"体系"的斗争中去，而其他的马克思主义者或许因为不确定他们的胜算如何，因此宁愿回避这种斗争。[4]

进一步来看，卢卡奇的讨论对于我们理解思维与历史之间的关系也具有非常重要的意义。黑格尔提出了哲学史的概念，他强调，哲学不能从历史中脱离出来。但是，至少始于笛卡儿的近代哲学的特征之一就是将哲学与历史区分开来。从笛卡儿、康德、胡塞尔、海德格尔以及很多将自己的作品与之前的哲学思想严格区分开来的其他思想家的著作中，都可以看出这种将哲学与历史区分开来的观点。以奎因的思想为例就可以看出，人们进入哲学要么是因为他们对哲学史感兴趣，要么就是对哲学感兴趣。[5]与一种普遍流行的观点相一致，马克思主义也认为真理无须对历史进行思考，因为在真理之前的东西不过是一系列谬误罢了。虽然卢卡奇的思想立场是马克思主义，但是从他的理性观中可以看出，由于他认为思想必须建立在思想史中在其之前的思想的基础之上，因此思想与对这种思想的实践是不可分割的。卢卡奇在他的马克思主义讨论中对于哲学史的关注，从两个层面上来看都具有非常重要的意义。第一个层面是，他呼吁我们关注德国古典唯心主义与马克思主义之间不可分割的联系，因为马克思主义在"唯物主义"的名义下对德国古典唯心主义进行了发展；第二个层面是，他引用黑格尔的思想来表明，后来的思想只有在之前思想所造成的积极的结果这一基础之上才能建立起来。

卢卡奇对于理性的分析之所以具有特殊的重大意义，是因为他的理性观对于哲学的社会效用问题作出了贡献。由于哲学起源于古希腊,因此除了个别著名的例外,绝大多数哲学家都接受了这个从古希腊一直流传至今的未加证明的断言,即哲学对于一种好的生活来说是必需的,实际上也是不可或缺的。很少有人对哲学的这种自负进行检验,因此就很难对其进行判断。如果说知识分子,尤其是哲学家,在当今时代起到了一定作用的话,那么他们所起的作用不是对以上这个关于哲学的断言加以证实,而是对其进行质疑。

哲学无法避免政治,因为自由地思考,或者说自由地进行哲学思考,本身就是一种政治行为。但是,哲学也不能被还原为产生这种哲学的政治实践。如果用卢卡奇的政治观点来判断其哲学思想,就会损害人们对其哲学思想的评价,就像如果用海德格尔的政治观点来判断其哲学思想,就会损害人们对海德格尔哲学思想的评价一样。卢卡奇的理性观在哲学上的优点是,它对于传统哲学唯一的优点,即哲学上的理性与社会之间的关联性进行了检验。他通过这种方式参与到了对哲学来说至关重要的、不断进行的自我检验的过程中去。之所以说不断进行自我检验的过程对于哲学来说至关重要,是因为当哲学停止质疑包括哲学自身在内的一切事物的时候,哲学就不再是哲学了。

传统哲学总是假设纯粹的哲学是与实践有关联的,并且对社会来说是不可或缺的。那么,有没有可能一种非教条主义的马克思主义仍然能在社会中扮演一个有用的角色呢?卢卡奇在其思想的最后阶段中认识到马克思主义可以建立在其他思想的基础之上,并且克服了马克思主义和非马克思主义之间的区分,这就使得他有可能不仅仅是在与哲学相对立的情况下而是在哲学之中运用马克思主义独特的视角来思考问题。尽管马克思主义在实践中遭遇了挫折,但是我们没有理由抛弃这个总是鼓舞着哲学思想的目标——对社会有用的理性。历史教导我们,即使在实践中我们不能直接从理论过渡到政治实践,但是,或许我们可以构建出一种最终对于实践有用的理论。[6] 卢卡奇通过克服马克思主义与非马克思主义的二分法表明如果马克思主义用自身视角为哲学、为所有的哲学服务,那么马克思主义就有可能为人类的福祉作出贡献。

注释

[1] See Max Horkheimer, "Traditional and Critical Theory," in Max Horkheimer, *Critical Theory*, trans. by Matthew J. O'Connell et al. (New York: Herder and Herder, 1972).

[2] 在法兰克福学派的第一代代表人物中,霍克海默对理性进行的探讨是最为完善的,而实际上,霍克海默对理性所做的探讨就是对当代理性观的谴责。参见 Max Horkheimer, *Eclipse of Reason* (New York: Seabury, 1974)。

[3] Herbert Marcuse, *Negations: Essays in Critical Theory* (Boston: Beacon, 1969), p.40.

[4] See Nicholas Rescher, *The Strife of Systems* (Pittsburgh, Pa.: University of Pittsburgh Press, 1979).

[5] See Richard Rorty, *Consequences of Pragmatism* (Minneapolis: University of Minnesota Press, 1982), p.211.

[6] 黑格尔对于理论的社会效用的看法,参见 Hegel's letter of 28 October 1808 to Niethammer, in *Briefe von und an Hegel*, ed. by J. Hoffmeister (Hamburg: Meiner, 1952), vol.1, p.253。

译后记

我与本书作者汤姆·洛克莫尔相识于我美丽的母校——北京大学。在我还是一名大四学生的时候,有幸翻译了他的《历史唯物主义:哈贝马斯的重建》(*Habermas on Historical Materialism*)这部著作。之后,他在北京大学、中国人民大学、中国政法大学和北京师范大学等高校所进行的一系列讲座中,我由于担任现场翻译,而进一步加深了对他的思想的了解。或许是因为这样,这次,他又把另外一部著作《非理性主义:卢卡奇与马克思主义理性观》(*Irrationalism: Lukács and the Marxist View of Reason*)交给我来翻译。

洛克莫尔在《非理性主义:卢卡奇与马克思主义理性观》这部著作中,重点考察了卢卡奇的马克思主义理性观。由于我翻译的另一部著作是研究哈贝马斯的专著,在这里不妨将哈贝马斯思想中的马克思主义理性观与卢卡奇的马克思主义理性观进行一下比较。马克思主义理性观在哈贝马斯的著作中被彻底破坏了,因为哈贝马斯试图复活马克思主义极力反对的康德主义的传统观点。哈贝马斯在他的著作中使用了很多卢卡奇的观点,他回到了卢卡奇在前马克思主义阶段、只在认识论的意义上是批判的理性观。哈贝马斯开创性地提出了交往行为理论,而他的交往行为理论有一个假设前提,这个假设前提是一种理想化的状态,即一种思想从没有被烙上产生这种思想的社会环境的印记,但是这种思想却在社会上造成了严重的后果。与哈贝马斯的看法相反,卢卡奇对于传统理性观与马克思主义理性观之间的特殊差别进行了更为详细的分析,他的分析从学术的角度来看也是更为有力的。

在我看来,卢卡奇的马克思主义理性观不仅比哈贝马斯高出一筹,与其他任何一位马克思主义者相比也毫不逊色。由于马克思主义总是通过否定传统思想,通过马克思主义与非马克思主义、唯物主义与唯心主义以及无产阶级思想与资产阶级思想之间的一系列对立来理解自身的思想,因此,卢卡奇从一种新康德主义的角度出发,将以上观点重新解释为非理性主义哲学与理性主义哲学,或者说传统哲学与非传统哲学之间的对立。柏拉图认为,纯粹的哲学对于社会来说是不可或缺的。同样,卢卡奇也认为,马克思主义解决知识问题的方法为我们提供了一把解决当前所有社会问题的钥匙。在卢卡奇50多年的马克思主义思想阶段中,理性一直是贯穿其中的主线。无论是在他对于马克思和黑格尔之间的差别进行分析的时候,还是在他在存在主义和马克思主义之间进行选择的时候,抑或他在对因主观唯心主义而产生的理性的毁灭进行阐述的时候,卢卡奇的目标都是要找到一种方法,并用这种方法来有效地证明马克思主义是一种在认识论上成功的思想,而所有其他的思想都是在认识论上失败的思想。

在卢卡奇整个马克思主义思想阶段中可以发现一些互相矛盾的因素。例如他之前对恩格斯的思想进行了批判,后来又收回了这种批判;他之前提出了同一的主体—客体这个概念,后来又否定了这个概念;他后来迅速抛弃了他之前提出的关于无产阶级的观点;他之前对唯物主义与唯心主义进行了区分,而他最终又将这种区分相对化了。虽然卢卡奇的理性观并非一成不变,甚至谈不上前后一致,但不能因此否认其价值。众所周知,在一种思想的发展过程中,通常会为了真理而牺牲连贯性,有时这也是不得已而为之。如果仅仅以连贯性为标准来衡量一种思想是否有价值的话,那么就没有几种哲学思想值得人们关注了。虽然卢卡奇的理性观发生了改变,但是,他的理性观中有着前后连贯的、相对稳定的并且与马克思的思想颇为接近的核心主题。卢卡奇的理性观强调实践,强调整体主义,用一种范畴的方法来分析知识,并且其理性观还是一种还原主义,是一种反体系化的倾向,具有历史性的特征。

卢卡奇的马克思主义理性观的重要意义在于其在对马克思主义的当代争论以及卢卡奇自身思想中都占据着非常重要的位置。在有关马克思主义的讨论中,卢卡奇的著作得到了广泛的重视,因为他对于非马克思主义,尤其黑格尔和德国古典哲学的造诣之深在马克思主义者之中实属罕见。在马克思主义当中有一种趋势,即在对非马克思主义哲学没有充分了解的情况下就不分青红皂白地对其进行反驳。而卢卡奇与其他的马克思主义者不同,他对于德国唯心主义的理解是非常深刻的。可以说,卢卡奇的杰出之处在于,他一直试图对其他马克思主义者只是将其提出而未对其加以论证的观点,即马克思主义是真理,而非马克思主义不是真理这个观点进行论证。即使不考虑别的因素,单单从卢卡奇试图对马克思主义理性观的合法

非理性主义：卢卡奇与马克思主义理性观
Irrationalism: Lukács and the Marxist View of Reason

性进行论证这一前所未有的壮举来看，卢卡奇的思想已经值得我们重视。

另外，卢卡奇的讨论对于我们理解思维与历史之间的关系也具有非常重要的意义。黑格尔提出了哲学史的概念。他强调，哲学不能从历史中脱离出来，但是，至少是从笛卡儿开始的近代哲学的特征之一就是将哲学与历史区分开来。马克思主义认为，真理无须对历史进行思考，因为在真理之前的东西不过是一系列谬误罢了。虽然卢卡奇的思想立场是马克思主义，但是从他的理性观中可以看出，由于他认为思想必须建立在之前思想的基础之上，因此一种思想与对这种思想的实践是不可分割的。卢卡奇在他的马克思主义讨论中对于哲学史的关注，从两个层面上来看都具有非常重要的意义。第一个层面是，他呼吁我们关注德国古典唯心主义与马克思主义之间不可分割的联系，因为马克思主义在"唯物主义"的名义下对德国古典唯心主义进行了发展；第二个层面是，他引用黑格尔的思想来表明，后来的思想只有在之前思想所造成的积极的结果这一基础之上才能建立起来。

最后，卢卡奇对于理性的分析之所以具有特殊的重大意义，是因为他的理性观对于哲学的社会效用问题进行了检验。由于哲学起源于古希腊，因此，大多数哲学家都接受了这个从古希腊一直流传至今的未加证明的断言，即哲学对于一种好的生活来说是必需的。而马克思主义者则将这种传统观点重新解释为传统哲学是与社会无关的哲学，而只有马克思主义才能在实践中发挥效用。在马克思主义者之中，很少有人对马克思主义这种自负进行检验。卢卡奇的理性观在哲学上的优点是它对于马克思主义所宣称的马克思主义理性与社会之间的关联性进行了检验。他通过这种方式参与到了对于哲学以及马克思主义来说都是至关重要的自我检验的过程中去。之所以说不断进行自我检验的过程对于哲学来说至关重要，是因为当哲学停止质疑的时候，哲学就不再是哲学了。而马克思主义的矛盾在于，它在宣称自己的思想具有社会效用的时候，继承了传统哲学的自负，但它又不愿参与到尼古拉斯·雷舍尔所说的那种哲学体系的斗争中去。从这个角度来看，可以说卢卡奇是马克思主义者之中真正的哲学家。

其实，本书作者洛克莫尔教授不仅影响了我对于哲学、马克思思想以及卢卡奇的马克思主义理性观的看法，甚至可以说，他对我的世界观都产生了莫大的影响。举例来说，去年，他来北京大学担任客座教授，而我则担任他的助教。一次晚餐后，离上课时间还早，他邀请我去未名湖边散步。当时的北大校园正是一片"数树深红出浅黄"的醉人景象。我们还未到达未名湖，他已经为校园里的美景深深陶醉，不断地停下来，欣赏那落叶纷飞的美景。可惜我不像陶潜，一向是胸中无真意，眼中无美景，所以很不合时宜地说了句:"I am so impressed that you could be so impressed by some leaves."(你能被一些叶子深深陶醉,真让我感到震惊。)我的话也震惊了他。他笑着问我:"虽然你在北大住了那么多年,但我猜你大概没有认真欣赏过北大校园的美景吧?每次去上课的路上,我看你都是目不斜视,对周围的景色毫不在意。"不幸被他说中,我甚感惭愧。他接着说道:"其实你住在一个这么美丽的校园里,真应该好好地欣赏它。这样吧,以后每次上课之前,我都带你去看一处我眼中的北大美景。"就这样,我这个资深北大学子在一个出生在美国、居住在法国的老头儿的带领下,终于用一个学期的时间逛遍了北大的每一处角落。如果没有他,我也许直到离开北大,也不会注意到,每到晚餐过后,哲学系所在的小院上空,总有一些发出悦耳声音的可爱鸟儿在盘旋嬉戏;我同样不会注意到,北京大学自然保护与社会发展研究中心前面立着一个用竹子编成的鲨鱼模型煞是逼真;我不会在未名湖的微波前静静伫立,也不会在西门的荷塘前观鱼赏花。

罗丹说过:"生活中不是缺少美,而是缺少发现美的眼睛。"如果没有这个热爱美景、热爱生活的洛克莫尔为我安上一双发现美的眼睛,我不知还会错过多少美丽的风景。现在,他又积极地推荐我去剑桥大学攻读博士学位,鼓励我趁着年轻去见识一下世界各地的文化和风景。我们约好,鉴于我要去英国读书,以后每到假期,都要去他和妻子居住的法国乡村别墅一起品尝他亲手种下的果菜。想不到,在不远的未来,我竟然真能像陶公一样,在遥远的法国"采菊东篱下,悠然见阿尔卑斯山"。这一切都要感谢这个不远千里来到中国,为中国的学子们传授知识、带我畅游北大的可爱老头儿。

最后,我要感谢洛克莫尔教授,感谢他将自己的作品放心地交给我来翻译,感谢他让我对马克思主义理性观有了新的理解,最重要的是,感谢他给了我一双发现美的眼睛,让我不再错过身边的每一处风景和生活中的每一次惊喜。

孟 丹

于北京大学 48 楼

马克思主义研究译丛·典藏版

从戈尔巴乔夫到普京的俄罗斯道路：苏联体制的终结和新俄罗斯
　　　　　　　　　　　　　　　　　　［美］大卫·M·科兹　弗雷德·威尔
非理性主义：卢卡奇与马克思主义理性观　［美/法］汤姆·洛克莫尔
马克思与黑格尔的对话　　　　　　　　　　　　　　［美］诺曼·莱文
马克思主义理论的新起点
　　　　　　　　　　　［美］斯蒂芬·A·雷斯尼克　理查德·D·沃尔夫
资本主义的起源：学术史视域下的长篇综述　［加］埃伦·米克辛斯·伍德
大同世界　　　　　　［美］迈克尔·哈特　　［意］安东尼奥·奈格里
平等与自由：捍卫激进平等主义　　　　　　　　　　［加］凯·尼尔森
马克思社会发展理论新解　　　　　　　　　　　［美］罗伯特·布伦纳
革命的马克思主义与20世纪社会现实　　　　［比利时］欧内斯特·曼德尔
超越后殖民理论　　　　　　　　　　　　　　　　　［美］小埃·圣胡安
民主化的进程　　　　　　　　　　　　　　　　　［匈］捷尔吉·卢卡奇
马克思的《大纲》：《政治经济学批判大纲》150年　［意］马塞罗·默斯托
理解马克思　　　　　　　　　　　　　　　　　　［美］乔恩·埃尔斯特
中国辩证法：从《易经》到马克思主义　　　　　　　　［美］田辰山
马克思传（第4版）　　　　　　　　　　　　　　［英］戴维·麦克莱伦
苏联的马克思主义：一种批判的分析　　　　　　［美］赫伯特·马尔库塞
全球动荡的经济学　　　　　　　　　　　　　　［美］罗伯特·布伦纳
马克思的幽灵：债务国家、哀悼活动和新国际　　　　［法］雅克·德里达
马克思以后的马克思主义（第3版）　　　　　　　［英］戴维·麦克莱伦
反对资本主义　　　　　　　　　　　　　　　　［美］戴维·施韦卡特
马克思的复仇——资本主义的复苏和苏联集权社会主义的灭亡
　　　　　　　　　　　　　　　　　　　　　　　［英］梅格纳德·德赛
激进民主　　　　　　　　　　　　　　　　　［美］道格拉斯·拉米斯
马克思思想导论（第3版）　　　　　　　　　　　［英］戴维·麦克莱伦
马克思与恩格斯：学术思想关系　　　　　　　　　　［美］特雷尔·卡弗

Irrationalism: Lukács and the Marxist View of Reason by Tom Rockmore

Simplified Chinese version © 2016 by China Renmin University Press.
All Rights Reserved.

This translation is published and sold by permission of Tom Rockmore, the owner of Chinese translation rights to publish and sell the same.

图书在版编目（CIP）数据

非理性主义：卢卡奇与马克思主义理性观/（美/法）汤姆·洛克莫尔著；孟丹译.—北京：中国人民大学出版社，2016.10
（马克思主义研究译丛：典藏版）
ISBN 978-7-300-23404-5

Ⅰ.①非… Ⅱ.①汤… ②孟… Ⅲ.①卢卡奇（Lukács,Georg 1885-1971）-哲学思想-研究②马克思主义-研究 Ⅳ.①B515②A81

中国版本图书馆 CIP 数据核字（2016）第 230379 号

"十三五"国家重点出版物出版规划项目
马克思主义研究译丛·典藏版
非理性主义：卢卡奇与马克思主义理性观
［美/法］汤姆·洛克莫尔（Tom Rockmore） 著
孟丹 译
Feilixing Zhuyi: Lukaqi yu Makesi Zhuyi Lixingguan

出版发行		中国人民大学出版社			
社	址	北京中关村大街 31 号		邮政编码	100080
电	话	010-62511242（总编室）		010-62511770（质管部）	
		010-82501766（邮购部）		010-62514148（门市部）	
		010-62515195（发行公司）		010-62515275（盗版举报）	
网	址	http://www.crup.com.cn			
		http://www.ttrnet.com（人大教研网）			
经	销	新华书店			
印	刷	涿州市星河印刷有限公司			
规	格	155 mm×230 mm　16 开本		版　次	2016 年 10 月第 1 版
印	张	15.5 插页 3		印　次	2016 年 10 月第 1 次印刷
字	数	263 000		定　价	66.00 元

版权所有　侵权必究　　印装差错　负责调换